Leitfaden zum Deutschen Bundesrecht

Prof. Dr. Jürgen Kruse / Irene Zamponi

Das neue Recht der Arbeitsförderung
Job-AQTIV-Gesetz

Die Reform des SGB III

Nomos Verlagsgesellschaft
Baden-Baden

Bibliografische Information Der Deutschen Bibliothek

Die Deutsche Bibliothek verzeichnet diese Publikation in
der Deutschen Nationalbibliografie; detaillierte bibliografische
Daten sind im Internet über http://dnb.ddb.de abrufbar.

ISBN 3-7890-7835-2

1. Auflage 2002
© Nomos Verlagsgesellschaft, Baden-Baden 2002. Printed in Germany. Alle Rechte,
auch die des Nachdrucks von Auszügen, der photomechanischen Wiedergabe und der
Übersetzung, vorbehalten. Gedruckt auf alterungsbeständigem Papier.

Vorwort

Am 10. 12. 2001 wurde das Gesetz zur Reform der arbeitsmarktpolitischen Instrumente (Job-AQTIV-Gesetz) vom Deutschen Bundestag beschlossen (BGBl. I, S. 3443 ff.). Es ist grundsätzlich zum 1. 1. 2002 in Kraft getreten. Eine ganze Reihe von Regelungen wird aber erst zum 1. 1. 2003 bzw. sogar erst zum 1. 1. 2004 wirksam (Art. 10 Abs. 4 und 5 des Gesetzes).

Es ist die Funktion der Leitfaden-Reihe, in der der vorliegende Band erschienen ist, einerseits die »Philosophie« hinter einem Gesetz zu beleuchten, andererseits aber – durchaus im Stile eines juristischen Kommentars – auch, einzelne Vorschriften eines Gesetzes näher zu erläutern.

Bezüglich des Job-AQTIV-Gesetzes handelte es sich dabei um eine besonders schwierige Aufgabe. Vor dem Hintergrund einer viel weiter reichenden arbeitsmarktpolitischen und arbeitsförderungsrechtlichen Diskussion, noch dazu in Zeiten des Wahlkampfes, ist es kaum möglich, sich in einer Darstellung wie der hier vorgelegten, wirklich auf ein einzelnes Gesetzesvorhaben zu beschränken. Die sogenannte »Hartz-Kommission«, deren abschließende Ergebnisse kurz nach dem Abschluss des Manuskriptes zu diesem Band veröffentlicht werden sollten, konnte ebensowenig ignoriert werden wie die Vorschläge der derzeitigen Opposition für neue Ansätze der Regierungspolitik nach der Wahl im September 2002.

Deshalb haben wir versucht, aus der »Not« der Schlag auf Schlag erfolgenden gesetzgeberischen und anderen Initiativen eine »Tugend« dergestalt zu machen, dass mehr als sonst in dieser Reihe üblich auf die Einbettung des einzelnen Gesetzes in ein politisches und rechtliches Umfeld eingegangen werden sollte.

Ob dies gelungen ist, kann nur die Leserin und der Leser entscheiden. Für kritische Anmerkungen (und natürlich auch positive Reaktionen) an die u.g. Anschrift sind wir stets dankbar.

Anschrift der Verfasser:

Rechtsanwälte Zamponi & Kruse

Bäckerstrasse 33c

D-81241 München

e-mail: RechtsanwaelteZamponiUndKruse@t-online.de

München, im August 2002   Irene Zamponi / Jürgen Kruse

Inhaltsverzeichnis

Abkürzungsverzeichnis 10

Literaturverzeichnis 12

A. Einführung: Hintergrund und Zielsetzung des Job-Aqtiv-Gesetzes 17
I. Einige Daten zu den gegenwärtigen Problemen am Arbeitsmarkt 17
II. Fehlentwicklungen in der Arbeitsmarktpolitik 18
III. Ansätze für eine Neuorientierung der Arbeitsmarktpolitik in der Diskussion 19
   1. Organisation und Arbeitsweise der Bundesanstalt für Arbeit 19
   2. Komplette Neuorientierung im Leistungsgeschehen 20
      a) Verhältnis von aktiven Leistungen (Erwerbsintegration) zu passiven Leistungen 20
      b) Veränderungen beim Arbeitslosengeld 21
      c) Abschaffung der Arbeitslosenhilfe 21
   3. Neubestimmung des Verhältnisses von Arbeitslosen- und Sozialhilfe 22
   4. Mainzer Kombilohn-Modell 22
IV. Die »Einordnung« des Job-AQTIV-Gesetzes 22
B. Inhaltliche Schwerpunkte des Gesetzes 25
I. Verstärktes Zusammenwirken von Arbeitgebern, Arbeitnehmern und Arbeitsämtern 26
II. Maßgeschneiderte Beratung und Arbeitsvermittlung 26
III. Einschaltung Dritter in den Vermittlungsprozess 29
IV. Förderung der Gleichstellung von Frauen und Männern auf dem Arbeitsmarkt 30
V. Ausbau der beruflichen Qualifizierung 32
VI. Weiterentwicklung der öffentlich geförderten Beschäftigung 33
C. Erläuterung von Einzelbestimmungen 35
I. Arbeitsförderungsrechtliche Regelungen 35
   1. Erweiterung des Kreises der Versicherungspflichtigen 35
      a) Benachteiligte Auszubildende in einer außerbetrieblichen Einrichtung (§ 25 Abs. 1 S. 2) 35
      b) Erweiterung des Kreises sonstiger Versicherungspflichtiger iSd § 26 36
   2. Zugang zum Arbeitsmarkt für abhängig Beschäftigte 39
      a) Öffentliche Arbeitsvermittlung 39
      b) Maßnahmen der Eignungsfeststellung/Trainingsmaßnahmen 42
      c) Mobilitätshilfen 44

3. Förderung von selbständiger Erwerbstätigkeit – Überbrückungsgeld	46
4. Qualifizierung	47
a) Berufsvorbereitende Bildungsmaßnahmen (§ 61 SGB III)	47
b) Stärkung der beruflichen Weiterbildung – Modifizierung von Bewährtem	48
aa) Lehrgangskosten gemäß § 82 SGB III	48
bb) Erhöhung des Erstattungsbetrages für auswärtige Unterbringung und Verpflegung und anfallende Kinderbetreuung	49
cc) Voraussetzung für die Anerkennung der Weiterbildungsförderung	49
dd) Maßnahmen im Ausland	50
ee) Qualitätsprüfung	50
c) Förderung der Berufsausbildung und beruflichen Weiterbildung – Neue Instrumente	51
aa) Job-Rotation (§§ 229 ff. SGB III)	51
bb) Erstattung der Praktikumsvergütung nach § 235 b SGB III	53
cc) Förderung der beruflichen Weiterbildung von Arbeitnehmern ohne Berufsabschluss (§ 235 c SGB III)	54
dd) Benachteiligtenförderung von Jugendlichen gemäß §§ 240, 241 SGB III	54
ee) Förderung der Weiterbildung älterer Arbeitnehmer	55
ff) Förderung der Weiterbildung von Arbeitnehmern, die von Arbeitslosigkeit bedroht sind (§ 417 Abs. 2 SGB III)	56
gg) Unterhaltsgeld (§ 154 SGB III)	56
5. Änderung bei den Voraussetzungen einzelner Geldleistungen	57
a) Veränderung der Sperrzeitregelung des § 144 SGB III	58
b) Arbeitslosenhilfe und Ruhen des Anspruchs bei anderen Sozialleistungen (§ 202 iVm § 142 SGB III)	60
c) Besonderheiten zur Anpassung der Arbeitslosenhilfe nach § 201 SGB III	62
d) Modifizierungen beim Kurzarbeitergeld	63
e) Erstattungspflicht von nicht insolvenzfähigen juristischen Personen des öffentlichen Rechts nach § 147a SGB III	65
6. Verhältnis erster und zweiter Arbeitsmarkt	66
a) Eingliederungszuschüsse	66
b) Arbeitsbeschaffungsmaßnahmen	69
c) Strukturanpassungsmaßnahmen	72
d) Beschäftigung schaffende Infrastrukturförderung (»BSI«)	73
7. Verzahnung von sozial- und arbeitsrechtlichen Instrumenten	76
a) Zuschüsse zu Sozialplanmaßnahmen	76
aa) Überblick zum bislang geltenden Recht	76

	bb) Die Änderungen durch das Job-AQTIV-Gesetz	77
	b) Aufgabe des Eingliederungsvertrages (§§ 229 ff. SGB III a.F.)	78
II.	Veränderungen in anderen Regelungsbereichen	78
	1. Arbeitnehmerüberlassung	78
	2. Arbeitsgerichtsbarkeit und Betriebsverfassung	79

D. Gesetzestext und -materialien   81
I. Synopse SGB III alt/neu   81
II. Gang des Gesetzgebungsverfahrens   132
III. Gesetzesmaterialien   132

Stichwortverzeichnis   189

Abkürzungsverzeichnis

a. a. O.	am angegebenen Ort
a. F.	alte Fassung
Abs.	Absatz
AiB	Arbeitsrecht im Betrieb (Zeitschrift)
Alg.	Arbeitslosengeld
Alhi	Arbeitslosenhilfe
ANBA	Amtliche Nachrichten der Bundesanstalt für Arbeit
ArbGG	Arbeitsgerichtsgesetz
AÜG	Arbeitnehmerüberlassungsgesetz
AuA	Arbeit und Arbeitsrecht (Zeitschrift)
AuR	Arbeit und Recht (Zeitschrift)
AuS	Arbeit und Sozialpolitik (Zeitschrift)
BA	Bundesanstalt für Arbeit
BarbBl.	Bundesarbeitsblatt (Zeitschrift)
BB	Betriebs-Berater (Zeitschrift)
BetrVG	Betriebsverfassungsgesetz
BGBl.	Bundesgesetzblatt
BR-Drucks.	Amtliche Drucksache des Bundesrates
BSHG	Bundessozialhilfegesetz
BT-Drs.	Amtliche Drucksache des Bundestages
BuW	Betrieb und Wirtschaft (Zeitschrift)
DB	Der Betrieb (Zeitschrift)
DStR	Deutsches Steuerrecht (Zeitschrift)
ESF	Europäischer Sozialfonds
FAZ	Frankfurter Allgemeine Zeitung für Deutschland
Hrsg.	Herausgeber
IAB	Institut für Arbeitsmarkt- und Berufsforschung (der Bundesanstalt für Arbeit)
info also	Informationen zum Arbeitslosen- und Sozialhilferecht (Zeitschrift)
iSd	im Sinne des
iVm	in Verbindung mit
LPK	Lehr- und Praxiskommentar (Kommentarreihe des Nomos-Verlags)
m. w. N.	mit weiteren Nachweisen [bei Fundstellenangaben]
NJW	Neue Juristische Wochenschrift
NZA	Neue Zeitschrift für Arbeitsrecht
NZS	Neue Zeitschrift für Sozialrecht
S.	Seite
s.	Siehe

s.o./u.	siehe oben/unten
SF	Sozialer Fortschritt (Zeitschrift)
SGb	Die Sozialgerichtsbarkeit (Zeitschrift)
SGB	Sozialgesetzbuch
SGB I	Erstes Buch Sozialgesetzbuch – Allgemeiner Teil
SGB III	Drittes Buch Sozialgesetzbuch – Arbeitsförderung
SGB IV	Viertes Buch Sozialgesetzbuch – Gemeinsame Vorschriften für die Sozialversicherung
SGB V	Fünftes Buch Sozialgeetzbuch – Gesetzliche Krankenversicherung
SGB VI	Sechstes Buch Sozialgesetzbuch – Gesetzliche Rentenversicherung
SGB VII	Siebtes Buch Sozialgesetzbuch – Gesetzliche Unfallversicherung
SGB IX	Neuntes Buch Sozialgesetzbuch – Rehabilitation und Teilhabe behinderter Menschen
SGB X	Zehntes Buch Sozialgesetzbuch – Verwaltungsverfahren
SGB XI	Elftes Buch Sozialgesetzbuch – Soziale Pflegeversicherung
SozSich	Soziale Sicherheit (Zeitschrift)
S+P	Sozialrecht + Praxis (Zeitschrift)
SZ	Süddeutsche Zeitung
z. B.	zum Beispiel
ZfSH/SGB	Sozialrecht in Deutschland und Europa (Zeitschrift)
ZSR	Zeitschrift für Sozialreform

Literaturverzeichnis

I. Kommentare zum SGB III

Gagel, Alexander, SGB III, Loseblatt, Stand: /2002

Lohre, Werner/Mayer, Udo/Stevens-Bartol, Eckart (Hrsg.), Arbeitsförderungsrecht, 3. Aufl. 2000

Niesel, Klaus (Hrsg.), SGB III, 1998

GK-SGB III, Loseblatt, Stand: 5/2002 (bearbeitet von Friedrich Ambs u. a.)

Hennig, Werner/Henke, Norbert/Schlegel, Rainer/Theuerkauf, Walter/Estelmann, Martin/Leitherer, Stephan/Pawlak, Stefan, SGB III Sozialgesetzbuch Drittes Buch – Arbeitsförderung –, Loseblatt: Stand: 4/2002

II. Lehr- und Studienbücher; andere Kommentare oder Monographien

Ruhm, Ingo, Arbeitsförderungsrecht SGB III, 2000

Schulin, Bertram/Igl, Gerhard, Sozialrecht, 7. Aufl. 2002

Boesen, Arnold, Vergaberecht – Kommentar zum 4. Teil des GWB, 1. Aufl. 2000

III. Zeitschriftenaufsätze; Beiträge in Sammelbänden u. a.

Adamy, Wilhelm, Fakten statt schneller Vorurteile – Wie leistungsfähig ist die Bundesanstalt für Arbeit? SozSich 2002, 38 ff.

Adamy, Wilhelm, Tiefe Zäsur bei der Bundesanstalt für Arbeit – Mehr Markt in der Arbeitsförderung? SozSich 2002, 110 ff.

Adamy, Wilhelm, Probleme der Steuerung im Sozialstaat – Wie reformfähig ist die Bundesanstalt für Arbeit? SozSich 2002, 146 ff.

Behrend, Britta, Arbeitnehmerüberlassung bis zu 24 Monaten – Job-AQTIV mit Hindernissen, NZA 2002, 372

Bepler, Klaus, Sozialrechtliche Gestaltung des laufenden Arbeitsverhältnisses durch das neue SGB III – Kündigungsschutz, Sozialplanförderung, Eingliederungsvertrag – AuR 1999, 219 ff.

Blien, Uwe, Regionale Beschäftigungswirkungen der Arbeitsmarktpolitik – das Beispiel Ostdeutschland – in: IAB, Aktivierende Arbeitsmarktpolitik, S. 19 ff.

Boecken, Winfried, Zusammenführung von Sozialhilfe und Arbeitslosenhilfe: Insbesondere zur verfassungsrechtlichen Zulässigkeit einer Abschaffung des Anspruchs auf Arbeitslosenhilfe und einer Beteiligung des Bundes an den Sozialhilfeaufwendungen, SGb 2002, 357 ff.

Boemke, Burkhard/Lembke, Mark, Änderungen im AÜG durch das »Job-AQTIV-Gesetz« – Fragwürdige Liberalisierung der Zeitarbeit –, DB 2002, 893 ff.

Buchheit, Bernd, Job-AQTIV – Neue Impulse für die Arbeitsmarktpolitik, BArbBl. 2-2002, 5

Bundesanstalt für Arbeit (Hrsg.), 2002, Was? Wieviel? Wer? Finanzielle Hilfen des Arbeitsamtes auf einen Blick, Januar 2002

Deeke, Axel/Kruppe, Thomas/Müller, Petra/Schuler, Werner, Das »ESF-BA-Programm 2000 – 2006« und seine Umsetzung im ersten Jahr, IAB Werkstattbericht Nr. 5 vom 17. 5. 2002

Dietrich, Hans, Das Sofortprogramm der Bundesregierung zum Abbau der Jugendarbeitslosigkeit in: IAB, Aktivierende Arbeitsmarktpolitik, S. 25 ff.

Egle, Franz, Job-AQTIV-Gesetz und BA-Reform: Neue Chancen für Vermittlung und Beratung in: IAB, Aktivierende Arbeitsmarktpolitik, S. 41 ff.

Gagel, Alexander, Verfassungsfragen bei der Arbeitslosenhilfe – zur aktuellen Diskussion über die Berücksichtigung von einmalig gezahltem Arbeitsentgelt und die Begrenzung der Arbeitslosenhilfe – NZS 2000, 591 ff.

Heinze, Meinhard, Das Verhältnis des öffentlich-rechtlichen Sozialrechts zum privatrechtlichen Arbeitsrecht, SGb 2000, 241 ff.

Hummel, Dieter, Das Job-Aqtiv-Gesetz, AiB 2002, 69 ff.

Institut für Arbeitsmarkt- und Berufsforschung, Aktivierende Arbeitsmarktpolitik – IAB-Colloquium »Praxis trifft Wissenschaft« am 21. März 2002, IAB Werkstattbericht Nr. 9 vom 26. 7. 2002 (zitiert: IAB, Aktivierende Arbeitsmarktpolitik)

Karasch, Jürgen R., Das letzte Kapitel – Anmerkungen zur aktuellen Krise der Bundesanstalt für Arbeit, ZfSH/SGB 2002, 259 ff.

Karasch, Jürgen R., Vor der Reform der Reform – Vier Jahre neues Arbeitsförderungsrecht (SGB III), ZfSH/SGB 2001, 589 ff.

Knuth, Matthias/Krone, Sirikit, Beschäftigtentransfer durch geförderte Sozialplanmaßnahmen: Noch unzureichend genutzte Chance arbeitsmarktpolitischer Frühintervention, SF 2001, 147 ff.

Köhler, Peter A., Soziale Sicherheit in Dänemark, Soziale Sicherheit 1998, S. 226 ff.

Kölzer, Leo, Beleben und Aktivieren – Das neue Arbeitsförderungsrecht – SozSich 2002, 23 ff.

Körner, Marita, Die Reform des SGB III durch das Job-Aqtiv-Gesetz – Ein kritischer Überblick –, NZA 2002, 241 ff.

Kossens, Michael, Arbeitsförderung – Neue Impulse durch Job-AQTIV? AuA 2002, 16

Kossens, Michael, Neuregelung der privaten Arbeitsvermittlung, DB 2002, 843 ff.

Krupp, Hans-Jürgen, Aktivierung – Teil einer beschäftigungspolitischen Gesamtstrategie in: IAB, Aktivierende Arbeitsmarktpolitik, S. 5 ff.

Kruse, Jürgen, Die wichtigsten Neuerungen des zweiten SGB-III-Änderungsgesetzes, DStR 1999, 1232 ff.

Luthe, Ernst-Wilhelm, Rechtsanwendung in den Kernzonen aktiver Arbetismarktpolitik des SGB III, SGb 2001, 345 ff.

Luthe, Ernst-Wilhelm, Das Job-Aqtiv-Gesetz, SGb 2002, 77 ff. und 136 ff.

Marschner, Andreas, Reform des Rechts der Arbeitsförderung zum 1. Januar 2002, BuW 2002, 219

Marx, Stefan/Schmachtenberg, Rolf, Mehr Wettbewerb und moderne Leistungsstrukturen, BArbBl. 4/2002, 5

pm, Änderungen im Arbeitsrecht zum 1. Januar in Kraft getreten – Job-AQTIV-Gesetz soll arbeitsmarktpolitische Instrumente ergänzen, S+P 2002, 57 ff.

o.V., Dokumentation – Zur Reform der Arbeitsförderung – Eckpunkte für ein Job-AQTIV-Gesetz, info also 2001, 185 ff.

Riester, Walter, Job-AQTIV-Gesetz in Kraft getreten – Flexiblere Förderkonzepte und zielgenauere Vermittlung, der städtetag 1/2002, 12

Rudolph, Helmut, Profiling und Case-Management: Prävention als Kern einer aktivierenden Arbeitsmarktpolitik in: IAB, Aktivierende Arbeitsmarktpolitik, S. 31 ff.

Schmid, Günter, Das Job-AQTIV-Gesetz: Über Erwartungen, neue Möglichkeiten, Aktivitäten und Grenzen in: IAB, Aktivierende Arbeitsmarktpolitik, S. 35 ff.

Schröder, Gerhard, Zweistufenplan der Bundesregierung – Bundesanstalt für Arbeit wird umgebaut, SozSich 2002, 43 ff.

Spellbrink, Wolfgang, Die Arbeitslosenhilfe zwischen eigentumsgeschützter Sozialversicherungs- und bedürftigkeitsabhängiger Fürsorgeleistung, SGb 2000, 296 ff.

Steinmeyer, Horst, Fördern und Fordern – Arbeitsvermittlung und Weiterbildung nach dem Job-Aqtiv-Gesetz, info also 1/2002, 4

Ulber, Jürgen, Von der vorübergehenden Arbeitnehmerüberlassung zur entgeltlichen Arbeitsvermittlung auf Dauer – Überlegungen zur geplanten Änderung der Arbeitnehmerüberlassung im Job-AQTIV-Gesetz, AuR 2001, 451 ff.

Walwei, Ulrich, Aktivieren durch Fördern und Fordern – Internationale Erfahrungen und Ansätze in Deutschland – in: IAB, Aktivierende Arbeitsmarktpolitik, S. 11 ff.

IV. Nützliche Seiten im Internet (www.xxx)

.bma.de

.arbeitsamt.de

.bundestag.de

.bma-mozart.de/index_ns.html

.bertelsmann.de

.mpipf-muenchen.mpg.de/MPISR/

.bundessozialgericht.de

A. Einführung: Hintergrund und Zielsetzung des Job-Aqtiv-Gesetzes

»*Arbeitslosigkeit hat viele Gründe und Erscheinungsformen. Vor diesem Hintergrund ist die Vorstellung abwegig, man könnte auf einzelne Instrumente setzen.*«[1] Das Job-AQTIV-Gesetz soll ein Gesetz »zur Reform der arbeitsmarktpolitischen Instrumente« sein. Dies impliziert, dass das vorhandene arbeitsmarktpolitische Instrumentarium – auch vom Gesetzgeber – für reformbedürftig gehalten wurde. Man muss allerdings feststellen, dass solcherlei »Reformen« nicht nur zahlreich sind[2], sondern vor allem in letzter Zeit in immer kürzer werdenden Abständen[3] vorgenommen werden. Ein Gesetz, das schon im Namen das Ziel führt, das arbeitsmarktpolitische Instrumentarium zu reformieren, muss sich daher an besonderen Ansprüchen messen lassen.

1

I. Einige Daten zu den gegenwärtigen Problemen am Arbeitsmarkt

Am Ende des Jahres 2000 betrug die Zahl der Arbeitslosen im gesamten Bundesgebiet 3.888.652, darunter 1.835.806 Frauen. Die bundesweite Arbeitslosenquote betrug damit zu dem genannten Zeitpunkt 9,6 % aller zivilen Erwerbspersonen. In den alten Bundesländern waren insgesamt 2.529.374 Personen, darunter 1.131.256 Frauen arbeitslos; die Quote lag damit in den alten Bundesländern bei 7,8 % aller zivilen Erwerbspersonen. Stellt man nur auf die abhängigen zivilen Erwerbspersonen ab, so waren im Durchschnitt des Jahres 2000 bundesweit 10,7 % arbeitslos. Sachsen-Anhalt hatte im genannten Zeitraum mit 21,4 % der abhängigen zivilen Erwerbspersonen exakt eine doppelt so hohe Arbeitslosenquote wie der Bundesdurchschnitt.[4]

2

Bis zum Monat Juli des Jahres 2002 hatte sich die Arbeitslosenquote bundesweit wie folgt verändert:[5]

3

bezogen auf alle zivilen Erwerbspersonen: 9,7 %

bezogen auf abhängige zivile Erwerbspersonen: 10,8 %

---

1 *Krupp* in: *IAB*, Aktivierende Arbeitsmarktpolitik, S. 5.
2 Das verdienstvolle »Änderungsregister« im *Gagel*, SGB III, weist für den Zeitraum vom 18. 6. 1997 (also knapp drei Monate nach Erlass des SGB III) bis zum 27. 4. 2002 exakt **vierzig Änderungen des Gesetzes** aus.
3 So stammen die letzten fünf im Gagel, aaO. ausgewiesenen Änderungen vom 10.12., 13.12., 20. 12. 2001, 23.03., 27. 4. 2002 – im Durchschnitt mehr als eine Änderung pro Monat.
4 Zu sämtlichen in diesem Absatz genannten Zahlen vgl. *Statistisches Jahrbuch 2001*, S. 124 bis 126.
5 Die folgenden Zahlen stützten sich auf die monatlich von der Bundesanstalt für Arbeit veröffentlichten Eckwerte des Arbeitsmarktes, die auf der Internetseite der BA (www.arbeitsamt.de) abgerufen werden können.

In den alten Bundesländern galt:

Bezogen auf alle zivilen Erwerbspersonen:	7,8 %
bezogen auf abhängige zivile Erwerbspersonen:	8,7 %

In den neuen Ländern stellte sich die Lage demgegenüber wie folgt dar:

bezogen auf alle zivilen Erwerbspersonen:	18,0 %
bezogen auf abhängige zivile Erwerbspersonen:	19,5 %

4 Die Spaltung zwischen den alten und neuen Bundesländern hat sich danach jedenfalls nicht verringert. In den neuen Bundesländern gilt in weitaus stärkerem Maße als in den alten Bundesländern, dass es schlicht an Arbeitsplätzen fehlt. Dieser Umstand hat sich auch im Zuge des Gesetzgebungsverfahrens zum Job-AQTIV-Gesetz insoweit ausgewirkt, dass trotz massiver Einwände gegen diese Instrumente auf Arbeitsbeschaffungs- und Strukturanpassungsmaßnahmen (ABM/SAM) nicht vollständig verzichtet wurde. Auch einige der Vorschläge in der sog. »Hartz-Kommission« wie etwa der sog. Job-Floater, der als unrealistisch heftig kritisiert und schon vor Publikation des Abschlussberichtes massiv eingeschränkt wurde, haben mit dieser auseinandergelaufenen Entwicklung zwischen Ost- und Westdeutschland zu tun.

5 Im Berichtsmonat Juli 2002 gehörten 26,5 % der Arbeitslosen zur Gruppe der älteren Arbeitnehmer (50 Jahre und älter); 32,6 % waren sogenannte Langzeitarbeitslose, d. h. iSd § 18 SGB III ein Jahr und länger arbeitslos.

6 Am 31. 12. 1999 gab es bundesweit 3.064.451 Schwerbehinderte (mit gültigem Schwerbehindertenausweis) im Alter zwischen 18 und 65 Jahren.[6] 156.946 oder 5,12 % von ihnen waren in diesem Zeitraum arbeitslos.

7 Eine Verringerung der Zahl der Arbeitslosen um 100.000 Personen im Jahresdurchschnitt führt zu Einsparungen im Haushalt der Bundesanstalt für Arbeit in Höhe von 660 Mio. Euro jährlich und im Haushalt des Bundes in Höhe von 360 Mio. Euro jährlich.[7]

II. Fehlentwicklungen in der Arbeitsmarktpolitik

8 In der gegenwärtigen hektischen Debatte über die Probleme am Arbeitsmarkt gerät allerdings leicht in Vergessenheit, dass noch so ausgeklügelte und neue arbeitsmarktpolitische Instrumente versagen müssen, wenn nicht die Wirtschaftspolitik insgesamt »stimmt«. Die Funktionsfähigkeit von Kapital- und Gütermärkten bedarf ebenso einer Verbesserung wie die des Arbeitsmarktes. Vonnöten ist eine

---

6 *Statistisches Jahrbuch 2001*, S. 496.
7 S. BT-Drs. 14/6944, S. 2 [unter D 1 a].

makroökonomische Steuerung.⁸ Aus juristischer Sicht sind dabei auch Veränderungen im Bereich des Arbeitsrechts und des Steuerrechts zu nennen. Die vor allem den Mittelstand erdrückende Abgabenlast wird mehr und mehr zu einem »Job-Killer« erster »Güte«. Im Gegensatz dazu verweist die Bundesanstalt für Arbeit (zu Recht) stolz auf die in den letzten Jahren erfolgreiche Förderung von Existenzgründungen, besonders durch das Überbrückungsgeld. Mehr als zwei Drittel der Geförderten seien in den vergangenen Förderjahrgängen drei Jahre nach der Unternehmensgründung immer noch selbständig gewesen; außerdem habe jeder erfolgreiche Existenzgründer durchschnittlich einen neuen Mitarbeiter beschäftigt. Das, was hier mit nicht unerheblichen Mitteln auf der Grundlage des Arbeitsförderungsrechts gefördert wurde, wird zu einem nicht mehr zu vernachlässigenden Teil mit den Mitteln des Steuer- und Arbeitsrechts wieder auf's Spiel gesetzt.

Ein »entgegengesetztes« Beispiel: auf der Grundlage des SGB III wird die regionale Mobilität gefördert, auch um Arbeitslosigkeit zu beenden. Auf der anderen Seite werden die Klagen besonders im Mittelstand in den neuen Ländern immer lauter, dass qualifizierte Arbeitskräfte – aus mehr als nachvollziehbaren Gründen – in großer Zahl in die westlichen Bundesländer abwandern. Die mittelbaren Folgen für den Arbeitsmarkt, die sich aus infolge Personalmangels unterbliebener Produktion ergeben, sind nicht genau zu erfassen. Dennoch zeigt auch dieses Beispiel, dass die Arbeitsmarktpolitik dringend enger Absprache mit der (übrigen) Wirtschaftspolitik bedarf. Die publik gewordenen Ankündigungen der Opposition, ein gemeinsames Ressort für Wirtschaft und Arbeit im Bundeskabinett zu schaffen, sind vor diesem Hintergrund zu begrüßen.

III. Ansätze für eine Neuorientierung der Arbeitsmarktpolitik in der Diskussion

Soweit gegenwärtig über eine Neuorientierung der Arbeitsmarktpolitik diskutiert wird, lassen sich einige Bereiche herausgreifen, die dabei besonders hervorgetreten sind. Auf sie soll – in Form einer »Gedankenskizze« – im Folgenden kurz eingegangen werden.

1. Organisation und Arbeitsweise der Bundesanstalt für Arbeit

Der erste Bereich betrifft die Organisation und Arbeitsweise der Bundesanstalt für Arbeit. Die bei ihr – wie grundsätzlich auch in den Sozialversicherungsbereichen – bestehende Selbstverwaltung wird als einerseits zu schwerfällig und andererseits zu sehr von Eigeninteressen geleitet angesehen. Was speziell den zweiten genannten Vorwurf angeht, so wird kritisiert, dass sich die Verbände der Arbeitgeber wie

---
8 Dazu *Krupp* in: *IAB*, Aktivierende Arbeitsmarktpolitik, S. 10.

auch der Arbeitnehmer zu Lasten der Beitrags- bzw. Steuerzahler des Qualifizierungsmarktes »bemächtigt« und zu einem erheblichen Teil eigene Einrichtungen »begünstigt« hätten. Zur Lösung dieses Problems wird darauf gedrängt, andere Steuerungsmechanismen (nicht nur) in der Weiterbildung einzusetzen, die diesen »Selbstbedienungseffekt« verhindern helfen können.

12 Kommt es zu einer Zusammenlegung von Arbeitslosen- und Sozialhilfe, wird sich auch aus diesem Grund die Frage nach der Zukunft der Bundesanstalt für Arbeit stellen. Dabei werden nicht nur arbeitsmarktpolitische, sondern auch (finanz-) verfassungsrechtliche Aspekte eine Rolle spielen.[9]

13 Das Job-AQTIV-Gesetz hat diesbezüglich durch die verstärkte Einbindung Dritter (= häufig Privater) in die Arbeitsvermittlung auch erste Ansätze geliefert. Die Leitungsstruktur der Bundesanstalt für Arbeit hat erst das Gesetz zur Vereinfachung der Wahl der Arbeitnehmer-Vertreter in den Aufsichtsrat vom März des Jahres 2002 verändert.[10] Weitere Schritte werden folgen.

2. Komplette Neuorientierung im Leistungsgeschehen

a) Verhältnis von aktiven Leistungen (Erwerbsintegration) zu passiven Leistungen

14 Erforderlich ist eine weitgehende Neubestimmung des Verhältnisses von aktiven Leistungen, also Leistungen die dem Erhalt von Erwerbstätigkeit oder der (Wieder-) Eingliederung in das Erwerbsleben dienen, zu den passiven Leistungen, die »lediglich« infolge Arbeitslosigkeit ausfallendes Erwerbseinkommen ersetzen. Nicht nur im übertragenen Sinne sind erstere zukunftsorientiert, während sich letztere an der Vergangenheit ausrichten, nämlich an dem vor Eintritt der Arbeitslosigkeit erzielten Entgelt. In Kombination mit den überkommenen Maßnahmen des sog. zweiten Arbeitsmarktes (besonders Arbeitsbeschaffungsmaßnahmen [ABM] und Strukturanpassungsmaßnahmen [SAM]) haben sich daraus Ansätze verfestigt, die gar nicht mehr »ernsthaft« den Versuch unternehmen, eine womöglich schon länger bestehende Arbeitslosigkeit überhaupt noch zu überwinden. Insofern geht das Job-AQTIV-Gesetz in die richtige Richtung. Besonders die Elemente Qualifizieren (»Q«) und Vermitteln (»V«) müssen gestärkt werden, will man gerade solche Personen in das Erwerbsleben zurückführen, die zu den sog. Problemgruppen des Arbeitsmarktes gehören.

---
9 Dazu sei nur auf die Darstellungen von *Boecken* SGb 2002, 357 ff. sowie auf *Adamy* SozSich 2002, 146 ff. verwiesen.
10 Gesetz zur Vereinfachung der Wahl der Arbeitnehmervertreter in den Aufsichtsrat vom 23. 3. 2002, BGBl. I, S. 1130.

b) Veränderungen beim Arbeitslosengeld

Zwar gibt es kaum vernehmbare Stimmen, die einer Abschaffung des Arbeitslosengeldes als einer beitragsfinanzierten Versicherungsleistung der Arbeitslosenversicherung das Wort reden. Dennoch ist nicht zu verkennen, dass die Koexistenz dieser Leistung und einer bedürftigkeitsgeprüften Leistung wie der Arbeitslosenhilfe oder der Hilfe zum Lebensunterhalt nach dem BSHG die typischen Probleme von Schnittstellen zwischen unterschiedlichen Leistungssystemen aufwerfen, noch dazu, wenn sich diese unterschiedlichen Leistungssysteme auch im grundlegenden Charakter (Versicherungsleistung hier – Fürsorgeleistung dort) unterscheiden. Das Gesetz hat das zwar so nicht vorgesehen, aber eine Tendenz ist in der Praxis nicht zu leugnen, dass in den (ersten) zwölf Monaten des Arbeitslosengeldbezuges (oder bei älteren Arbeitnehmern sogar bis zu 32 Monate) »erst einmal fast gar nichts geschieht«, um eine Wiedereingliederung in das Erwerbsleben voranzutreiben. Auf die Versicherungsleistung besteht ein Rechtsanspruch, ohne das die Gesamteinkommenssituation oder die Vermögenslage des Arbeitslosen eine Rolle spielt, und so steht eben doch zu vermuten, dass diese Leistung manches Mal in Anspruch genommen wird, weil sie zusteht.

Die vom derzeitigen Vorstandsvorsitzenden der Bundesanstalt für Arbeit, Herrn Gerster, noch vor Beginn seiner neuen Tätigkeit aufgeworfene Frage einer Verkürzung des Arbeitslosengeldbezuges älterer Arbeitnehmer mag daher zum damaligen Zeitpunkt »politisch ungeschickt« gewesen sein, war aber jedenfalls insoweit richtig, als sie sich gegen ein »Resignationsverhalten« in Bezug auf diese Personengruppe in der Gesellschaft im Allgemeinen und in der Arbeitsverwaltung im Besonderen richtete.

c) Abschaffung der Arbeitslosenhilfe

Trotz einiger Argumente, die für ein einheitliches Leistungssystem für den Fall der Erwerbslosigkeit ohne »interne Schnittstellen« sprechen, wird man realistischerweise nicht nur kurzfristig, sondern wohl auch mittelfristig davon auszugehen haben, dass die Versicherungsleistung Arbeitslosengeld erhalten bleiben wird. Um so wichtiger erscheint es daher, zumindest die beiden anderen Geldleistungen, die im Falle der Erwerbslosigkeit erbracht werden, neu zu ordnen, insbesondere das zusätzliche Problem unterschiedlicher Trägerschaften zu lösen. Die Arbeitslosenhilfe wird aus dem Steueraufkommen des Bundes finanziert und von der Bundesanstalt für Arbeit erbracht, während die (laufende) Hilfe zum Lebensunterhalt in den Zuständigkeitsbereich der Kommunen (kreisfreie Städte und Landkreise, § 99 BSHG iVm § 96 Abs. 1 BSHG) fällt. Die derzeit wahrscheinlichste Lösung dürfte darin bestehen, die Arbeitslosenhilfe als eigenständige Leistung abzuschaffen und im Anschluss an das Arbeitslosengeld eine einheitliche neue Leistung für erwerbsfähige Erwerbslose zu schaffen, die ähnlich der Sozialhilfe von der Bedürftigkeit des Betroffenen abhängt, aber wesentlich mehr als bisher Arbeitslosenhilfe und HLU zum Instrument der aktiven Arbeitsförderung gemacht wird.

3. Neubestimmung des Verhältnisses von Arbeitslosen- und Sozialhilfe

18 Zu den anstehenden Aufgaben, die – nach den öffentlichen Stellungnahmen – von jeder Bundesregierung nach der Wahl am 22. September angegangen werden wird, gehört damit die Neubestimmung des Verhältnisses zwischen Arbeitslosen- und Sozialhilfe. Dabei sind nicht nur leistungsrechtliche Fragen zu beantworten, sondern auch eine taugliche organisatorische Lösung zu finden.[11]

4. Mainzer Kombilohn-Modell

19 Am 1. 3. 2002 ist bundesweit das sog. Mainzer Kombilohn-Modell[12] gestartet. Es baut auf Modellversuchen auf, die in ausgewählten Arbeitsamtsbezirken seit dem Sommer des Jahres 2000 durchgeführt worden waren. Durch eine Subventionierung von Lohnnebenkosten (besonders Sozialversicherungsbeiträgen) sollen Brücken in sozialversicherungspflichtige Beschäftigung für Menschen mit einfacher Qualifikation und in einem unteren Einkommensegment geschaffen, aber auch die Aufnahme von Teilzeitbeschäftigungen gefördert werden.

20 War man in der Hoffnung auf die Schaffung zusätzlicher 30.000 Stellen bundesweit vor Einführung dieses Instrumentes schon sehr bescheiden, so sind die realen Zahlen bis zum Stand Mitte August 2002 mit nicht einmal 200 Stellen, die dem Mainzer Modell gut geschrieben werden können, verschwindend gering. Dafür haben aber die online abrufbaren »Richtlinien zur Durchführung des Sonderprogramms »Mainzer Modell« – mitfinanziert aus Mitteln des Europäischen Sozialfonds (ESF) – vom 6. 2. 2002 einen erheblichen Umfang.[13]

IV. Die »Einordnung« des Job-AQTIV-Gesetzes

21 Das Job-AQTIV-Gesetz war zunächst eine »Schnellschuss-Reaktion« auf Fehlentwicklungen, die sich schon seit geraumer Zeit ergeben hatten. Es fiel zugleich in die politisch aufgeheizte Debatte um die Vermittlungsleistungen der Bundesanstalt

---

[11] Zur bisherigen Zweigleisigkeit auch der Leistungsträgerschaft bereits oben A III 2c (Rz 17) sowie A III 1 (Rz 12).
[12] Zu diesem Modell auch die kritischen Bemerkungen von *Körner* NZA 2002, 241 ff. (245 unter III.).
[13] Nämlich immerhin sieben Druckseiten zuzüglich 8 Seiten Anhänge, also ein weiterer Beitrag zu Deregulierung und Entbürokratisierung!

IV. Die »Einordnung« des Job-AQTIV-Gesetzes

für Arbeit, ohne auf diese Debatte unmittelbar zu reagieren. Schließlich hatte das Gesetz die Funktion, noch vor der Bundestagswahl im Herbst 2002 erste Schritte in Richtung auf eine nochmalige »grundlegende« Reform des SGB III einzuleiten.

Es greift viele Anregungen der arbeitsmarktpolitischen Diskussionen auf, stellt aber kein Konzept »aus einem Guss« dar. So werden Assessment-Verfahren eingeführt, die auf einer individuellen Chanceneinschätzung (»Profiling«) aufbauen, aber es wird nicht der Schritt vollzogen, die in einschlägigen Modellen (an allererster Stelle sind hier die Kooperationen zwischen Arbeitsamt und Sozialamt in Köln zu nennen) gesammelten, z.T. beeindruckenden Erfahrungen mit einem durchgängigen Case-Management in Gestalt eines neuen Ablaufschemas bei der Bearbeitung von »Fällen« konsequent umzusetzen. **22**

So enthält das neue Gesetz kaum mehr als Ansätze, den Blick des Mitarbeiters im Arbeitsamt nicht zuerst auf das zur Verfügung stehende Instrumentarium, gleichsam den Bestand im Medikamentenschrank, sondern vielmehr auf die individuellen Bedürfnisse des einzelnen Arbeitslosen im Hinblick auf eine Wiedereingliederung in das Erwerbsleben, also gleichsam den Zustand des Patienten, zu lenken. **23**

Es handelt sich um einen Zwischenschritt, etwas größer als viele andere Schritte vorher, aber dennoch zweifellos nur ein weiterer Zwischenschritt. Aber die Bundestagsmehrheit, die einen Neuanfang wagen könnte, der diesen Namen auch verdiente, wird es wohl auch nach dem 22. 9. 2002 nicht geben. So bleibt nichts anderes, als auf die nächsten Zwischenschritte zu warten. **24**

B. Inhaltliche Schwerpunkte des Gesetzes

Eines der erklärten vorrangigen Ziele der gegenwärtigen Regierung aus SPD und BÜNDNIS 90/Die GRÜNEN war und ist die deutliche Verringerung der bestehenden Arbeitslosigkeit und die Verhinderung des Entstehens von neuer Arbeitslosigkeit. Hierüber besteht im Ausgangspunkt auch gar kein Streit mit den anderen politischen Kräften im Bundestag. Dabei ist insbesondere zu berücksichtigen, dass der Altersaufbau sich im Wandel befindet, die Zahl der erwerbsfähigen Personen auch in Zukunft noch sinken wird und das Zuwanderungsproblem gelöst werden muss. Im Vordergrund soll eine aktive Arbeitsmarktpolitik mit deutlich präventiverem Charakter stehen, von der sich die Regierung erhofft, dass sie wirksamer und flexibler eingesetzt werden kann als bisher. Diese allgemeinen Ziele werden in § 1 ausdrücklich erwähnt und in vielen Einzelvorschriften präzisiert.

Mit der durch Erlass des Job-AQTIV-Gesetzes bisher umfassendsten Reform des SGB III sollen in erster Linie präventive Ansätze im Bereich der Arbeitsförderung verfolgt werden. Verdeutlicht werden sollte dies schon durch den Namen des Gesetzes »Job-AQTIV-Gesetz«, wobei AQTIV für Aktivieren, Qualifizieren, Trainieren, Investieren und Vermitteln steht. Insbesondere folgende Zwecke sollen erreicht werden:

- konsequente Nutzung von Beschäftigungsmöglichkeiten
- Abbau und Vermeidung von Arbeitslosigkeit, insbesondere von Langzeitarbeitslosigkeit, Erreichung eines hohen Beschäftigungsgrades und Verbesserung der Beschäftigungsstruktur
- Verhinderung von Arbeitslosigkeit durch Transfermaßnahmen, Verbesserung der Mobilität des einzelnen Erwerbstätigen
- Förderung der Gleichstellung von Frauen und Männern auf dem Arbeitsmarkt
- neue Ausgestaltung der Arbeitsvermittlung
- betriebsnähere Förderung der beruflichen Aus- und Weiterbildungsmöglichkeiten
- Schaffung von Anreizen für den Einstieg in lebenslanges Lernen, womit in erster Linie der demographischen Entwicklung in der Bundesrepublik Rechnung getragen werden soll. Damit einhergehen soll die Sicherung der Beschäftigung von älteren Mitbürgern.

I. Verstärktes Zusammenwirken von Arbeitgebern, Arbeitnehmern und Arbeitsämtern

27 § 2 präzisiert die in § 1 aufgestellten Ziele insofern, als anders als in der bisherigen Fassung, nicht mehr nur von einer besonderen Verantwortung von Arbeitgebern und Arbeitnehmern die Rede ist, sondern ein Zusammenwirken von Arbeitgebern, Arbeitnehmern **und Arbeitsämtern** gefördert wird. Damit wird deutlich, dass der Staat an den Zielen »hoher Beschäftigungsstand« und »Verbesserung der Beschäftigungsstruktur« aktiv mitwirken soll als bisher. Zugleich ist ausdrücklich klar gestellt, dass nicht nur Arbeitgeber und Arbeitnehmer Verantwortung tragen. § 2 Abs. 3 fordert nunmehr, dass der Arbeitgeber frühzeitig das Arbeitsamt über betriebliche Veränderungen, die Auswirkungen auf die Beschäftigung haben können, informieren soll.

28 Es bleibt aber abzuwarten, welche Bedeutung § 2 Abs. 3 in der Praxis zukommen wird. Dabei ist zum einen die Tatsache zu bedenken, dass es sich lediglich um eine Sollvorschrift handelt. Zum anderen ist für die Verwirklichung dieser Mitteilungspflicht erforderlich, dass sich der Arbeitgeber überhaupt frühzeitig Gedanken über seine mittel- bis langfristige »Beschäftigungspolitik« macht. Andererseits wird der Arbeitgeber möglicherweise zu einer Unterrichtung des Arbeitsamtes motiviert, weil über § 7 S. 2 Nr. 3 die aktiven Arbeitsförderungsleistungen an Arbeitgeber gemäß §§ 217 ff. SGB III auch von dem »ermittelten arbeitsmarktpolitischen Handlungsbedarf« abhängig gemacht werden sollen.

II. Maßgeschneiderte Beratung und Arbeitsvermittlung

29 § 6 SGB III soll dem Ziel dienen, Langzeitarbeitslosigkeit dadurch zu vermeiden, dass nunmehr schon **zu Beginn** der Arbeitslosigkeit eine **individuelle Chanceneinschätzung**, ein sog. Profiling, zu erfolgen hat. Neben Kenntnissen, Qualifikationen und Berufserfahrung des Arbeitnehmers sollen die Gegebenheiten des Arbeitsmarktes, auf den sich die Vermittlungsbemühungen des Arbeitslosen erstrecken, ermittelt werden. Es ist zur Verhinderung von Langzeitarbeitslosigkeit gemäß § 6 Abs. 1 S. 2 SGB III festzuhalten, ob und warum eine berufliche Eingliederung des Arbeitslosen erschwert sein kann.

30 Geändert hat sich nicht so sehr die inhaltliche Anforderung an das Profiling[14], sondern vor allem der Zeitpunkt, zu dem eine solche individuelle Chanceneinschätzung zu erfolgen hat. Nach § 6 S. 1 SGB III a. F. hatte ein Profiling spätestens nach sechsmonatiger Arbeitslosigkeit zu erfolgen. § 6 Abs. 1 SGB III n.F.

---

14 Auch wenn dieser Gegenstand eine Erweiterung erfahren hat. So ist besonders die ausdrückliche Erwähnung der Verpflichtung, die erforderlichen beruflichen und persönlichen Merkmale des Arbeitslosen festzustellen, neu. Dennoch ist es schwer vorstellbar, dass entsprechende Feststellungen in der Praxis unter Geltung des bisherigen Rechts nicht angestellt wurden. S. auch *Steinmeyer* info also 2002, 4.

verlegt diesen Zeitpunkt auf spätestens den Zeitpunkt der Arbeitslosmeldung vor. In den Gesetzesmaterialien wird zu dieser zeitlichen Vorverlegung ausgeführt, dass das Profiling jetzt auch präventiv, also auch vor Eintritt der Arbeitslosigkeit angewendet werden kann, in der Hoffnung, dass bereits die Zeit zwischen einer Kündigungserklärung und dem Wirksamwerden der Kündigung sinnvoll genutzt wird, um Arbeitslosigkeit erst gar nicht entstehen zu lassen.[15]

Eng verknüpft mit dem Profiling ist die gemäß § 6 Abs. 1 S. 3 SGB III zu erstellende Eingliederungsvereinbarung, deren Inhalt in § 35 Abs. 4 SGB III näher umschrieben ist. Diese ist vergleichbar mit den Hilfe- bzw. Gesamtplänen, die es z. B. im Kinder- und Jugendhilferecht (§ 36 Abs. 2 SGB VIII) oder im Bereich der Behinderteneingliederung (§ 46 BSHG) gibt. Das Ergebnis des Profiling fliesst gleichsam in die Eingliederungsvereinbarung ein, auch wenn diese darüber hinaus noch weitere Inhalte haben kann, also nicht völlig deckungsgleich mit dem Ergebnis des Profiling sein muss. **31**

Die Eingliederungsvereinbarung soll den Grundsatz des Förderns und Forderns konkretisieren, sowohl die Aktivitäten des Arbeitslosen als auch die des Arbeitsamtes verdeutlichen, dokumentieren und die zeitliche Abfolge festlegen. Es handelt sich dabei also um die schriftliche Fixierung der sich aus dem Profiling ergebenden, auf den Arbeitslosen individuell zugeschnittenen Arbeitsvermittlungsstrategie. Klar zum Ausdruck kommen muss in ihr, dass es ein gemeinsames Ziel von Arbeitslosem und Arbeitsamt sein muss, dass die Arbeitslosigkeit beendet wird, welche konkreten Maßnahmen der Arbeitslose bei der Stellensuche zu unternehmen hat und dass auch den Arbeitslosen die Pflicht trifft, an diesem Ziel aktiv mitzuarbeiten (z. B. durch Teilnahme an Bildungsmaßnahmen). Die Eingliederungsvereinbarung ist dem Arbeitslosen wegen ihrer besonderen Bedeutung in Kopie auszuhändigen. Eine Wirkung der in einer Eingliederungsvereinbarung enthaltenen verbindlichen Angebote an einen Arbeitslosen kann sein, dass diesem »Fordern« durch Abmelden aus der Arbeitslosigkeit ausgewichen wird. Auf diese Weise können Eingliederungsvereinbarungen dazu beitragen herauszufinden, wer ernsthaft daran interessiert ist, wieder in Erwerbsarbeit vermittelt zu werden. **32**

Gemäß § 35 Abs. 4 S. 3 SGB III ist die zunächst erstellte Eingliederungsvereinbarung spätestens nach sechsmonatiger Arbeitslosigkeit bzw. – bei arbeitslosen und ausbildungsuchenden Jugendlichen – nach dreimonatiger (erfolgloser) Ausbildungsplatzsuche zu überprüfen. Damit soll erreicht werden, dass eine flexible, passgenaue Wiedereingliederungsstrategie ausgearbeitet bzw. festgeschrieben werden kann. So kann zum Beispiel der Fall eintreten, dass das ursprünglich erstellte Profiling kein Risiko des Eintritts von Langzeitarbeitslosigkeit ergibt, sich dies **33**

---

15 BT-Drs. 14/7347, S. 72.

aber im Laufe der Zeit als falsch erweist. Eine Korrektur der ursprünglich optimistischeren Prognose wird namentlich bei mehrfach erfolglosen Vermittlungsbemühungen angezeigt sein.

34 Die Bedeutung der Eingliederungsvereinbarung ergibt sich aus § 38 Abs. 2 SGB III, wonach die in dieser Vereinbarung festgelegten Mitwirkungspflichten des Arbeitslosen bei deren Verletzung zu einer Einstellung der Vermittlungsbemühungen seitens des Arbeitsamtes führen können. Dies wird in der Regel den Fortfall des Anspruchs auf Arbeitslosengeld/-hilfe nach sich ziehen. Zum einen kommt der Arbeitslose nicht seiner Verpflichtung zu Eigenbemühungen im Sinne des § 119 Abs. 1 Nr. 1 SGB III nach, zum anderen steht der Arbeitslose gemäß § 119 Abs. 1 Nr. 2 SGB III nicht mehr den Vermittlungsbemühungen des Arbeitsamtes zur Verfügung.[16]

35 Problematisch erscheint jedoch die Frage, welche Ansprüche der Arbeitslose aus dieser Vereinbarung herleiten kann. Wenn zum Beispiel das Arbeitsamt seinerseits keine Vermittlungsbemühungen unternimmt, bleibt wohl nur der Gang zu den Sozialgerichten, was angesichts der dortigen Verfahrensdauern keine wirkliche Hilfe für den Arbeitslosen darstellen wird.

36 Im Gesetz wird nicht thematisiert, welche Folgen (besser: Sanktionen?) sich daran knüpfen, dass wegen unterbliebener oder deutlich unzureichenden Bemühungen eines Mitarbeiters des Arbeitsamtes die Prognose »widerlegt« wird. Es sei klargestellt, dass hier nicht die Ansicht vertreten werden soll, dass sich aus der Eingliederungsvereinbarung nach dem (jetzt) geltenden Recht bestimmte Rechtsansprüche gegen das Arbeitsamt ergeben. Die Eingliederungsvereinbarung stellt namentlich auch keine Zusicherung iSd § 34 SGB X dar.[17] Aber auch wenn die Eingliederungsvereinbarung lediglich festlegt, welche Vermittlungsbemühungen das Arbeitsamt unternehmen wird und welche künftigen Leistungen der aktiven Arbeitsförderung entsprechend der gegebenen Situation in Betracht gezogen werden[18], stellt sich doch die Frage, was geschieht, wenn die Arbeitsverwaltung hinter ihren Möglichkeiten »zurückbleibt«. Trotz der zugegebenermassen zu erwartenden erheblichen Nachweisprobleme in der Praxis sollte dieser Aspekt nicht völlig ausser Betracht bleiben. Den Arbeitslosen allein auf den bekanntermassen »fruchtlosen« Weg der Dienstaufsichtsbeschwerde zu verweisen, erscheint wenig hilfreich. Zu denken wäre daran, ob man dem Arbeitslosen nicht in der Eingliederungsvereinbarung eine »Entschädigung« (»Vertragsstrafe«?) zusagt, wenn sich der Arbeitsamtsmitarbeiter nachweislich nicht in dem erforderlichen Maße um eine Eingliederung des Arbeitslosen bemüht hat. Denkbar und wohl auch praktikabler

---

16 S. auch *Steinmeyer* info also 2002, 4 ff. [6].
17 Dazu auch *Rademacher* in GK-SGB III, § 35 Rz. 78.
18 *Rademacher*, aaO.

wäre der Weg, Anreize für die Mitarbeiter zu bieten, sich um erfolgreiche Eingliederungen in besonderer Weise zu bemühen. So könnte ein neues, leistungsorientiertes Gehaltsgefüge Prämien vorsehen, die anhand klarer Erfolgskriterien vergeben werden könnten. Dabei müssten diejenigen besonders honoriert werden, die im Personenkreis der Problemgruppen des Arbeitsmarktes besondere Erfolge aufweisen können.

III. Einschaltung Dritter in den Vermittlungsprozess

Eine wichtige Neuerung im Bereich der Arbeitsvermittlung ist die verstärkte Beteiligung Dritter. Grundsätzlich soll Problemgruppen des Arbeitsmarktes gemäß § 37 Abs. 2 S. 1 SGB III eine verstärkte vermittlerische Unterstützung zuteil werden. Nach § 37 Abs. 2 S. 2 SGB III soll seitens des Arbeitsamtes geprüft werden, ob die Vermittlung durch einen Dritten erfolgversprechender erscheint. Gedacht ist bei den »Dritten« an private Unternehmer, die mit Erlaubnis des Arbeitsamtes Arbeitsvermittlung betreiben, insbesondere an Träger von Maßnahmen der aktiven Arbeitsförderung, z. B. Weiterbildungs-, Arbeitsbeschaffungs- und Strukturanpassungsmaßnahmen. 37

Die bei schwer vermittelbaren Arbeitslosen erforderliche intensive Betreuung und Beratung kann unter Umständen von diesen Dritten schneller und effektiver als vom Arbeitsamt erbracht werden. 38

Der gegenüber § 37 Abs. 2 SGB III a. F. erweiterte § 37a stellt klar, dass Dritte anders als bisher nicht nur Teilaufgaben der Vermittlung, sondern mit der umfassenden Vermittlungstätigkeit betraut werden können. Anders als nach altem Recht, wo die Vermittlung durch einen Dritten nur mit Einwilligung des Arbeitsuchenden erfolgen konnte, kann der Arbeitslose nach neuer Rechtslage nur aus wichtigem Grund widersprechen. Nach § 37a Abs. 1 S. 4 SGB III kann der Arbeitslose, der seit mindestens sechs Monaten arbeitslos ist, nunmehr selbst die Einschaltung eines Dritten verlangen. Durch diesen Rechtsanspruch erhält der Arbeitslose die Möglichkeit, selbst an der Verbesserung seiner Wiedereingliederungschancen in den Arbeitsmarkt mitzuwirken. § 37a Abs. 3 SGB III sieht die Möglichkeit der Vereinbarung eines Honorars vor (»kann vereinbart werden«). Unter Berücksichtigung der Tatsache, dass der private Arbeitsvermittler kaum kostenlos arbeiten wird, ist die Vereinbarung einer Vergütung – wohl im Wege des privatrechtlichen Vertrages – eher die Regel. 39

Durch die Übertragung der Vermittlungsaufgabe auf einen Dritten wird allerdings das Arbeitsamt nicht aus seiner Verantwortung gegenüber dem Arbeitslosen entlassen. In den Gesetzesmaterialien wird ausdrücklich darauf hingewiesen, dass das Arbeitsamt sicherstellen muss, dass der Dritte die ihm übertragenen Aufgaben 40 sachgerecht erfüllt, sowohl die sachliche und personelle Ausstattung besitzt als auch die Einhaltung des Datenschutzes gewährleistet ist.[19]

IV. Förderung der Gleichstellung von Frauen und Männern auf dem Arbeitsmarkt

41 Das Job-AQTIV-Gesetz hat die Gleichstellungsförderung noch einmal verstärkt und die dazu bestehenden Regelungen ausdifferenziert und erweitert.

42 § 8 Abs. 1 S. 1 SGB III a. F. konnte allerdings entfallen, da die allgemeine Aufgabe der Gleichstellung von Frauen und Männern bereits als Querschnittsziel des Gesetzes in § 1 Abs. 1 S. 3 SGB III (»Gender Mainstreaming«[20]) normiert ist. Die darin zu sehende »Aufwertung« der Frauenförderung dürfte vor allem damit zusammenhängen, dass unverändert eine Benachteiligung von Frauen am Arbeitsmarkt besteht. Diese betrifft nicht nur die allseits geläufige Benachteiligung von »Arbeitsplatzbesitzerinnen«, namentlich bei der Vergütung. Auch arbeitslose Frauen haben faktisch eine schlechtere Position, was sich vor allem in den geringeren Wiedereingliederungschancen ausdrückt.[21] Schon bei der Berufsberatung junger Frauen sollten die Mitarbeiter der Arbeitsämter etwa darauf achten, dass deutliche Alternativen zu den sog. »typischen Frauenberufen« aufgezeigt werden, die häufig nicht nur eine geringere Vergütung bieten, sondern auch mit einem höheren Risiko des Arbeitsplatzverlustes belastet sind. Auch bei der Einrichtung von ABM oder Weiterbildungsmaßnahmen sollte künftig diesen Überlegungen verstärkt Rechnung getragen werden. Zu erwähnen ist in diesem Zusammenhang weiterhin, dass nach § 3 Abs. 5 iVm § 20 SGB III der Eingliederungszuschuss bei Einarbeitung von Berufsrückkehrern, die faktisch ganz überwiegend Berufsrückkehrerinnen sein dürften, anders als die meisten anderen Leistungen der aktiven Arbeitsförderung keine Ermessens-, sondern eine Pflichtleistung ist.

43 § 8 beschränkt sich nunmehr auf die speziellen Frauenfördermaßnahmen zum Ausgleich bestehender Benachteiligungen. Neben dem Frauenanteil an den Arbeitslosen wird daher zukünftig auch die Arbeitslosenquote Berücksichtigung finden; d. h. Frauen sollen nunmehr auch entsprechend ihrer relativen Betroffenheit gefördert werden.

44 Frauen, die wieder in ihren Beruf zurück kehren wollen, können ohne bestehende Leistungsansprüche in Zukunft an ABM teilnehmen. Ebenso wurde die Zahl

---

19 BT-Drs. 14/6944, S. 31 und 14/7347, S. 72.
20 Dazu auch Beschluss des Bundeskabinetts vom 23. 6. 1999 zum Programm der Bundesregierung »Frau und Beruf«. Seit September 2000 ist die Gleichstellung von Frauen und Männern als Leitprinzip auch in der Gemeinsamen Geschäftsordnung der Bundesregierung verankert; s. auch IV § 15, § 21 Abs. 4 GeschO-BReg.
21 *Feckler* in GK-SGB III, § 8 Rz. 1 a.

IV. Förderung der Gleichstellung von Frauen und Männern

der Teilnehmerinnen und Teilnehmer, die ohne vorangegangenen Anspruch auf Entgeltersatzleistungen gefördert werden können, von bisher 5 auf 10 % erhöht.

Insbesondere wenn aufsichtsbedürftige Kinder betreut werden, sollen die zeitliche, inhaltliche und organisatorische Ausgestaltung der Leistungen der aktiven Arbeitsförderung die konkreten Lebensverhältnisse von Frauen und Männern berücksichtigen. So werden zum Beispiel die Kinderbetreuungskosten bei Teilnahme an Maßnahmen der beruflichen Aus- und Weiterbildung von bis zu 62, – € auf bis zu 130, – € monatlich pro Kind erhöht, § 85 SGB III. 45

Der Erwerb eines Anspruchs auf Arbeitslosengeld wird ab dem 1. 1. 2003 dadurch erleichtert, dass Zeiten der Betreuung und Erziehung eines Kindes unter 3 Jahren, Zeiten der Pflege eines Angehörigen und Zeiten des Bezugs von Mutterschaftsgeld in die Versicherungspflicht zur Bundesanstalt für Arbeit einbezogen werden und damit in Zukunft dem Erwerb des Anspruchs auf Arbeitslosengeld dienen, Änderung des § 124 Abs. 3 SGB III. Voraussetzung ist, dass unmittelbar vor dem Bezug des Mutterschaftsgeldes oder vor dem Beginn der Kindererziehung eine Versicherungspflicht bei der Bundesanstalt für Arbeit bestanden hat oder Arbeitslosengeld bzw. Arbeitslosenhilfe gewährt wurde. 46

§ 8a SGB III (Vereinbarkeit von Familie und Beruf) ist inhaltsgleich mit dem früheren § 8 Abs. 3 SGB III. Durch diese redaktionelle Änderung wird nunmehr klar gestellt, dass die Frage der Vereinbarkeit von Familie und Beruf nicht nur ein frauenspezifisches Problem, vielmehr im Rahmen des Umdenkens über traditionelle Rollenverteilungen auch eine Männer betreffende Herausforderung darstellt. 47

Wenn § 8a von »aufsichtsbedürftigen Kindern« spricht, sei darauf hingewiesen, dass es der bisherigen Verwaltungspraxis der Bundesanstalt für Arbeit entsprach, hierunter Kinder im Alter unter 16 Jahren zu verstehen.[22] 48

Fraglich ist, welche Rolle der nun eigenständigen Regelung in § 8a zukommt, wenn eine andere Bestimmung des/eines Gesetzes z. B. inhaltlich nicht die Lebensverhältnisse von Frauen und Männern berücksichtigt. Zu denken ist etwa an die Ausgestaltung von Anwartschaftszeiten für einen Anspruch auf Arbeitslosengeld oder -hilfe, an Fristen u.ä., die ganz konkret einem Anspruch von Frauen entgegenstehen können, wenn diese ihre Erziehungs- oder Pflegetätigkeiten nicht so »eingerichtet« haben, dass darunter ihre sozialrechtliche Position nicht »leidet«. Es wird sich in der Praxis, besonders der Gerichtspraxis erweisen müssen, ob § 8a wirklich mehr sein wird als ein politischem Wunschdenken entsprungener Programmsatz. Relevanz könnte die Vorschrift beispielsweise dadurch erlangen, dass man sie als »Gebot« versteht, Vorschriften, die die Lebensverhältnisse von Frauen nicht angemessen berücksichtigen, diesem Ziel entsprechend zu interpretieren. Dies würde im Übrigen auch dem Europa- und Verfassungsrecht entsprechen. Insbesondere 49

---

22 S. auch *Feckler* in GK-SGB III, § 8 Rz. 9; zum Begriff Kinder ebda., § 8a Rz. 6.

das Verbot der mittelbaren Diskriminierung von Frauen könnte so eine zusätzliche Unterstützung erhalten.

50 Sowohl bei der Hauptstelle der Bundesanstalt für Arbeit wie auch auf der Ebene der Landesarbeitsämter und der Arbeitsämter sind nach § 397 SGB III hauptamtliche »Beauftragte für Frauenbelange« zu bestellen. Diese haben sich nicht nur – im Sinne »klassischer« Frauenbeauftragter – mit innerorganisatorischen Fragen zu beschäftigen, sondern massgeblich auch mit der Beratung von Arbeitgebern und Arbeitnehmern und deren jeweiligen Organisationen in allen Fragen, die die Erwerbstätigkeit von Frauen betreffen. Dies reicht von Fragen der beruflichen Ausbildung über den Berufseinstieg oder den Wiedereinstieg nach dem Ende einer Familienphase bis hin zu Einzelfragen wie der Arbeitszeitgestaltung.[23]

51 Es sei aber, trotz grundsätzlicher Zustimmung zu den insoweit erfolgten Änderungen, darauf hingewiesen, dass die notwendige deutliche Ausweitung der Hilfen für Alleinerziehende, die im Regelfall arbeitsmarktnah sind, also ein großes Eigeninteresse an einer baldmöglichen Eingliederung in das Erwerbsleben zeigen, hieran jedoch durch die mangelhafte Infrastruktur zur Betreuung ihrer Kinder gehindert werden, nach wie vor aussteht. Auch ist das Problem der weit überdurchschnittlichen Sozialhilfebedürftigkeit alleinerziehender Mütter letztlich nur durch eine Ausweitung von Geldleistungen für Kinder zu lösen. Es muss insbesondere vermieden werden, dass weiterhin ein »Anreiz« bestehen kann, in der Situation der Alleinerziehung lieber auf Arbeitslosen- und Sozialhilfe zurückzugreifen, was gegenwärtig – dies sei wertungsfrei festgestellt – in vielen Fällen schlicht »ökonomisch rational« ist, als sich um eine Integration in das Erwerbsleben zu bemühen. Diese Aufgabe hat das Job-AQTIV-Gesetz nicht gelöst; sie bleibt einer der nächsten »Jahrhundertreformen« des Arbeitsförderungsrechts vorbehalten.

V. Ausbau der beruflichen Qualifizierung

52 In der Begründung zum Gesetzentwurf[24] wird darauf hingewiesen, dass »für die Flankierung des strukturellen Wandels insbesondere eine stärkere Ausrichtung der Arbeitsmarktpolitik auf präventive und wirtschaftsnahe Aus- und Weiterbildung unabdingbar ist.« Durch die Abnahme einfacher und die Zunahme höherqualifizierter Tätigkeiten müssen erhebliche Anstrengungen bei der Qualifizierung von Niedrigqualifizierten und Ungelernten unternommen werden. Aber auch die spezialisierten Arbeitnehmer müssen in Zukunft häufiger weitergebildet werden, weil nur so dem Phänomen des veralteten Wissen begegnet werden kann. Da demnach Qualifizierung und Weiterbildung immer mehr zu Garanten von (gesicherterer)

---

23 S. hierzu auch *Feckler* in GK-SGB III, § 8 Rz. 12.
24 BT-Drs. 14/6944, S. 25 (unter A 2 der Begründung).

Beschäftigung werden, wurden durch das Job-AQTIV Gesetz drei neue Handlungsfelder der beruflichen Weiterbildung eingeführt:

- Nachdem mit der sog. »Job-Rotation« im Rahmen der EU-Gemeinschaftsinitiative ADAPT große Erfolge erzielt wurden, wurde dieses Instrument nunmehr als Regelinstrument im SGB III eingeführt, §§ 229 ff SGB III. Durch die Job-Rotation wird zum einen die betriebsinterne Weiterbildung von Beschäftigten und zum anderen die Integration von Arbeitslosen in den ersten Arbeitsmarkt unterstützt. Der Arbeitgeber, der diese Möglichkeit nutzt, kann beim Arbeitsamt mindestens 50 %, höchstens 100 % Zuschuss für das dem Arbeitslosen zu zahlende Entgelt beantragen[25].
- Verbessert wurden durch das Job-AQTIV Gesetz auch die Weiterbildungsmöglichkeiten für ältere Arbeitnehmer. So wurde die Möglichkeit der Übernahme von Weiterbildungskosten durch das Arbeitsamt für Arbeitnehmerinnen und Arbeitnehmer, die das 50. Lebensjahr vollendet haben, verbessert, § 417 Abs. 1 SGB III. Voraussetzungen für die Kostenübernahme seitens des Arbeitsamtes sind die Zugehörigkeit zu einem kleinen oder mittleren Betrieb mit bis zu 100 Beschäftigten und die Fortzahlung des Entgelts durch den Arbeitgeber.
- Die Förderungsdauer im Rahmen von Strukturanpassungsmaßnahmen wird bei älteren Arbeitnehmern (ab Vollendung des 55. Lebensjahres) durch eine entsprechende Änderung des § 276 Abs. 3 auf 60 Monate verlängert.
- Für ungelernte und geringfügig Qualifizierte wurde die Teilnahme an Maßnahmen der beruflichen Qualifizierung attraktiver gestaltet. Ausgangspunkt der rechtlichen Regelung war die Tatsache, dass Beschäftigte ohne bisher anerkannten Berufsabschluss wenig an beruflichen Weiterbildungsmaßnahmen teilgenommen haben, da diese in der Praxis häufig mit der Aufgabe des Arbeitsverhältnisses einhergingen. Nunmehr können Arbeitgeber, die ungelernte Beschäftigte für eine Qualifizierung unter Weiterzahlung des Gehaltes freistellen, gemäß § 235c SGB III Erstattung des Lohnes für diese Freistellungszeiten ganz bzw. zumindest teilweise beim Arbeitsamt beantragen. Diese Regelung erhöht die Attraktivität von Weiterbildungsmaßnahmen sowohl für die Arbeitnehmer als auch für die Arbeitgeber.

VI. Weiterentwicklung der öffentlich geförderten Beschäftigung

Unter Anerkennung der Tatsache, dass auch ein deutlich höheres gesamtwirtschaftliches Wachstum die in den neuen Bundesländern vorhandene schlechte Infrastruktur nicht schnell verbessern kann, sollen zusätzliche Impulse den Arbeitsmarkt

---
25 Zu weiteren Einzelheiten, siehe unter C. I. 4. c. aa.; Rn 120 ff.

in Ostdeutschland beleben und neue Arbeitsplätze geschaffen werden. Die bessere Verzahnung von Arbeitsmarkt- und Infrastrukturpolitik soll nach Ansicht der Regierungskoalition dazu beitragen, dass zusätzliche Anreize für mehr Aufträge zum Ausbau der kommunalen Infrastruktur gegeben werden[26]. Neue, bislang nicht finanzierbare Infrastrukturmaßnahmen sollen dadurch durchführbar gemacht, Projekte zeitlich vorverlegt oder auch inhaltlich erweitert werden.

54 So wurde im sechsten Kapitel des SGB III ein neuer siebter Abschnitt «Förderung von Beschäftigung schaffenden Infrastrukturmaßnahmen» eingeführt. Entscheidend ist beim neu eingeführten § 279a SGB III, dass Arbeiten zur Verbesserung der Infrastruktur zukünftig mit einem Zuschuss des Arbeitsamtes gefördert werden können, wenn der öffentlich-rechtliche Träger die Arbeiten von Wirtschaftsunternehmen durchführen lässt und vom Arbeitsamt vermittelte Arbeitnehmerinnen und Arbeitnehmer eingestellt werden, die überwiegend zur Erledigung der geförderten Aufgaben eingesetzt werden.[27]

---

26 BT-Drs. 14/6944, S. 25, 46 ff.
27 Ausführlich dazu unter C I 6d; Rn 214 ff.

C. Erläuterung von Einzelbestimmungen

I. Arbeitsförderungsrechtliche Regelungen

1. Erweiterung des Kreises der Versicherungspflichtigen

a) Benachteiligte Auszubildende in einer außerbetrieblichen Einrichtung (§ 25 Abs. 1 S. 2)

Im Jahre 2000 hatte das Bundessozialgericht entschieden, dass die Umschulung, die eine verselbständigte, nicht einem Betrieb angegliederte Bildungseinrichtung – es ging konkret um ein Ausbildungsinstitut für Datenverarbeitung und Organisation – als Dienstleistung gegen Vergütung durchführt, keine Beschäftigung zur Berufsausbildung ist und keine Versicherungspflicht in der Renten- und Arbeitslosenversicherung begründet.[28] Die damalige Entscheidung wurde gestützt durch § 7 Abs. 2 SGB IV, wonach als Beschäftigung auch der Erwerb beruflicher Kenntnisse, Fertigkeiten oder Erfahrungen im Rahmen *betrieblicher* Berufsbildung gilt. Diese Vorschrift wurde im Übrigen durch das Job-AQTIV-Gesetz nicht geändert; damit bleiben die betroffenen Personen vom Schutz der Rentenversicherung ausgeschlossen. Gegenüber § 2 Abs. 2 Nr. 1 SGB IV, der grundsätzlich die zu ihrer Berufsausbildung Beschäftigten in den Sozialversicherungsschutz einbezieht, stellt(e) § 7 Abs. 2 SGB IV eine Erweiterung insoweit dar, als auch diejenigen, die zwar betrieblich, aber nicht auf der Grundlage eines Arbeitsvertrages ausgebildet wurden, sondern auf Grund eines Vertrages nach § 19 BBiG[29], den Beschäftigten gleich gestellt wurden.

55

Die Neuregelung durch Art. 1 Nr. 9 des Job-AQTIV-Gesetzes, die mit Wirkung vom 1. 1. 2002 gilt, bedeutet eine erneute Ausweitung des Versicherungsschutzes. In den außerbetrieblichen Einrichtungen erfolgt die Ausbildung für fremden Bedarf.[30] Wie die ebenfalls durch das Job-AQTIV-Gesetz eingefügten Vorschriften der §§ 240 ff. SGB III[31], namentlich die §§ 241 Abs. 2 und 242, belegen, geht

56

---

28 *BSG*, Urteil vom 12. 10. 2000 – B 12 KR 7/00 R – SozR 3-2600 § 1 Nr. 7 (Leitsatz).
29 Die Vorschrift (§ 19 [Andere Vertragsverhältnisse]) hat folgenden Wortlaut: »*Soweit nicht ein Arbeitsverhältnis vereinbart ist, gelten für Personen, die eingestellt werden, um berufliche Kenntnisse, Fertigkeiten oder Erfahrungen zu erwerben, ohne daß es sich um eine Berufsausbildung im Sinne dieses Gesetzes handelt, die §§ 3 bis 18 mit der Maßgabe, daß die gesetzliche Probezeit abgekürzt, auf die Vertragsniederschrift verzichtet und bei vorzeitiger Lösung des Vertragsverhältnisses nach Ablauf der Probezeit abweichend von § 16 Abs. 1 Satz 1 Schadensersatz nicht verlangt werden kann.*« (Berufsbildungsgesetz vom 14. 8. 1969 [BGBl. I, 1112] idF des Gesetzes vom 30. 11. 2000 [BGBl. I, 1638]).
30 Hierzu auch *Fuchs* in *Gagel*, SGB III, § 25 Rz 35.
31 Zu ihnen unter C II 4.

es dabei besonders um lernbeeinträchtigte und/oder sozial benachteiligte Auszubildende, die allein wegen dieser in ihrer Person liegenden Gründen gefördert werden.[32]

57 Die Träger außerbetrieblicher Ausbildung erhalten beitragsrechtlich die Rolle eines Arbeitgebers zugewiesen (§ 346 Abs. 1 S. 2 SGB III). Sie müssen damit die Hälfte des Beitrages tragen; die andere Hälfte ist vom versicherungspflichtig Beschäftigten zu tragen.

b) Erweiterung des Kreises sonstiger Versicherungspflichtiger iSd § 26

58 Mit Wirkung vom 1. 1. 2003 werden auf Grund von Art. 1 Nr. 10 Job-AQTIV-Gesetz drei Personengruppen über § 26 in den Versicherungsschutz einbezogen:

- Art. 1 Nr. 10a, aa: Bezieherinnen von Mutterschaftsgeld (§§ 13 MuSchG) für Zeiten vor der Entbindung (§ 26 Abs. 2 Nr. 1n.F.);
- Art. 1 Nr. 10b: Personen während der Erziehung eines Kindes bis zur Vollendung von dessen drittem Lebensjahr (§ 26 Abs. 2a);
- Art. 1 Nr. 10a, cc: Personen, die voll erwerbsgemindert sind, solange noch nicht festgestellt wurde, dass es sich dabei um einen dauernden Zustand handelt (§ 26 Abs. 2 Nr. 3 iVm § 28 Abs. 1 Nr. 2 SGB III).

59 Die genannten Zeiten sollen unmittelbar der Begründung eines Anspruchs auf Arbeitslosengeld oder sonstiger beitragsabhängiger Arbeitsförderungsleistungen dienen. Voraussetzung ist, dass die betreffenden Personen direkt vor Beginn des jeweils neuen Versicherungspflichttatbestandes den Status eines Arbeitnehmers hatten. Diesbezüglich konnte sich der zuständige Ausschuss des Deutschen Bundestages nicht durchsetzen, soweit er erstens in die Regelung von § 26 Abs. 2a nicht nur die Kindererziehung, sondern auch die Pflege von Angehörigen einbezogen wissen wollte, und zweitens für diese beiden Fälle auch auf eine Anknüpfung an vorherige Erwerbstätigkeit zugunsten der Betroffenen verzichten wollte.[33]

60 Für die Beitragspflicht dieser drei Personengruppen gilt § 347 Nr. 7 bis 9 SGB III.

61 Für die Bezieher einer Rente wegen voller Erwerbsminderung, die nach § 26 Abs. 2 Nr. 3 versicherungspflichtig sind, wird der Beitrag von den zuständigen Rentenversicherungsträgern entrichtet (§ 347 Nr. 7).

62 Für die Bezieherinnen von Mutterschaftsgeld wird der Beitrag gemäß § 347 Nr. 8 SGB III im Falle des § 13 Abs. 1 MuSchG von dem für sie zuständigen

---

32 Einzelheiten zur Lage am Ausbildungsmarkt und besonders zur Förderung benachteiligter Auszubildender sind Teil 1 Nr. 2 des Berufsbildungsberichts 2002 (»Qualifizierung für eine Gesellschaft und Arbeitswelt im Wandel«), einzusehen über die Internetseite des Bundesministeriums für Bildung und Forschung, www.bmbf.de, zu entnehmen.
33 S. BT-Drs. 14/7347, S. 58.

I. Arbeitsförderungsrechtliche Regelungen

Krankenversicherungsträger, im Falle des § 13 Abs. 2 MuSchG zu Lasten des Bundes vom Bundesversicherungsamt gezahlt.

Für die nach § 26 Abs. 2a versicherungspflichtigen Erziehenden wird der Beitrag nach § 347 Nr. 9 SGB III vom Bund getragen. 63

Weil die Zeiten der Erziehung eines Kindes nun zu Versicherungspflichttatbeständen geworden sind, mussten Folgeänderungen im Recht der Arbeitslosenhilfe vorgenommen werden, wo (noch bis 31. 12. 2002) Privilegierungen im Hinblick auf die Entstehung (bei der Vorfrist, s. § 192 S. 2 Nr. 3 und S. 4 SGB III) und das Erlöschen des Anspruchs (s. § 196 S. 2 Nr. 3 und S. 4 SGB III) bestanden. 64

Unklar ist die künftige Behandlung der voll Erwerbsgeminderten, da diese einerseits durch § 26 Abs. 2 Nr. 3 SGB III den Status von Pflichtversicherten erhalten, andererseits aber durch § 28 Abs. 1 Nr. 2 SGB III unter den dort genannten Voraussetzungen versicherungsfrei gestellt werden. Die »Grenze« zwischen beiden Tatbeständen ist danach zu bestimmen, ob es sich um einen vorübergehenden (dann § 26 SGB III) oder einen dauernden Zustand (dann § 28 SGB III) handelt. Versicherungsfreiheit tritt von dem Zeitpunkt an ein, an dem das Arbeitsamt die erforderliche Minderung der Leistungsfähigkeit und der zuständige Rentenversicherungsträger die volle Erwerbsminderung im Sinne der GRV festgestellt haben. Nach dem klaren Gesetzeswortlaut müssen beide Feststellungen kumulativ vorliegen. Hier droht eine Belastung des Haushalts der Arbeitsverwaltung, wenn der zuständige Rentenversicherungsträger volle Erwerbsminderung nicht festzustellen vermag. Es bleibt abzuwarten, ob hier eine neue Schnittstelle entstanden ist, die einen »Verschiebebahnhof« nach sich ziehen wird. Werden die Feststellungen nach § 28 Nr. 2 SGB III in der ab 1. 1. 2003 geltenden Fassung rückwirkend getroffen, stellt sich zudem das Problem von Beitragserstattungen. Eine spezifische Lösung hierzu wurde im Job-AQTIV-Gesetz nicht vorgesehen. 65

Was die Kostenbelastung durch die drei zuletzt behandelten Ausweitungen der Versicherungspflicht angeht, lässt sich der Gesetzesbegründung[34] folgendes entnehmen: 66

---

34 BT-Drs. 14/6944, S. 3 [unter D 1 b].

Tabelle 1: Ausgabenbelastung aufgrund Ausdehnung der Versicherungspflicht auf die ersten sechs Wochen des Bezuges von Mutterschaftsgeld

	Ausgaben in den Jahren ... in Mio. Euro				
	2003	2004	2005	2006	2007
Ausgaben der Träger Beitragsentrichtung durch die GKV	20	20	20	20	20
Ausgaben der BA für Alg.	0	0	5	10	10
Ausgaben des Bundes für Alhi	0	0	0	5	10

Tabelle 2: Ausgabenbelastung aufgrund Ausdehnung der Versicherungspflicht auf Zeiten der Erziehung bis zum vollendeten dritten Lebensjahr des Kindes[35]

	Ausgaben in den Jahren ... in Mio. Euro				
	2003	2004	2005	2006	2007
Ausgaben der Träger Beitragszahlung durch den Bund	60	110	170	230	290
Mehrausgaben der BA für Alg.	0	10	40	110	200
Ausgaben des Bundes für Alhi	0	0	0	– 30	– 40

Tabelle 3: Ausgabenbelastung aufgrund Ausdehnung der Versicherungspflicht auf Zeiten des Bezuges einer Rente wegen voller Erwerbsminderung[36]:

	Ausgaben in den Jahren ... in Mio. Euro			
	2003	2004	2005	2006
Ausgaben der Träger Beitragsentrichtung durch die GRV	5	18	36	36
Ausgaben der BA für Alg	0	80	100	100
Ausgaben des Bundes für Alhi	0	0	10	10

67 Die genannten Zahlen bedeuten in der Summierung bis zum Jahr 2007 eine geschätzte Mehrbelastung allein der Bundesanstalt für Arbeit um 665 Mio. Euro. Der Bund hat in der Gesamtbilanz mit zusätzlichen Ausgaben von 825 Mio. Euro

---

35 Die angegebene Höhe der Beitragszahlung durch den Bund beruht auf einer Pauschalierung der Beiträge durch § 345a Abs. 2 S. 1 SGB III n.F. Gemäß § 345a Abs. 2 S. 2 ist die Höhe der pauschalierten Beiträge für Zeiten ab dem Jahr 2008 neu festzusetzen. Bis zu einer solchen Neufestsetzung soll der Betrag für das Jahr 2007 als Abschlag gelten.

36 Die durch die Beitragsentrichtung entstehenden Ausgaben der gesetzlichen Rentenversicherung wurden gemäß § 345a Abs. 1 S. 1 und 2 SGB III n.F. pauschal festgesetzt. Ihre Höhe ist nach § 345a Abs. 1 S. 3 für Zeiten ab dem Jahr 2006 unter Berücksichtigung der Besonderheiten des versicherten Personenkreises im Hinblick auf dessen Rückkehr auf den Arbeitsmarkt neu festzusetzen. Soweit dies nicht bis zum 31. 12. 2005 gelingt, gilt der hier aufgelistete und für das Jahr 2005 bestimmte Betrag als Abschlag für das Jahr 2006.

zu rechnen, während die GKV mit 100 Mio. Euro und die GRV mit 95 Mio. Euro zusätzlich belastet werden.

2. Zugang zum Arbeitsmarkt für abhängig Beschäftigte

Um den Zugang zum Arbeitsmarkt zu erleichtern, wurden im Bereich der öffentlichen Arbeitsvermittlung (besonders bei den §§ 37 und 37a SGB III), bei den Maßnahmen der Eignungsfeststellung/Trainingsmaßnahmen (§§ 48 ff. SGB III) sowie im Bereich der sogenannten Mobilitätshilfen (§§ 53 ff. SGB III) Veränderungen vorgenommen. **68**

a) Öffentliche Arbeitsvermittlung

Im Bereich der öffentlichen Arbeitsvermittlung erhielt § 37 SGB III einen neuen Absatz 2. Zugleich wurde die Überschrift in »Verstärkung der Vermittlung« geändert (Art. 1 Nr. 14a des genannten Gesetzes). Durch diese Änderung der Überschrift soll klargestellt werden, dass die Vorschrift zusätzliche vermittlerische Hilfen enthält, die eingesetzt werden können oder – unter den Voraussetzungen des neuen Absatzes 2 – eingesetzt werden sollen.[37] **69**

Im neuen § 37 Abs. 2 wird für Angehörige von Problemgruppen des Arbeitsmarktes die Betreuungspflicht der Arbeitsämter verstärkt. Die Vorschrift unterstreicht die besondere Verantwortung des Arbeitsamtes gegenüber dem Arbeitslosen, für den das Profiling die Zugehörigkeit zu einer Problemgruppe des Arbeitsmarktes ergeben hat oder für den auf Grund erfolgloser Eingliederungsbemühungen Langzeitarbeitslosigkeit droht. Das Arbeitsamt hat dabei zu prüfen, ob zusätzliche Maßnahmen der Betreuung und zusätzliche vermittlerische Hilfen vorzusehen und hierzu die Dienste eines Dritten in Anspruch zu nehmen sind, mit denen sich der neue § 37a SGB III befasst. **70**

Dritten, z. B. Einrichtungen, die Problemgruppen des Arbeitsmarktes betreuen, aber auch privaten Arbeitsvermittlern, kann nach § 37 Abs. 2 S. 2 die Vermittlungstätigkeit übertragen werden. Das Gesetz spricht insoweit von einer Beauftragung, bringt damit also zum Ausdruck, dass in solchen Fällen die »Letztverantwortung« beim Arbeitsamt verbleibt. Anders als unter der Vorläuferregelung in § 14 Abs. 1 S. 2 HS 2 AFG braucht sich die Beteiligung Dritter damit nicht mehr auf die Nutzung von bei diesen Dritten vorhandenen »Kenntnissen oder Möglichkeiten« zu beschränken. **71**

---

37 BT-Drs. 14/6944, S. 31.

72 Durch Art. 1 Nr. 15 des Job-AQTIV-Gesetzes wurde ein neuer § 37a in das SGB III eingefügt. Diese Vorschrift erweitert den bisherigen § 37 Abs. 2. Sie hat keinen unmittelbaren Vorläufer im AFG.

73 Mit der in § 37a Abs. 1 S. 1 enthaltenen Änderung gegenüber dem bisherigen § 37 Abs. 2 wird klargestellt, dass Dritte nicht nur mit Teilaufgaben der Vermittlung, wie z. B. mit der Unterstützung der Bewerbung von Arbeitslosen oder mit der Akquisition freier Stellen, sondern auch mit der gesamten Vermittlungstätigkeit für die Personen betraut werden können, mit deren Betreuung sie beauftragt sind. Außerdem wird dem **Grundsatz des Förderns und Forderns** in § 37a Abs. 1 S. 2 dadurch Rechnung getragen, dass die Betroffenen der Beauftragung eines Dritten nur aus wichtigem Grund widersprechen können. Bislang war es so, dass die Stellensuchenden eingewilligt haben mussten, wenn Dritte in die Vermittlungstätigkeit einbezogen werden sollten (s. § 37 Abs. 2 a. F.). Über sein Widerspruchsrecht ist der Betroffene gemäß § 37a Abs. 1 S. 3 – mangels entsprechender Vorgaben formlos – zu belehren. Ein Widerspruchsrecht aus wichtigem Grund wird vor allem dann gegeben sein, wenn der/dem Betreffenden nicht zugemutet werden kann, mit dem Dritten überhaupt zusammenzuarbeiten, etwa weil persönliche Beziehungen zu ihm bestehen, oder wenn die Offenlegung persönlicher Daten gegenüber dem Dritten unzumutbar erscheint.[38]

74 Ferner wird § 37 Abs. 2 a. F. dahingehend erweitert, dass Arbeitsuchende vom Arbeitsamt die Beteiligung eines Dritten verlangen können, wenn sie sechs Monate oder mehr arbeitslos sind. Damit wird ihnen der Zugang zu einer weiteren Vermittlungshilfe eröffnet. Die Beauftragung Dritter, Einrichtungen oder Personen, setzt voraus, dass sie die Gewähr für eine sachgerechte Erfüllung der Aufgaben bieten, die ihnen aufgrund des Vertrages mit dem Arbeitsamt obliegen, dass sie die Rechte und Interessen der zu vermittelnden Personen wahren (vgl. § 97 Abs. 1 SGB X) und das Arbeitsamt bei der Erfüllung des ihm obliegenden gesetzlichen Auftrags unterstützen.

75 Dazu gehört, dass sie die Kenntnisse und die Zuverlässigkeit, die zur Ausführung der vermittlerischen Aufgaben erforderlich sind, die sie durchführen sollen und die dazu notwendige personelle und sächliche Ausstattung besitzen. Es muss insbesondere die Einhaltung des Datenschutzes sichergestellt sein. Mit der Wahrnehmung hoheitlicher Befugnisse dürfen die Dritten nicht beauftragt werden.

76 Träger von Maßnahmen zur beruflichen Ausbildung werden künftig vertraglich, Träger von anerkannten Maßnahmen der Weiterbildung werden künftig gesetzlich (vgl. § 86 Abs. 2) zur Vermittlung ihrer Teilnehmer verpflichtet. Im Hinblick auf § 37 Abs. 2 kann es angebracht sein, dass sie für Teilnehmer, deren berufliche Eingliederung besonders erschwert ist und die deshalb verstärkt vermittlerischer

---

38 So auch *Luthe* SGb 2002, 77 ff. (81 re. Sp. oben).

I. Arbeitsförderungsrechtliche Regelungen

Unterstützung bedürfen, zusätzlich einen Vermittlungsauftrag erhalten und hierfür vergütet werden, z. B. durch **Vermittlungsgutscheine**, deren Wert von der Dauer der zuvor bestehenden Arbeitslosigkeit abhängen kann (s. diesbezüglich auch § 37a Abs. 3).

Durch die Neuregelung in § 37a Abs. 2 sollen die Vermittlungsmöglichkeiten für Beschäftigte in Arbeitsbeschaffungs- und Strukturanpassungsmaßnahmen sowie für Arbeitnehmer in sog. struktureller Kurzarbeit nach § 175 verbessert werden. Die jeweiligen Träger der Maßnahmen bzw. Arbeitgeber kommen als Vermittler in Betracht. 77

Das Arbeitsamt erhält die Möglichkeit, geeignete Träger mit der Vermittlung zu beauftragen. Auch im Falle des Kurzarbeitergeldes nach § 175 sollten die Kenntnisse des Arbeitgebers dazu genutzt werden, die Vermittlung des Arbeitnehmers zu intensivieren. Dies gilt insbesondere in Fällen, in denen die Kurzarbeiter durch sog. Transfergesellschaften betreut werden. 78

§ 37a Abs. 3 war zur Klarstellung gegenüber § 91 SGB X erforderlich. Es kann nunmehr auch ein Erfolgshonorar gezahlt werden. Bei der Vergütung dürfen ferner Pauschalierungen vorgenommen werden. 79

Mit der verstärkten Beauftragung privater Dritter wird ein Problem ins Blickfeld rücken, welches bislang weitgehend unbeachtet geblieben ist, allenfalls vielleicht im Bereich der gesetzlichen Krankenversicherung inzwischen eine gewisse Aufmerksamkeit erfahren hat. Wenn die Bundesanstalt, um die primär ihr selbst obliegende Aufgabe der Vermittlung zu erfüllen, Aufträge an Dritte erteilt, stellt dies eine Nachfrage auf dem entsprechenden Dienstleistungsmarkt dar. Die Vergabe eines Vermittlungsauftrages an einen Dritten hat damit kartell- und vergaberechtliche Implikationen. Dabei ist zu beachten, dass bei Überschreitung bestimmter Schwellenwerte nicht nur national, sondern europaweit ausgeschrieben werden muss. Darüber hinaus wird sich erweisen, dass die Bundesanstalt – zumindest partiell – auch selbst Wettbewerber derjenigen ist, an die sie Vermittlungsaufträge erteilt. Das Problem, das sich früher in Gestalt der Erlaubniserteilung durch die Bundesanstalt gegenüber potentiellen privaten Vermittlern stellte, kehrt damit im Gewande der Auftragserteilung zurück. Inwieweit diesbezüglich das Recht des unlauteren Wettbewerbs, geregelt im UWG bzw. im europäischen Wettbewerbsrecht, zur Anwendung gelangt, ist eine Frage, die womöglich schon in naher Zukunft eine erhebliche Bedeutung erhalten könnte. Sie bedarf allerdings einer gesonderten gründlichen Prüfung. 80

b) Maßnahmen der Eignungsfeststellung/Trainingsmaßnahmen

81 Systematisch unbefriedigend wurde die Einführung sog. Assessment-Verfahren im Arbeitsförderungsrecht vorgenommen. Eignungsfeststellungen sind an verschiedenen Stellen im Gesetz vorgesehen. Dabei hätte es sich durchaus angeboten, den gemeinsamen Grundgedanken solcher Verfahren zunächst zu erläutern und sodann für die verschiedenen Betroffenengruppen Sonderregelungen vorzusehen, wo dies für notwendig erachtet wurde. Womöglich ist diese systematische Anordnung dem Zeitmangel im Vorfeld des Gesetzesbeschlusses zum Opfer gefallen.

82 So hat man es nun mit Regelungen über Eignungsfeststellungen zu tun im Zusammenhang mit der Arbeitsvermittlung (§ 35 Abs. 3 SGB III n.F.), ferner mit den eigentlichen Vorschriften zu Eignungsfeststellungen/Trainingsmaßnahmen (§§ 48 ff. SGB III n.F.) sowie schließlich – etwas versteckter – für Ausbildungsuchende bei den berufsvorbereitenden Bildungsmaßnahmen (§§ 59, 61 ff. SGB III). Nach § 64 Abs. 2 SGB III wird ein Auszubildender bei einer berufsvorbereitenden Bildungsmaßnahme nur gefördert, wenn u. a. »seine Fähigkeiten erwarten lassen, dass er das Ziel der Maßnahme erreicht«. Dies setzt aber gerade eine entsprechende Prognose der bewilligenden Stelle voraus.

83 Der neue § 35 Abs. 3 SGB III fasst die folgenden Personengruppen ins Auge

- Ausbildungsuchende
- Arbeitslose
- Von Arbeitslosigkeit Bedrohte

84 Nicht erfasst werden also Arbeitnehmer, die weder arbeitslos noch akut von Arbeitslosigkeit bedroht sind, sondern schlicht die Stelle wechseln wollen. Es ist jedoch nicht auszuschließen, dass auch in solchen Fällen falsche Weichenstellungen erfolgen können, wenn die Eignung des Bewerbers nicht zutreffend ermittelt wurde.

85 Sieht sich das Arbeitsamt außer Stande festzustellen, in welche Ausbildung/berufliche Tätigkeit ein Betroffener vermittelt werden kann, *soll* es die Teilnahme an einer Maßnahme der Eignungsfeststellung vorsehen. Hierin liegt eine Bezugnahme auf die §§ 48 ff. SGB III. Diese sehen aber eine Förderung nur für Arbeitslosigkeit und von Arbeitslosigkeit bedrohte Arbeitnehmer vor. Warum nicht ausdrücklich geregelt wurde, dass in derartigen Fällen für Ausbildungsuchende stets eine berufsvorbereitende Bildungsmaßnahme durchgeführt werden muss, erschließt sich dem Anwender nicht. Man hat sich damit zufrieden zu geben, dass die Inhalte der §§ 48f. für Ausbildungsuchende »sinngemäß gelten«.[39]

---

[39] *Rademacher* in GK-SGB III, § 35 Rz. 64; s. BT-Drs. 14/6944, S. 30.

Die Sollvorschrift des § 35 Abs. 3 kommt aber nur zum Tragen, wenn die entsprechende Feststellung nicht bereits im Zuge des Vermittlungsgespräches und »nach Aktenlage« (eingereichte Unterlagen des Bewerbers) getroffen werden kann. Nach der Vorstellung des Gesetzgebers sollen die Qualität und die Effizienz der Vermittlungsbemühungen verbessert werden. Die individuelle Situation des Bewerbers soll stärker als bislang ins Zentrum der Betrachtungen gerückt werden. Hierin offenbart sich aber zugleich einmal mehr die »Halbherzigkeit« auch dieser Reform. Die Notwendigkeit einer Orientierung an der Person des Ausbildung-/Arbeitsuchenden wird zwar deutlich erkannt, dennoch wollte man noch nicht davon lassen, das einzusetzende Instrumentarium auch gesetzlich zu fixieren. Letztlich drückt sich darin wohl auch ein gewisses Misstrauen gegenüber den Fähigkeiten der Mitarbeiter in den Arbeitsämtern aus, selber zu beurteilen, was im Einzelfall zu unternehmen ist. So bleibt ein »Korsett«, das eben nicht die volle »individuelle Passgenauigkeit«[40] erlaubt. 86

§ 35 Abs. 3 gewährt weder einen Rechtsanspruch auf Teilnahme an einer Maßnahme der Eignungsfeststellung noch räumt er dem Arbeitsamt freies Ermessen bei der Entscheidung über die Zuweisung zu einer solchen Maßnahme ein. § 35 Abs. 3 wurde als »Soll-Vorschrift« ausgestaltet, was bedeutet, dass bei Vorliegen der übrigen Voraussetzungen eine Eignungsfeststellung stattfinden muss, wenn nicht ausnahmsweise im Einzelfall zwingende Gründe entgegenstehen. Damit steht die Regelung einer Anspruchsnorm näher als einer Ermessenseinräumung.[41] Umgekehrt gehört die vorgesehene Teilnahme an einer Eignungsfeststellung aber auch zu den Mitwirkungspflichten eines Betroffenen, an deren »Verletzung« (»nicht oder nicht ausreichend«) gemäß § 38 Abs. 2 die Rechtsfolge einer Einstellung der Vermittlung oder gar die Verhängung einer Sperrzeit iSd § 144 Abs. 1 Nr. 3 SGB III n.F. geknüpft werden kann. 87

Was wird nun durch Maßnahmen einer Eignungsfeststellung gefördert? Dies regelt für die Arbeitslosen oder von Arbeitslosigkeit bedrohten Arbeitnehmer der neu gefasste § 49 Abs. 1. 88

Ermittelt werden 89

- die Kenntnisse und Fertigkeiten des Arbeitslosen oder von Arbeitslosigkeit Bedrohten;
- sein Leistungsvermögen;
- seine beruflichen Entwicklungsmöglichkeiten;
- sonstige für die Eingliederung bedeutsame Umstände.

---

40 Diese Formulierung verwendet *Rademacher* in GK-SGB III, § 35 Rz. 61.
41 Kommt es also über § 35 Abs. 3 zur Anwendung von § 48 SGB III, so spielt es keine Rolle, dass § 48 als »einfache« Ermessensregelung ausgestaltet ist. Es bleibt dann bei der engeren Soll-Vorschrift!

90 Mit den Kenntnissen und Fertigkeiten sind nicht nur solche gemeint, die durch formale Abschlüsse und/oder Zertifikate belegt werden können. Angelernte Fähigkeiten sind durchaus ebenfalls gemeint und können im Einzelfall sogar eine höhere Bedeutung für die »beruflichen Entwicklungsmöglichkeiten« entfalten als die formalen Abschlüsse. Als Beispiel ließen sich in der »Freizeit« erworbene Kenntnisse im Umgang mit Computern nennen, die unter Umständen gar nichts mit den bislang ausgeübten beruflichen Tätigkeiten zu tun haben.

91 Unter dem Stichwort Leistungsvermögen dürften vor allem körperliche und geistige Leistungsfähigkeit sowie allgemein der Gesundheitszustand gemeint sein. Hierüber müssen erforderlichenfalls auch medizinische/psychologische Gutachten Aufschluss geben.

92 § 49 Abs. 2 in der Fassung des Job-AQTIV-Gesetzes entspricht im wesentlichen den früher in § 49 Abs. 1 Nr. 2 und 3 SGB III enthaltenen Regelungen. Neu ist aber die Einbeziehung der von Arbeitslosigkeit bedrohten Arbeitnehmer[42], womit ein weiteres Element der Prävention eingeführt wurde. Die Abgrenzung zwischen dem neuen Begriff »Maßnahme der Eignungsfeststellung« und dem bislang ausschließlich verwendeten Begriff »Trainingsmaßnahme« wurde vorgenommen, weil man befürchtete, dass die Maßnahmen, »mit denen nach § 49 Abs. 1 die Eignung für eine berufliche Tätigkeit oder für eine Weiterbildungsmaßnahme festgestellt werden und die inzwischen auch mit dem Begriff Assessment-Verfahren bezeichnet werden«, nicht hinreichend gekennzeichnet wurden. Die Einführung des zusätzlichen Begriffs dient damit der Klarstellung.[43]

93 Der frühere § 49 Abs. 2 wurde redaktionell angepasst – weil ja nicht mehr nur von Trainingsmaßnahmen, sondern auch von Maßnahmen der Eignungsfeststellung die Rede ist – und blieb damit als § 49 Abs. 3 SGB III n.F. nahezu wortgleich erhalten.

c) Mobilitätshilfen

94 Die Mobilitätshilfen nach den §§ 53 – 55 SGB III zählen ebenfalls zu den Leistungen an Arbeitnehmer im Sinne des § 3 Abs. 1 SGB III, nämlich nach dessen Nr. 3. Sie bilden gleichsam einen nächsten Schritt nach den Maßnahmen, mit denen »lediglich« die Eingliederungsaussichten verbessert werden sollen (Eignungsfeststellung/Trainingsmaßnahmen). Gefördert werden soll, wie im Übrigen auch durch die Arbeitnehmerhilfe nach § 56, die Aufnahme einer Beschäftigung. Es handelt sich gemäß § 3 Abs. 5 SGB III um Ermessensleistungen.

---

42 BT-Drs. 14/6944, S. 32 [zu Nr. 17b].
43 BT-Drs. 14/6944, S. 32 [zu Nr. 17a].

I. Arbeitsförderungsrechtliche Regelungen

Seit dem 1. 1. 2002 können berücksichtigungsfähige Kosten einer Fahrt zum (erst- 95
maligen) Antritt einer Arbeitsstelle bis zu einem Betrag von 300 Euro übernommen werden. Sie werden im Rahmen der Mobilitätshilfen als Reisekostenbeihilfen bezeichnet (§§ 53 Abs. 2 Nr. 3a; 54 Abs. 3 S. 1 SGB III) und können nach § 53 Abs. 4 auch von Auszubildenden in Anspruch genommen werden, sofern diese beim Arbeitsamt als Bewerber um eine berufliche Ausbildungsstelle gemeldet sind. Für die Einzelheiten verweist § 54 Abs. 3 S. 2 SGB III auf § 46 Abs. 2 S. 2 und 3 SGB III. Danach gilt folgendes:

Wird ein regelmäßig verkehrendes öffentliches Verkehrsmittel benutzt, so muss es 96
sich zunächst um das zweckmäßigste öffentliche Verkehrsmittel handeln. Dies ist dasjenige, das die geringsten Kosten verursacht und zumutbar ist. Dabei kann etwa zugunsten eines an sich teureren Verkehrsmittels, z. B. eines Flugzeuges, zu Buche schlagen, dass durch seine Benutzung eine Übernachtung oder höhere Tagespauschalen vermieden werden. Insgesamt ist eine Einzelfallbetrachtung anzustellen und eine Vergleichsberechnung vorzunehmen.[44]

Steht fest, welches das zweckmäßigste öffentliche Verkehrsmittel ist, so ist dessen 97
niedrigste Klasse, bei der Bundesbahn also die zweite Klasse, zu benutzen. Werden Fahrpreisermäßigungen angeboten, so sind diese zu realisieren.

Wird ein sonstiges Verkehrsmittel benutzt, kommt es nach § 54 Abs. 3 S. 2 in 98
Verbindung mit § 46 Abs. 2 S. 3 SGB III auf die Wegstreckenentschädigung an, die nach § 6 Abs. 1 des Bundesreisekostengesetzes gezahlt werden würde. Auf Einzelheiten kann hier nicht eingegangen werden, zumal sich an der Rechtslage insoweit durch das Job-AQTIV-Gesetz nichts geändert hat.[45]

Die vorstehend skizzierten Grundsätze gelten nach einer entsprechenden Änderung 99
von § 53 Abs. 1 SGB III nunmehr auch für von Arbeitslosigkeit Bedrohte.[46] Nach der Gesetzesbegründung kann damit eine Mobilitätshilfe jetzt schon vor dem Ende des bisherigen Arbeitsverhältnisses für den Antritt einer neuen Stelle bewilligt werden.[47] Auf diese Weise soll ein unterbrechungsloser Übergang von der bisherigen (im Regelfall gekündigten) Stelle zu einer neuen gefördert werden. Hierin kommt einmal mehr der das Job-AQTIV-Gesetz beherrschende Präventionsgedanke zum Ausdruck.

Liegen die Anspruchsvoraussetzungen für die Gewährung der Mobilitätshilfen – 100
Notwendigkeit der Hilfen für die Beschäftigungsaufnahme und Hilfebedürftigkeit des Arbeitnehmers/Arbeitslosen – vor, so kommt nach dem neuen § 53 Abs. 2

---
44 *Gagel* in *Gagel*, SGB III, § 46 Rz 7f.
45 S. aber *Gagel* in *Gagel*, SGB III, § 46 Rz 10 bis 12 mit Beispielsrechnungen.
46 Nach § 17 SGB III sind von Arbeitslosigkeit bedrohte Arbeitnehmer Personen, die
 »1. versicherungspflichtig beschäftigt sind,
  2. alsbald mit der Beendigung der Beschäftigung rechnen müssen und
  3. voraussichtlich nach Beendigung der Beschäftigung arbeitslos werden.«
47 BT-Drs. 14/6944, S. 32.

Nr. 3a SGB III eine Reisekostenbeihilfe für die Fahrt zum erstmaligen Antritt einer neuen Stelle in Betracht. Zu unterscheiden ist diese Mobilitätshilfe von der Fahrtkostenbeihilfe nach § 53 Abs. 2 Nr. 3b SGB III n.F., welche »nur« die täglichen Fahrten zwischen Arbeitsplatz und Wohnung betreffen und damit den erfolgten Antritt einer neuen Stelle voraussetzen.[48]

101 Neu ist schließlich, dass Bezieher von Arbeitslosengeld oder Arbeitslosenhilfe auch dann Mobilitätshilfen erhalten können, wenn sie eine neue Beschäftigung gefunden haben, diese jedoch im Ausland liegt. Die Beschränkung auf Bezieher der beiden genannten Lohnersatzleistungen hat ihren Grund darin, dass hier erwartet wird, dass der Gewährung der Mobilitätshilfen, die naturgemäß mit Kosten verbunden sind, Einsparungen bei den Geldleistungen gegenüberstehen, die mit Beschäftigungsaufnahme nicht mehr erbracht werden müssen.[49] Diese neue Möglichkeit besteht ebenfalls seit dem 1. 1. 2002.

3. Förderung von selbständiger Erwerbstätigkeit – Überbrückungsgeld

102 In der bisherigen Fassung von § 57 Abs. 2 Nr. 1 SGB III war vorgesehen, dass Überbrückungsgeld erst geleistet werden konnte, nachdem der Berechtigte bereits vier Wochen arbeitslos war. Indem diese Voraussetzung gestrichen wurde, ging man einerseits das Risiko ein, dass eine Entlassung dazu »benutzt« wird, Überbrückungsgeld sofort zu erreichen, andererseits – und dies sollte in der Bewertung der Gesetzesänderung letztlich überwiegen – wurde aber erreicht, dass ein Arbeitsloser, der fähig und willens ist, den Schritt in die Selbständigkeit zu wagen, nicht erst vier Wochen Leistungen der Bundesanstalt in Gestalt von Arbeitslosengeld in Anspruch nehmen muss, um in seinem Bemühen um Vermeidung von Erwerbslosigkeit unterstützt zu werden.

103 Folgerichtig reicht es nunmehr aus, dass der Arbeitslose potentiell im Zeitpunkt der Existenzgründung (nicht notwendigerweise schon vorher![50]) Anspruch auf Entgeltersatzleistungen *hätte (Abs. 2 Nr. 1 a)*, um im Hinblick auf das Überbrückungsgeld berechtigt zu sein. Lag im Einzelfall ein vorheriger Leistungsbezug vor, ist dies selbstverständlich – wie schon nach bisheriger Rechtslage – kein Hindernis, Überbrückungsgeld zu beziehen. Von dem Begriff der Entgeltersatzleistungen sind nun nicht mehr nur Arbeitslosengeld oder Arbeitslosenhilfe erfasst, sondern alle Leistungen mit Entgeltersatzfunktion.

104 Allerdings kann nach der Neuregelung Überbrückungsgeld nicht gewährt werden, solange Ruhenstatbestände nach den §§ 142 bis 145 SGB III vorliegen. Diese

---

48 Dazu *Winkler* in *Gagel*, SGB III, § 53 Rz 16 a.
49 BT-Drs. 14/6944, S. 32 [zu Nr. 18 Buchst. c].
50 Dazu *Winkler* in *Gagel*, SGB III, § 57 Rz 17.

Vorschrift ist – betrachtet man sie vor dem Hintergrund der Gesetzesbegründung – jedenfalls missverständlich. Es heisst nämlich: »Diese Vorschrift stellt sicher, dass Personen so lange von der Förderung ausgeschlossen sind, so lange sie von Ruhenstatbeständen nach den §§ 142 bis 145 (z. B. Sperrzeit) betroffen sind. Es kann so sichergestellt werden, dass die **Sanktionsabsicht** [*Hervorhebung durch Fettdruck durch die Verfasser*] dieser Vorschriften nicht umgangen werden können.« Schon gesetzessystematisch kommt jedoch den §§ 142 bis 145 SGB III nicht als solchen Sanktionswirkung zu. Sie erlangen erst dadurch den Charakter einer Sanktion, dass gleichzeitig in § 128 SGB III in bestimmten Fällen von Ruhenstatbeständen auch eine Minderung der Anspruchsdauer beim Arbeitslosengeld vorgesehen ist. Dies gilt für Sperrzeittatbestände, aber beispielsweise nicht für das Ruhen des Anspruchs wegen des Bezuges anderer Sozialleistungen oder einer Entlassungsentschädigung. Die Funktion ist also eine geteilte: In den Fällen der §§ 142 bis 143a geht es um die Vermeidung einer nicht gewollten Doppelleistung und nur in den Fällen einer Sperrzeitverhängung oder bei einer Säumniszeit soll der Sanktionswirkung Geltung verschafft werden.

4. Qualifizierung

105 Teile der Veränderungen durch das Job-AQTIV-Gesetz, die in diesem Abschnitt angesprochen werden, gehörten darstellungsmäßig eigentlich sogar noch vor die Ausführungen zum Zugang zum Arbeitsmarkt. Da aber für Ausbildung und Weiterbildung im Gesetz eine Reihe gemeinsamer Regelungen gelten und der Aspekt des berufsbegleitenden (»lebenslangen«) Lernens auch im Arbeitsförderungsrecht eine immer größere Bedeutung erlangt, erschien uns die »zentrale Platzierung« dieses Abschnittes angemessen.

a) Berufsvorbereitende Bildungsmaßnahmen (§ 61 SGB III)

106 Wie schon bis Ende 1992 in § 40b des Arbeitsförderungsgesetzes geregelt, kann nach dem neuen § 61 Abs. 2 Nr. 2 SGB III im Rahmen einer berufsvorbereitenden Bildungsmaßnahme wieder isoliert der Hauptschulabschluss erworben werden. Damit wird dem Umstand Rechnung getragen, dass ein allgemeinbildender Schulabschluss unerlässliche Voraussetzung für den Zugang zum Arbeitsmarkt darstellt. Damit sollen die Bemühungen der Länder, die Jugendlichen zu einem Hauptschulabschluss zu führen, unterstützt werden.[51]

107 Gemäß § 61 Abs. 3 SGB III können die berufsvorbereitenden Maßnahmen mit einem Betriebspraktikum im Sinne des § 235b SGB III verbunden werden, wobei

---

51 BT-Drs. 14/6944, S. 33 [zu Nr. 24 Buchst. a].

der Anteil des betrieblichen Praktikums wie bisher mindestens 50 % betragen soll. Damit wurde durch das Job-AQTIV-Gesetz das betriebliche Praktikum der AQJ-Maßnahmen des Jugendsofortprogramms übernommen.

108 Über die vermittelten Inhalte und Qualifizierungen sollen sowohl vom Betrieb als auch vom Träger Bescheinigungen ausgestellt werden, mit der Folge, dass unter Umständen eine sich daran anknüpfende Berufsausbildung verkürzt werden kann.[52]

109 Für Arbeitgeber ist dies interessant, weil sie gemäß § 235b SGB III die Erstattung der Praktikumsvergütung einschließlich des Gesamtsozialversicherungsbeitrages in Höhe von bis zu 192, – € beantragen können. Gemäß § 235b Abs. 4 SGB III kann die Auszahlung durch den Träger der Bildungsmaßnahme erfolgen.

110 Gemäß § 63 Abs. 3 SGB III sind Auszubildende, die nach Feststellung des Arbeitsamtes noch nicht ausbildungsgeeignet sind, förderungsbedürftig, wenn die Maßnahme im Sinne des § 64 Abs. 2 SGB III zur Vorbereitung auf eine Berufsausbildung oder zur beruflichen Eingliederung erforderlich ist. Angesichts des Zusammenspiels beider Normen und der Tatsache, dass diese Feststellungen Voraussetzung für den Anspruch auf Gewährung von Ausbildungsbeihilfe nach § 59 Ziff. 2 SGB III sind, wird in der Feststellung der mangelnden Ausbildungseignung ein Verwaltungsakt gesehen.[53]

b) Stärkung der beruflichen Weiterbildung – Modifizierung von Bewährtem

111 Um einem der Hauptziele des Gesetzes gerecht zu werden, nämlich zu einer aktiveren Arbeitsmarktpolitik zu gelangen, war eine stärkere Ausrichtung auf »präventive und wirtschaftsnahe Aus- und Weiterbildung unabdingbar«.[54] Dies hat auch seinen Niederschlag im Vierten Kapitel, sechster Abschnitt SGB III (§§ 77-96) gefunden.

aa) Lehrgangskosten gemäß § 82 SGB III

112 Bisher hat der Bildungsträger bei vorzeitigem Ausscheiden eines Maßnahmeteilnehmers Lehrgangskosten für längstens drei weitere Monate erhalten. Nach neuer Rechtslage kann die Lehrgangskostenerstattung gemäß § 82 S. 2 bis zum planmäßigen Ende der Maßnahme übernommen werden. Voraussetzung ist allerdings, dass der Bildungsträger die Arbeitsstelle vermittelt hat und dass eine Nachbesetzung des

---

52 So ein Beschluss des Bündnisses für Arbeit, Ausbildung und Wettbewerbsfähigkeit vom 6. 10. 1999.
53 *Luthe*, SGb 2002, S. 83.
54 BT-Drs. 14/6944, S. 2, 25.

Ausbildungsplatzes nicht möglich war. Durch diese großzügigere Kostenerstattung soll auch für den Bildungsträger ein zusätzlicher Anreiz zur Vermittlungstätigkeit geschaffen werden.

bb) Erhöhung des Erstattungsbetrages für auswärtige Unterbringung und Verpflegung und anfallende Kinderbetreuung

Unter Berücksichtigung der Tatsache, dass bestimmte Bildungsangebote nur überregional angeboten werden und zur Förderung der Mobilität des Arbeitnehmers wurde der monatliche Gesamtbetrag erstattungsfähiger Kosten für Unterkunft und Verpflegung von 205, – € auf 340, – € aufgestockt. 113

Der Erstattungsbetrag für die Kinderbetreuung wurde von 62, – € auf 130, – € angehoben. Damit wurde dem Umstand Rechnung getragen, dass der bisherige Betrag nicht Kindergarten- oder Kindertagesstättenkosten deckte. 114

cc) Voraussetzung für die Anerkennung der Weiterbildungsförderung

Gemäß § 86 Abs. 1 Nr. 3 SGB III werden Maßnahmen der Weiterbildung nur noch dann anerkannt, wenn deren Träger sich verpflichtet, seine Teilnehmer in Arbeit zu vermitteln. Damit sollen die vom Träger gewonnenen Erkenntnisse über Fertigkeiten und Fähigkeiten der Maßnahmeteilnehmer sowie die Kontakte der Maßnahmeträger zur Wirtschaft für gezielte Vermittlungsbemühungen nutzbar gemacht werden.[55] 115

Von diesen Vermittlungsbemühungen, die erst zur Anerkennung der Weiterbildungsmaßnahme führen, zu unterscheiden sind die Vermittlungsaufträge nach § 37 Abs. 2 S. 3 SGB III. Letztere haben den Vorteil, dass der Vermittler hierfür gemäß § 37a Abs. 3 SGB III eine Vergütung erhalten kann. Unter dem Gesichtspunkt der Gleichbehandlung nach Art. 3 GG wird schon jetzt in der Literatur gefordert, dass auch dem Weiterbildungsträger, und sei es im Rahmen der Lehrgangsgebühren, eine Vergütung zufließen soll.[56] Bei letzterem Vorschlag sollte berücksichtigt werden, dass es im Rahmen größtmöglicher Transparenz, wofür Gelder, letztlich ja Gelder des Steuerzahlers, ausgegeben werden, zu einer detaillierten Aufschlüsselung der Kosten kommen sollte. Insofern scheint eine »verdeckte« Honorarzahlung im Rahmen von Lehrgangsvergütungen nicht sinnvoll. Darüber hinaus ist zu 116

---

55 BT-Drs. 14/6944, S. 34 [zu Nr. 35 Buchst. a].
56 *Luthe*, SGb 2002, S. 83.

bedenken, dass sich den Gesetzmotiven nicht entnehmen lässt, welche Vermittlungsaufgaben von den Trägern der Weiterbildungsmaßnahmen erwartet werden. Sollte dies umfangmäßig den Vermittlungsaufgaben privater Vermittler entsprechen, scheint es gerechtfertigt, auch den Weiterbildungsträgern eine Vergütung zukommen zu lassen. Sollte diese Vermittlungsaufgabe aber nur als »Nebenprodukt« erwartet werden, könnten diese Bemühungen dadurch finanziell abgedeckt sein, dass § 82 S. 2 SGB III n.F. eine Erhöhung der Lehrgangsgebühren vorsieht und den Maßnahmeträger ja kein finanzieller Ausfall droht.

dd) Maßnahmen im Ausland

117 § 88 Nr. 4 trägt dem Umstand Rechnung, dass Europa immer mehr zusammenwächst und dass es zunehmend zum Anforderungsprofil einer Stelle gehört, dass der Bewerber Berufserfahrung im Ausland erworben hat. Demgemäß sind Weiterbildungsmaßnahmen im Ausland nunmehr anerkennungsfähig, wenn sie für das Erreichen des Bildungsziels besonders dienlich sind. Nach wie vor sollen allerdings darunter nicht solche Weiterbildungen fallen, die insbesondere dem Erwerb von Fremdsprachenkenntnissen vor Ort dienen.[57] Nach dem Willen des Gesetzgebers soll die Qualitätssicherung und die Wirtschaftlichkeit der Förderung dadurch sichergestellt werden, dass eine Überprüfung der Maßnahme durch eine geeignete ausländische oder durch einen inländischen Maßnahmeträger stattfindet.

ee) Qualitätsprüfung

118 Anders als in § 93 Abs. 1 SGB III a. F., der noch als Soll-Vorschrift ausgestaltet war, ist die Maßnahmenüberwachung und Erfolgsbeobachtung nunmehr für das Arbeitsamt verpflichtend (»hat .. zu«).

119 Ebenso neu ist die für Arbeitsamt und Maßnahmeträger eingeführte Verpflichtung zur Erstellung einer maßnahmenbezogenen Bilanz, aus der der Eingliederungserfolg ersichtlich sein muss, § 93 Abs. 3 SGB III. Sie hat die Aufgabe, Aufschluss über die Verwertbarkeit einer Qualifizierungsmaßnahme am Arbeitsmarkt und damit letztlich über den zielgerichteten Einsatz finanzieller Ressourcen im Bereich der beruflichen Weiterbildung zu geben.

---

57 BT-Drs. 14/6944, S. 35 zu Nr. 36.

c) Förderung der Berufsausbildung und beruflichen Weiterbildung – Neue Instrumente

aa) Job-Rotation (§§ 229 ff. SGB III)

Neu eingeführt wurde durch das Job-AQTIV-Gesetz die sogenannte Job-Rotation, die Förderung der beruflichen Weiterbildung durch Vertretung. Dabei wird die betriebliche Freistellung einer Arbeitnehmerin oder eines Arbeitnehmers zum Zwecke der beruflichen Weiterbildung dadurch genutzt, dass dem Arbeitgeber zum einen gestattet wird, einen befristeten Vertrag (§ 231 SGB III) mit einem Arbeitslosen als Vertreter zu schließen. Zum anderen erhält er vom Arbeitsamt einen Lohnkostenzuschuss von 50 bis 100 % des regelmäßig gezahlten tariflichen oder ortsüblichen Arbeitsentgelts einschließlich des pauschalierten Arbeitgeberanteils am Gesamtsozialversicherungsbeitrag. Dieser Zuschuss wird für die Dauer der Vertretung, höchstens jedoch für zwölf Monate gezahlt.

120

Um eine höhere Akzeptanz bei den Arbeitgebern zu erreichen und zur Entlastung der Arbeitsämter müssen letztere sich nicht selbst um die Realisierung der Job-Rotation-Projekte bemühen. Vielmehr können – da man im Rahmen der Modellprojekte bereits Erfahrungen gesammelt hat über die Planungsintensität solcher Job-Rotationen – gemäß § 232 SGB III n.F. Dritte mit der Vorbereitung und Gestaltung von der Arbeitsverwaltung beauftragt werden. Diese erhalten angemessene Zuschüsse zu anfallenden Personal-, Sach- und Verwaltungskosten.

121

Die Job-Rotation verbindet strukturpolitische und arbeitsmarktpolitische Elemente. Der Beschäftigte erhält die Möglichkeit der Freistellung zum Zwecke der beruflichen Weiterbildung, der Arbeitslose, der als Vertreter eingestellt wird, kann in dieser Zeit praktische Arbeitserfahrung sammeln und so seine Wiedereingliederungschancen verbessern.[58]

122

Nicht erforderlich ist, dass Freistellung des Arbeitnehmers und Einstellung des Arbeitslosen zeitgleich erfolgen. Zur besseren Eingewöhnung des Vertreters und zur Einarbeitung durch den Stammarbeitnehmer kann der Vertreter schon vor der Freistellung eingestellt werden. Ebenfalls förderungsfähig ist das Modell, dass der Arbeitslose nicht den Arbeitnehmer ersetzt, der sich in beruflicher Weiterbildung befindet, sondern dessen betriebsinternen Vertreter. Schließlich ist sogar möglich, dass mehrere teilzeitbeschäftigte Vertreter an die Stelle des rotierenden Arbeitnehmers treten.

123

---

58 BT-Drs. 14/6944, S. 39 zu Nr. 67.

124 Nach § 14 Abs. 1 S. 1 TzBfG ist die Befristung eines Arbeitsverhältnisses zulässig, wenn sie durch einen sachlichen Grund gerechtfertigt ist. § 231 Abs. 1 SGB III nennt die Einstellung eines Vertreters, mit der die Weiterbildungsmaßnahme des Vertretenen ermöglicht wird, einen sachlichen Grund iSd § 14 Abs. 1 S. 1 TzBfG. Allerdings kommt es hierauf gar nicht an, wenn der Vertreter zugleich ein Leiharbeitnehmer ist, so dass gar kein (befristetes) Arbeitsverhältnis mit dem Entleiher zustande kommt.

125 Der Vertreter ist für sog. arbeitsrechtliche Schwellenwerte, bei denen es aus den verschiedensten Gründen auf die Zahl der Arbeitnehmer in einem Betrieb/Unternehmen ankommen kann, nicht relevant. Vielmehr zählt insoweit allein der zur Weiterbildung vorübergehend ausgeschiedene Stammarbeitnehmer.

126 Problematisch kann im Einzelfall sein, dass der Vertreter durch die Job-Rotation einen erneuten Anspruch auf Arbeitslosengeld erwirbt. Dadurch wird die Gefahr gesehen, dass »die aktive Arbeitsmarktpolitik einen ungewollt passiven Charakter erhält«.[59] Aus diesem Grund wird in der Literatur die Auffassung vertreten, dass temporäre Beschäftigungsverhältnisse aufgrund von Arbeitsmarktprogrammen nicht als Erwerbszeiten angerechnet werden sollen.[60] Die Gegenauffassung hält dies nicht für erforderlich, da die individuelle Chanceneinschätzung gemäß § 6 i. V. m. den Auswahlkriterien des § 7 SGB III dies – zumindest im Ansatz – verhindern könne. Zum einen könne die Auswahl der Teilnehmer dieser Gefahr vorbeugen, zum anderen könne das Entstehen solcher Anwartschaften durch die Festlegung der Maßnahmedauer verhindert werden[61].

127 Wird ein Arbeitsloser von einem Verleiher eingestellt, um ihn als Vertreter im Rahmen der Job-Rotation zu verleihen, kann der Entleiher nach § 229 S. 2 SGB III n.F. einen Zuschuss für das dem Verleiher zu zahlende Entgelt erhalten.

128 Wichtig ist der Hinweis in der Gesetzesbegründung, dass die Förderung nicht davon abhängt, dass der zunächst nur vorübergehend zur Weiterbildung ausgeschiedene Arbeitnehmer nach Beendigung der Maßnahme gar nicht mehr zu seinem früheren Arbeitgeber zurückkehrt, sondern sich z. B. selbständig macht.

129 Der Zuschuss ist vom Arbeitgeber vor Beginn der Maßnahme bei dem für ihn zuständigen örtlichen Arbeitsamt zu beantragen. Zur Höhe des Zuschusses innerhalb der Spannbreite zwischen 50 und 100 % des berücksichtigungsfähigen Arbeitsentgelts lässt sich vor dem Hintergrund von § 230 S. 3 SGB III n.F. folgende Faustformel verwenden: je höher die Aufwendungen des Arbeitgebers für die Weiterbildungsmaßnahme, desto höher auch der Zuschuss vom Arbeitsamt. Wird vom Arbeitgeber ein Vertreter akzeptiert, der nur vermindert leistungsfähig

---

59 *Luthe*, SGb 2002, S. 140.
60 *Kröger/van Suntum*, Mit aktiver Arbeitsmarktpolitik aus der Beschäftigungsmisere? 1999, S. 208.
61 *Luthe*, SGb 2002, S. 140.

ist, so spielt auch das Ausmaß dieser Leistungsminderung eine Rolle für die Höhe des Zuschusses. Für den Fall, dass der Vertreter von einem Verleih-Arbeitgeber gestellt wird, ist der Zuschuss nach § 230 S. 4 auf 50 % festgeschrieben, da vom entleihenden Arbeitgeber in aller Regel an den Verleiher mehr als nur das berücksichtigungsfähige Arbeitsentgelt gezahlt wird.

Bei diesem neuen Ansatz in der deutschen Arbeitsmarktpolitik haben erkennbar ausländische Modelle Pate gestanden. Besonders an den Erfahrungen in Dänemark mit der Job-Rotation dürfte sich der Gesetzgeber orientiert haben.[62] Die Bundesanstalt ist nach § 233 SGB III n.F. ermächtigt, weitere Einzelheiten durch Anordnung zu regeln.   130

bb) Erstattung der Praktikumsvergütung nach § 235b SGB III

Die Integration von Jugendlichen wird durch den neu geschaffenen § 235b SGB III durch die Möglichkeit der Zahlung eines Eingliederungszuschusses in Höhe von 192,– € (zuzüglich des Gesamtsozialversicherungsbeitrages) gefördert. Diese besondere Art eines Eingliederungszuschusses kann gezahlt werden für Jugendliche ohne Berufsabschluss, die für eine Erstausbildung faktisch nicht mehr in Betracht kommen und für Jugendliche, die eine außerbetriebliche Ausbildung abgeschlossen haben.   131

Die dadurch mögliche Kombination von berufsvorbereitender Bildungsmaßnahme (§ 61 SGB III) und sozialversicherungspflichtigem Betriebspraktikum soll für noch nicht ausbildungsgeeignete Jugendliche den Übergang aus der Berufsvorbereitung in die Ausbildung verbessern. Der Anteil des betrieblichen Praktikums sollte – orientiert an der bisherigen Praxis – mindestens 50 % betragen. Das Gesetz sieht in § 61 Abs. 3 S. 4 SGB III n.F. vor, dass der Anteil der berufsvorbereitenden Bildungsmaßnahme am Gesamtumfang einer Maßnahme mindestens 40 % beträgt.   132

Die Begrenzung auf höchstens 192,– € dient der Vereinheitlichung der Förderung bei Berufsvorbereitung und entspricht dem Bedarf für zu Hause wohnende Teilnehmer berufsvorbereitender Bildungsmaßnahmen.[63]   133

---

62 Dazu *Köhler* SozSich 1998, S. 226 ff. (232) m. w. N.; allgemein zu Erfahrungen der Arbeitsmarktpolitik in Dänemark (und Grossbritannien) auch *Walwei*, aaO., S. 11 ff. (12-15).
63 BT-Drs. 14/6944, S. 41 zu Nr. 71.

cc) Förderung der beruflichen Weiterbildung von Arbeitnehmern ohne Berufsabschluss (§ 235c SGB III)

134 Da die Erfahrung gezeigt hat, dass Nachqualifizierungen wegen der damit häufig einhergehenden Aufgabe des bestehenden Arbeitsverhältnisses unterbleiben, schafft § 235c SGB III einen neuen Anreiz für die Nachholung eines Berufsabschlusses. Arbeitgebern, die ihren weiterbildungswilligen Arbeitnehmern durch Freistellung das Nachholen eines Abschlusses im Rahmen des bestehenden Arbeitsverhältnisses ermöglichen, können die Lohnkosten durch Zuschüsse ganz oder teilweise erstattet bekommen. Die Förderung erfasst den gesamten Zeitraum, in dem der Arbeitnehmer wegen der Weiterbildung die geschuldete Arbeitsleistung nicht erbringen kann. Neben dem Zuschuss zum Arbeitsentgelt erhält der Arbeitgeber auch die auf das Arbeitsentgelt entfallenden Sozialversicherungsbeiträge.

135 Hierdurch sollen den Betrieben die bewährten Arbeitskräfte erhalten bleiben und qualifikationsbedingte Entlassungen verhindert werden. Die (bislang ungelernten) Arbeitnehmer erhalten die Chance zur Qualifizierung, ohne ihr Beschäftigungsverhältnis kündigen zu müssen.

136 Der Zuschuss ist vom Arbeitgeber vor Beginn der Maßnahme bei dem für ihn zuständigen örtlichen Arbeitsamt zu beantragen.

dd) Benachteiligtenförderung von Jugendlichen gemäß §§ 240, 241 SGB III

137 Die Zielgruppen des § 240 SGB III wurden in dessen Nr. 2 um Jugendliche erweitert, die zur Hinführung an Beschäftigungs- und Qualifizierungsmaßnahmen zusätzlicher sozialer Betreuungsmaßnahmen bedürfen. Durch diese Regelung wurden die Maßnahmen der sozialen Betreuung nach Artikel 11 des Jugendsofortprogramms unter der Bezeichnung »Aktivierungshilfen« übernommen.

138 Förderungsfähige Maßnahmen gemäß § 241 Abs. 3a SGB III – sogenannte Aktivierungshilfen – sind allerdings an die Bedingung geknüpft, dass sich ein Dritter (im Regelfall die Träger der öffentlichen Jugendhilfe) mit mindestens 50 % an der Finanzierung beteiligt. Durch diese Einschränkung sollte seitens des Gesetzgebers die Notwendigkeit der Zusammenarbeit zwischen Arbeitsamt und Jugendhilfeträger deutlich hervorgehoben werden.

ee) Förderung der Weiterbildung älterer Arbeitnehmer

Ziel der ausgeweiteten Förderung älterer Arbeitnehmer ist – unter Berücksichtigung der demographischen Entwicklung, der zunehmenden Arbeitskräfteknappheit und im Interesse der älteren Beschäftigten selbst – die längere Erwerbsfähigkeit dieser Personengruppe. 139

Voraussetzung ist nach § 417 Abs. 1 S. 1 Nr. 1 SGB III n.F. zunächst, dass es um die Förderung von Arbeitnehmern geht, die bei Beginn einer Maßnahme bereits das 50. Lebensjahr vollendet haben. Diese können bei Teilnahme an einer vom Arbeitsamt als förderungsfähig anerkannten Bildungsmaßnahme Zuschüsse erhalten, wenn sie 140

- für die Zeit der Teilnahme an der Weiterbildung weiterhin Anspruch auf Arbeitsentgelt haben und vom Arbeitgeber für die Teilnahme freigestellt werden und
- in einem Betrieb mit bis zu 100 Arbeitnehmern beschäftigt sind. Dabei werden teilzeitbeschäftigte Arbeitnehmer nach Maßgabe des § 417 Abs. 1 S. 2 SGB III n.F. anteilig berücksichtigt.

Weiter ist – gemäß § 417 Abs. 1 S. 1 Nr. 4 SGB III n.F.- erforderlich, dass die Maßnahme außerhalb des Betriebes durchgeführt wird, in dem der Arbeitnehmer beschäftigt ist, und dass spezifische Kenntnisse vermittelt werden. Damit sind bloße arbeitsplatzbezogene Qualifizierungen wie zum Beispiel Einweisungsschulungen in technische Neuerungen nicht förderungswürdig.[64] 141

Wird die Förderung gewährt, so erhält der Arbeitnehmer eine Erstattung der Weiterbildungskosten. Darüber hinaus kann im Einzelfall ein Zuschuss zu den Kosten einer notwendigen auswärtigen Unterbringung geleistet werden. 142

Der Zuschuss ist vom Arbeitnehmer vor Beginn der Maßnahme bei seinem Wohnortarbeitsamt zu beantragen. 143

Der »gute Wille« des Gesetzgebers ist durchaus anzuerkennen. Es kann durchaus im Interesse eines Arbeitgebers liegen, einen erfahrenen Mitarbeiter zu halten und ihn nach Vermittlung arbeitsmarktnaher Kenntnisse auch unter Berücksichtigung des betrieblichen Interesses halten zu können. Dennoch seien Bedenken angemeldet. Dadurch, dass die Förderung allein dem Arbeitnehmer zugute kommt, der Arbeitgeber jedoch für die Zeit der Teilnahme an einer Weiterbildung das Entgelt des Arbeitnehmers weiterzahlen muss, könnte die Bereitschaft eines Arbeitgebers geschmälert werden. 144

---

64 BT-Drs. 14/6944, S. 51 Nr. 114.

ff) Förderung der Weiterbildung von Arbeitnehmern, die von Arbeitslosigkeit bedroht sind (§ 417 Abs. 2 SGB III)

145 Diese Leistung soll es von Arbeitslosigkeit bedrohten Arbeitnehmern erleichtern, sich noch vor dem Ende des Arbeitsvertrages um neue Stellen zu bewerben, berufliche Alternativen zu entwickeln oder sich beruflich zu qualifizieren. Dem Arbeitgeber sollen dadurch möglichst wenig Nachteile entstehen.

146 Dadurch steigen die Chancen der betroffenen Arbeitnehmer, gar nicht erst arbeitslos zu werden oder zumindest schnell wieder eine neue Stelle zu finden.

147 Arbeitgeber können einen Zuschuss zum Arbeitsentgelt erhalten, wenn der Arbeitnehmer

- konkret von Arbeitslosigkeit bedroht ist, d. h. die Kündigung bereits ausgesprochen ist oder ein befristetes Arbeitsverhältnis in Kürze beendet wird,
- im Rahmen eines bestehenden Arbeitsverhältnisses unter Fortzahlung des Arbeitsentgelts an einer Maßnahme der Eignungsfeststellung (s. § 49 Abs. 1 SGB III n.F.), einer Trainingsmaßnahme (s. § 49 Abs. 2 SGB III n.F.) oder an einer anerkannten beruflichen Weiterbildung teilnimmt und
- wegen der Teilnahme an der Maßnahme die Arbeitsleistung ganz oder teilweise nicht erbringen kann.

148 Der Arbeitsentgeltzuschuss für von Arbeitslosigkeit bedrohte Arbeitnehmer kann bezahlt werden

- für die Dauer der Weiterbildung, längstens jedoch bis zur Beendigung des Arbeitsverhältnisses,
- bis zur Höhe des Arbeitsentgelts (einschließlich Arbeitgeberanteil am Gesamtsozialversicherungsbeitrag) für die weiterbildungsbedingt ausgefallene Arbeitsleistung.[65]

149 Der Zuschuss ist vom Arbeitgeber vor Beginn der Maßnahme bei dem für ihn zuständigen örtlichen Arbeitsamt zu beantragen.

gg) Unterhaltsgeld (§ 154 SGB III)

150 Wie nach alter Gesetzeslage sind Vollzeitmaßnahmen der beruflichen Weiterbildung vorrangig vor Teilzeitmaßnahmen. Angesichts der Tatsache aber, dass die Arbeitsämter gemäß § 7 SGB III verpflichtet sind, die im Einzelfall geeignetste Lösung auszuwählen, wollte der Gesetzgeber nicht mehr an der Detailregelung möglicher Teilzeitbildungsmaßnahmen festhalten und daher wird gemäß § 154

---

65 Zur genauen Errechnung der Höhe des Zuschusses s. § 417 Abs. 2 S. 2 SGB III n.F.

I. Arbeitsförderungsrechtliche Regelungen

SGB III n.F. Teilunterhalt auch dann gewährt, wenn die Teilnahme an einer Vollzeitmaßnahme nicht möglich oder nicht zumutbar ist. Bestimmte Gründe für die »bloße« Teilnahme an einer Teilzeitmaßnahme wie die Pflege eines Angehörigen bzw. Kinderbetreuung sind für das Gewähren von Teilunterhalt nicht mehr erforderlich.

Die Förderung von Teilweiterbildungsmaßnahmen eröffnet damit auch neue Qualifizierungsmöglichkeiten. So kann zum Beispiel Weiterbildung und Teilzeitbeschäftigung miteinander kombiniert werden. 151

Ganz umgestaltet wurde die Regelung zum Anschlussunterhaltsgeld in § 156 Abs. 2 SGB III. Minderte sich der Anspruch auf Anspruchsunterhalt bislang nur um die Anzahl von Tagen, für die der Arbeitnehmer im Anschluss an eine abgeschlossene Maßnahme, in der er Unterhaltsgeld bezogen hatte, einen Anspruch auf Arbeitslosengeld geltend machen konnte, so gilt dies nach der Neufassung auch für 152

- die Anzahl von Tagen nach der Maßnahme bis vor den Tag, an dem die Arbeitslosmeldung wirksam wird (§ 156 Abs. 2 S. 2 Nr. 2) sowie
- die Anzahl von Tagen, an denen nach der Entstehung des Anspruchs auf Anschlussunterhaltsgeld die Voraussetzungen für den Anspruch nicht vorgelegen haben (§ 156 Abs. 2 S. 2 Nr. 3).

Beide Fälle zielen auf im Einzelnen unterschiedliche Sachverhaltsgestaltungen ab, in denen ein Maßnahmeteilnehmer zunächst im unmittelbaren Anschluss an die Maßnahme oder während des Bezuges von Anschlussunterhaltsgeld eine befristete Beschäftigung aufgenommen, diese aber kurz darauf und noch vor Ablauf der maximalen Anspruchsdauer des Anschlussunterhaltsgeldes von drei Monaten wieder verliert. 153

Leistungen, die ein Maßnahmeteilnehmer von seinem Arbeitgeber oder einem Maßnahmeträger erhielt oder zu beanspruchen hatte, werden künftig gleichermaßen auf das Anschlussunterhaltsgeld angerechnet. Bisher galt dies nur für arbeitgeberseitige Leistungen.[66] 154

5. Änderung bei den Voraussetzungen einzelner Geldleistungen

Im Rahmen des Job-AQTIV-Gesetzes wurden nur vergleichsweise geringfügige Veränderungen bei den Geldleistungen vorgenommen. Dies erklärt sich zum einen sicher aus der relativen »Wahlnähe« des Gesetzesvorhabens. Zum anderen aber auch daraus, dass grundlegende Veränderungen wie etwa eine Zusammenlegung 155

---

[66] Zu weiteren Einzelheiten der Veränderungen beim Anschlussunterhaltsgeld s. *Steinmeyer* info also 2002, 4 ff. (10 f.).

von Arbeitslosen- und Sozialhilfe bereits ausdrücklich für die neue Legislaturperiode angekündigt worden waren. Auch die »Hartz-Kommission«, die zunächst einschneidende Veränderungen nicht nur bei der Arbeitslosenhilfe, sondern sogar auch beim Arbeitslosengeld vorschlagen wollte, war mit ihrem bis zum Abschluss dieses Manuskriptes öffentlich zugänglich gewordenen Vorschlägen eher zurückhaltend. Insofern bildet das Job-AQTIV-Gesetz nur ein – wenn auch relativ großes – Puzzleteil einer umfassenden Reform der Arbeitsförderung.

a) Veränderung der Sperrzeitregelung des § 144 SGB III

156 Kommt es zur Verhängung einer Sperrzeit nach § 144 Abs. 1 Nr. 1 bis 4 SGB III, so bedeutet dies nach dieser Norm selbst zunächst »nur« ein Ruhen des Anspruchs auf Arbeitslosengeld bzw. – über § 198 S. 2 – auf Arbeitslosenhilfe. Wegen § 128 Abs. 1 Nr. 3 und 4 SGB III bedeutet dies aber beim Arbeitslosengeld zugleich eine Minderung der Anspruchsdauer.

157 Die Verhängung einer Sperrzeit nach § 144 Abs. 1 Nr. 1 bis 4 SGB III beruht auf dem Verhalten des Arbeitslosen, also auf einem Umstand, den dieser allein »steuern« kann. Für die finanziellen Auswirkungen eines solchen Verhaltens soll nicht die Solidargemeinschaft der Beitragszahler einstehen müssen.[67]

158 Es war in der Rechtsprechung schon bisher anerkannt, dass auch bestimmte Verhaltensweisen bei der Anbahnung eines Beschäftigungsverhältnisses die »Nicht-Annahme« einer angebotenen zumutbaren Arbeit bedeuten können. Es kam danach gerade nicht darauf an, dass eine ausdrückliche Ablehnung erklärt wurde. Vielmehr sollte auch bislang schon ein schlüssiges (konkludentes) Verhalten genügen können, sofern daraus nur der eindeutige Wille, die angebotene Arbeit nicht anzunehmen, abgeleitet werden konnte.[68] Die fraglichen Äußerungen oder Verhaltensweisen konnten sowohl gegenüber dem potentiellen Arbeitgeber als auch gegenüber dem Arbeitsamt erfolgen. Beispiele hierfür sind:

- Keine unverzügliche (»ohne schuldhaftes Zögern«) Kontaktaufnahme mit einem potentiellen Arbeitgeber;
- Ein Vorstellungstermin wird gar nicht erst wahrgenommen;
- Der Bewerber/die Bewerberin tritt gegenüber dem potentiellen Arbeitgeber so provokant auf, dass dieser von einer Einstellung Abstand nimmt;
- Es werden übertriebene Gehalts- oder Urlaubsforderungen erhoben;[69]
- Eigene »schlechte Eigenschaften« werden in übertriebener Weise geschildert;[70]

---

67 BT-Drs. 14/6944, S. 36 [zu Nr. 45a].
68 Das *LSG Saarland*, Urt. vom 6. 10. 1994 – L 1/2 Ar 8/94 – NZS 1995, 142 [Leitsatz 1], lässt jedes Verhalten genügen, durch das ein Arbeitsloser »mit Wissen und Wollen« das Zustandekommen eines Arbeitsverhältnisses vereitelt.
69 Dazu *LSG München*, Urt. vom 6. 3. 1986 – L 8 Al 135/85 – NZA 1986, 727.
70 Dazu *LSG Saarland*, Urt. vom 6. 10. 1994 – L 1/2 Ar 8/94 – NZS 1995, 142.

I. Arbeitsförderungsrechtliche Regelungen

- Selbst an sich wahrheitsgemäße Angaben, die jedoch nach der Verkehrssitte aus Sicht des Arbeitgebers von einem Arbeitnehmer, der ernsthaft an einer Anstellung interessiert ist, nicht mehr erwartet werden können, können danach »schädlich« sein.[71]

Die Gesetzesänderung hat daher vor allem klarstellende Funktion, dass diese Verhaltensweisen im Vorfeld der Anbahnung eines Arbeitsverhältnisses ebenfalls erfasst sein sollen. Nach wie vor ungeklärt ist aber, ob dem Arbeitslosen der Nachweis offen steht, dass ihn der Arbeitgeber unter keinen Umständen, also unabhängig von dem ihm vorgeworfenen Verhalten, eingestellt hätte.[72] **159**

Luthe[73] hat – unter Bezugnahme auf *Gagel*[74] und *Spellbrink*[75] – die Frage aufgeworfen, wie die Verhängung einer Sperrzeit verfassungsrechtlich zu beurteilen ist, seit die Aufgabe der aktiven Arbeitsförderung auf den Verwaltungsausschuss des Arbeitsamtes übertragen[76] wurde, »der durch regionale Schwerpunktsetzungen (Arbeitsmarktprogramme) die Auswahl der einzelnen Maßnahmebereiche unter Orientierung an der Eingliederungsbilanz und insbesondere den verfügbaren Haushaltsmitteln bestimmt«. Dabei dürften nach unserer Einschätzung weniger die von *Gagel* unter dem Gesichtspunkt des Eigentumsschutzes erhobenen Bedenken, als die von *Luthe* an anderer Stelle[77] herausgearbeiteten Überlegungen zum Gleichheitsschutz und Willkürverbot Beachtung beanspruchen. Wenn dem einzelnen Arbeitslosen nicht ersichtlich ist, nach welchen Regeln ihm etwa Maßnahmen der aktiven Arbeitsförderung angeboten werden oder nicht, so dass sich möglicherweise nur der eine, nicht aber der andere überhaupt in der Lage sieht, entsprechende »Angebote« – *Luthe* spricht nicht ganz zu Unrecht im Zusammenhang mit der gesetzlichen Sanktionsdrohung von einer »Zwangsnutzung« –, auch zu nutzen oder (unberechtigterweise?) auszuschlagen, kann es in der Tat eine Frage der Gleichbehandlung sein, wie die einzelnen Verwaltungsausschüsse[78] verfahren. Ob die von **160**

---

71 Hierzu auch *Niesel* in: *Niesel*, SGB III, § 144 RdNr. 58.
72 Auch das *LSG Saarland*, Urt. vom 6. 10. 1994 – L 1/2 Ar 8/94 – NZS 1995, 142 [Leitsatz 3] hatte sich in diesem Punkt nicht abschließend festgelegt. Man wird dies aber bejahen müssen, da diese Frage wertungsmäßig mit der Verursachung von Arbeitslosigkeit iSd § 144 Abs. 1 Nr. 1 SGB III gleichzusetzen ist.
73 SGb 2002, 136 [unter Nr. 15].
74 NZS 2000, 591 ff.
75 SGb 2000, 296 ff.
76 Durch Art. 10 Abs. 4 der Satzung der Bundesanstalt für Arbeit vom 16. 7. 1998, BAnz Nr. 192 S. 15000 vom 14. 10. 1998, zuletzt geändert durch die Änderung der Satzung der Bundesanstalt für Arbeit vom 17. 9. 2001, BAnz Nr. 183 S. 21001 vom 28. 9. 2001). Art. 10 Abs. 4 dieser Satzung lautet: »*Der Verwaltungsausschuss des Arbeitsamtes beschließt jährlich im Voraus auf Vorschlag des Direktors die Aufteilung der Mittel des Eingliederungstitels und die damit verfolgten Ziele (Arbeitsmarktprogramm). Dabei berücksichtigt er die regionalen Besonderheiten des Arbeitsmarktes, die Struktur der Arbeitslosen und der Träger, die Ergebnisse der Eingliederungsbilanz sowie die bereits eingegangenen Verpflichtungen und orientiert sich an den geschäftspolitischen Schwerpunkten des Vorstands und des Präsidenten der Bundesanstalt, um durch einen möglichst effektiven und effizienten Einsatz der Mittel zu einer Verbesserung des Ausgleichs am Arbeitsmarkt beizutragen.*«
77 SGb 2001, S. 350 f.
78 Ganz zu schweigen davon, dass es ja selbst innerhalb eines Arbeitsamtes im Laufe eines Haushaltsjahres zu unterschiedlichen Handhabungen kommen kann.

60   C. Erläuterung von Einzelbestimmungen

Luthe[79] eingeforderte »Transparenz« auch durch eine entsprechende inhaltliche Gestaltung von Eingliederungsvereinbarungen erreicht und sichergestellt werden könnte, sei an dieser Stelle nur zur Diskussion gestellt, aber nicht abschließend entschieden.

161 Auf die Einbeziehung der Maßnahmen zur Eignungsfeststellung in den »Schutzzweck« der Regelung des § 144 (Abs. 1 Nr. 3 n.F.) wurde bereits eingegangen.[80]

b) Arbeitslosenhilfe und Ruhen des Anspruchs bei anderen Sozialleistungen (§ 202 iVm § 142 SGB III)

162 Die Gewährung der Arbeitslosenhilfe hängt – unter anderem – nach § 193 SGB III von der Bedürftigkeit des Arbeitslosen ab. Solche bedürftigkeitsgeprüften Leistungen unterliegen dem Nachranggrundsatz. Das bedeutet, dass andere Leistungen, die für den Betroffenen in Betracht kommen (und auf die ein Rechtsanspruch besteht), grundsätzlich zuerst in Anspruch genommen werden müssen. Diesem Zweck dient(e) auch § 202 SGB III.

163 Die Formulierung in § 202 Abs. 1 S. 1 »in absehbarer Zeit« soll der Arbeitsverwaltung ermöglichen, bei »voraussichtlichem« Anspruch den Arbeitslosen so rechtzeitig zur Rentenantragstellung aufzufordern, dass unter Berücksichtigung der üblichen Bearbeitungszeiten bei den Rentenversicherungsträgern dem frühestmöglichen Entstehungszeitpunkt eines Anspruchs auf Altersrente[81] Rechnung getragen werden kann.

164 Die Voraussetzungen für den Anspruch auf Rente müssen nach § 202 Abs. 1 S. 1 SGB III n.F. nur »voraussichtlich« erfüllt sein. Das bedeutet, dass sie nicht mit Gewissheit vorliegen müssen. Ein geringerer Grad an Sicherheit genügt als Voraussetzung für die Aufforderung seitens der Arbeitsverwaltung, dass ein (Teil-) Rentenantrag gestellt werden soll.

165 Mit den in § 202 Abs. 1 S. 2 HS 1 SGB III n.F. genannten Renten wegen Alters ist nicht jede Altersrente gemeint, die vor Erreichung der Regelaltersgrenze von 65 Jahren iSd § 35 Nr. 1 SGB VI als vorgezogene Altersrente gewährt wird. Dies muss schon deshalb gelten, weil mit Vollendung des 65. Lebensjahres der Anspruch auf Arbeitslosenhilfe nach § 190 Abs. 2 SGB III ohnehin endet. Damit kann die zitierte Regelung in § 202 nur auf diejenigen Regelungen des SGB VI Bezug nehmen, mit denen die (früheren) Altersgrenzen von 60 und 63 Jahren angehoben

---

79 SGb 2001, 345 ff. [351].
80 Dazu oben unter C I 2b.
81 Dieser richtet sich nach § 99 Abs. 1 SGB VI.

I. Arbeitsförderungsrechtliche Regelungen 61

worden sind[82], die aber dennoch – bei Inkaufnahme von versicherungsmathematischen Abschlägen – vorzeitig in Anspruch genommen werden können. Mit dem für den Versicherten maßgebenden Rentenalter sind daher die jeweiligen, nach dem Geburtsmonat zu bestimmenden (ggf. angehobenen) Altersgrenzen im Sinne dieser Regelungen gemeint, bei deren Erreichung die Rente abschlagsfrei gewährt wird.

Das *BSG* hatte aus der Funktion der Vorschrift, den Nachrang der Arbeitslosenhilfe **166** zu realisieren, also zu verhindern, dass sich ein Arbeitsloser auf das Vorliegen von Bedürftigkeit berufen kann, abgeleitet, dies setze »denknotwendig voraus, dass die Altersrente regelmäßig nicht niedriger ist als die Arbeitslosenhilfe«[83]. Hierauf hat der Gesetzgeber mit § 202 Abs. 1 S. 2 HS 2 SGB III n.F. reagiert und die Höhe der Altersrente ausdrücklich für unbeachtlich erklärt. Wenn also künftig die Arbeitsverwaltung ihr gebundenes Ermessen (»soll«) ausübt, darf dabei die Höhe der Altersrente keine Rolle spielen. Der Fall eines Arbeitslosen wird mithin nicht dadurch zu einem »untypischen« Fall, bei dem von der Aufforderung zur Rentenantragstellung abzusehen sein kann, dass er mit einem geringeren Rentenzahlbetrag rechnen muss als sein Anspruch auf Arbeitslosenhilfe ausmachen wird. Dem wahrscheinlichen Einwand, hierin liege eine übermäßige Härte gegenüber Beziehern von Arbeitslosenhilfe, begegnet die Begründung zum Entwurf wie folgt: »... während des Rentenbezuges steht dem ehemaligen Bezieher von Arbeitslosenhilfe auch Vermögen zur Bestreitung des Lebensunterhalts zur Verfügung, das zu Zeiten des Bezuges von Arbeitslosenhilfe aus Gründen der Aufrechterhaltung einer angemessenen Alterssicherung nicht bei der Prüfung der Bedürftigkeit berücksichtigt worden ist.«

Konsequenz dieser Veränderung könnte sein, dass ein Arbeitsloser, dessen An- **167** spruch auf Arbeitslosenhilfe insgesamt ruht, weil er die (niedrigere) Altersrente bezieht, wegen eines verbleibenden Bedarfs auf die Inanspruchnahme von Sozialhilfeleistungen angewiesen ist. Nach der zu erwartenden Zusammenführung von Arbeitslosen- und Sozialhilfe ist dies ein Punkt, der einer anderen Lösung zugeführt werden müsste.

---

82 Ursprünglich nach Maßgabe des § 41 SGB VI a. F.; nunmehr nach §§ 236 ff. SGB VI (Übergangsrecht, das nur noch für Versicherte bestimmter Jahrgänge gilt und schon rein rechnerisch in Kürze ganz überwiegend seine Bedeutung verlieren wird).

83 *BSG*, Urteil vom 27. 7. 2000 – B 7 AL 42/99 R – BSGE 87, 31 ff.; auf diese Entscheidung nehmen die Gesetzesmaterialien ausdrücklich Bezug.

c) Besonderheiten zur Anpassung der Arbeitslosenhilfe nach § 201 SGB III

168 In gewisser Weise gibt es auch einen Zusammenhang zwischen der soeben erwähnten Zusammenführung von Arbeitslosen- und Sozialhilfe und der Vorschrift des § 201 SGB III. Diese regelt die turnusmäßige, kalenderjährliche Anpassung der Arbeitslosenhilfe, wobei diese Anpassung mit einer gleichzeitigen Herabbemessung einhergeht. Diese Herabbemessung wird dadurch erreicht, dass über eine entsprechende Absenkung des Anpassungsfaktors eine relative Absenkung der Leistung um 3 % bewirkt wird. Dies geschieht – zur Verwaltungsvereinfachung – in pauschaler Form; die frühere turnusmäßige individuelle Neubemessung wurde vor einiger Zeit schon abgeschafft.

169 Die beschriebene Herabbemessung beruht auf dem Grundgedanken, dass bei fortdauernder Arbeitslosigkeit ein Verlust an beruflicher Qualifikation eintrete. Mit zunehmender Dauer der Arbeitslosigkeit werde die Eingliederung langzeitarbeitsloser Arbeitslosenhilfebezieher erschwert; eine Eingliederung auf dem früheren Verdienstniveau sei in aller Regel nicht mehr möglich.[84]

170 Das Job-AQTIV-Gesetz schafft mit der neuerlichen Änderung in diesem Regelungsbereich gleichsam die Möglichkeit zur Widerlegung der in der ursprünglichen Gesetzesbegründung ausgesprochenen Vermutung. Wer nachweist, im Sinne des § 201 Abs. 2 S. 1 Nr. 1 oder 2 SGB III n.F. aktiv geworden zu sein, wird nicht einer Minderung des Anpassungsfaktors unterzogen. Die Kosten der Neuregelung werden in der Gesetzesbegründung mit einer Höhe von rund 40 Millionen Euro veranschlagt.[85]

171 Es handelt sich um einen recht »versteckten«, aber dennoch interessanten Ansatzpunkt, wie man von einem Sanktionssystem abgehen und ein Anreizsystem schaffen kann, ohne zugleich die ursprüngliche Zielsetzung aus den Augen zu verlieren. Allerdings wird das »Schwert« stumpf, wenn man sich im Grenzbereich der Sozialhilfebedürftigkeit bewegt, weil dann ab einem bestimmten Punkt der durch die Minderung des Anpassungsfaktors erreichte Effekt durch das Einsetzen von Sozialhilfeleistungen wieder zunichte gemacht wird. Dies wäre um so mehr zu beachten, wenn man nach einer Zusammenführung von Arbeitslosen- und Sozialhilfe überhaupt nur noch ein einheitliches, bedarfsorientiertes System hätte.

---

84 Die bislang geltende Gesetzesfassung wurde – noch unter dem AFG (§ 136 Abs. 2b) – durch das Arbeitslosenhilfe-Reformgesetz vom 24. 6. 1996, BGBl. I, S. 878, eingeführt; die zitierte Begründung dazu ist in der BT-Drs. 13/2898 enthalten, die hier in der online zugänglichen Form zitiert wird, so dass Seitenangaben fehlen, weil es sich (noch) nicht um eine Datei im sog. pdf-Format handelt.
85 BT-Drs. 14/6944, S. 4 [unter D 1 c].

d) Modifizierungen beim Kurzarbeitergeld

Mit dem Kurzarbeitergeld, das in den §§ 169 ff. SGB III geregelt ist, wird im Regelfall bezweckt, eine vorübergehend schwierige Lage eines Unternehmens durch die Leistungsgewährung zu mildern, um Entlassungen von Beschäftigten zu vermeiden. 172

Diese Zielrichtung galt/gilt nicht für das sog. »strukturelle Kurzarbeitergeld«. Es ist gerade für solche Fälle vorgesehen, in denen ein Arbeitsausfall nicht nur »vorübergehend« ist, wie dies § 170 Abs. 1 Nr. 2 SGB III für das »normale« Kurzarbeitergeld verlangt. 173

Mit dem strukturellen Kurzarbeitergeld wird daher offensichtlich ein anderes Ziel verfolgt. Es geht gleichsam um die Verhinderung von »Dammbrüchen« in Gestalt unkontrollierter Massenentlassungen iSd § 17 Abs. 1 KSchG. 174

Im Einzelnen sind die Voraussetzungen dieser Sonderform des Kurzarbeitergeldes, die derzeit bis zum 31. 12. 2006 befristet ist, in § 175 Abs. 1 S. 1 SGB III n.F. geregelt. Diese Voraussetzungen müssen kumulativ erfüllt sein, wie das Wort »und« zwischen Nr. 1 und Nr. 2 zum Ausdruck bringt. 175

§ 175 Abs. 1 S. 1 Nr. 1: 176

- In einem Betrieb erfolgt eine **Strukturveränderung**, d. h. eine nicht nur vorübergehende, sondern dauerhafte Umstellung des Betriebsablaufs.
- Teil (**Ziel**) dieser Umstellung muss es sein, dass
- **entweder** der Betrieb oder ein wesentlicher Betriebsteil verkleinert wird
- **oder** sogar der Betrieb oder ein wesentlicher Betriebsteil stillgelegt werden.
- Zu erwartende Folge dieser Veränderungen müssen Personalanpassungsmaßnahmen »von erheblichem Umfang«, sprich: in der Größenordnung des § 17 Abs. 1 KSchG sein.

§ 175 Abs. 1 S. 1 Nr. 2: 177

- die so gefährdeten Arbeitnehmer müssen in einer »betriebsorganisatorisch selbständigen Einheit« zusammengefasst werden, und zwar mit dem Ziel
- eine Massenentlassung iSd § 17 Abs. 1 KSchG gerade zu vermeiden.

Der Anspruch ist nach § 175 Abs. 2 SGB III ausgeschlossen, wenn die Arbeitnehmer nur vorübergehend in der betriebsorganisatorisch eigenständigen Einheit zusammengefasst werden, um anschließend einen anderen Arbeitsplatz des Betriebes zu besetzen. Eine spätere Weiterverwendung der Arbeitnehmer in dem betroffenen Betrieb muss also nach der anfänglichen Planung ausgeschlossen sein. Andernfalls würde die Gefahr einer »Mitnahme« des strukturellen Kurzarbeitergeldes bestehen. Allerdings kommt der Anspruchsausschluss nach § 175 Abs. 2 SGB III nicht zur Anwendung, wenn sich erst aufgrund einer späteren Änderung der betrieblichen Planung, die während der Umstrukturierungsmaßnahme vorgenommen wurde, die 178

Möglichkeit ergibt, Arbeitnehmer an anderer Stelle des Betriebes weiter zu verwenden. In diesem Fall darf das Kurzarbeitergeld behalten werden, das bis zu der Planungsänderung gewährt wurde. Die praktischen Probleme eines Nachweises dieser zeitlichen Zäsur liegen auf der Hand.

179 Von einer betriebsorganisatorisch eigenständigen Einheit spricht man dann, wenn Arbeitnehmer aus dem normalen Betriebsablauf herausgenommen und als eigener, id.R. unselbständiger Betriebsteil zusammengefasst werden. Sie dürfen nach dieser Zusammenfassung dann nur noch für besondere Aufgaben – zu denken ist an Krankheits- oder Urlaubsvertretungen oder unvorgesehene Reparaturen – herangezogen werden.[86]

180 Dadurch, dass die bisherige Fassung auf § 17 Abs. 1 KSchG verwies, ohne Sonderregelungen vorzusehen, kamen kleine Betriebe mit weniger als 20 Arbeitnehmern nicht »in den Genuss« der Leistung. Hier setzt nun die neu eingefügte Bestimmung des § 175 Abs. 1 S. 2 SGB III an.

181 Diese kleineren Betriebe können strukturelles Kurzarbeitergeld jetzt auch dann erhalten, wenn trotz des eingetretenen Arbeitsausfalles noch mindestens bei 20 % der Belegschaft des Betriebes Entlassungen verhindert werden können. Die Modifizierung besteht also darin, dass nicht die Schwelle einer Massenentlassung iSd § 17 Abs. 1 KSchG erreicht werden muss.

182 Grundsätzlich besteht auch der Anspruch auf Kurzarbeitergeld nach § 175 gemäß § 177 Abs. 1 S. 3 HS 1 SGB III nur für die Dauer von sechs Monaten. Werden allerdings für die betroffenen Arbeitnehmer Maßnahmen der beruflichen Qualifizierung oder andere geeignete Maßnahmen zur Eingliederung vorgesehen, so kann die Bezugsdauer maximal 12 Monate betragen (§ 177 Abs. 1 S. 4 iVm S. 3 HS 2 SGB III).

183 Gerade für die von der Neuregelung begünstigten Kleinbetriebe kann es schwierig sein, selbst eine »betriebsorganisatorisch eigenständige Einheit« überhaupt zu bilden. Für sie ist daher der Hinweis in der Entwurfsbegründung[87] besonders wichtig, dass die Arbeitnehmer, die von Entlassungen bedroht wären, auch an eine externe Gesellschaft, z. B. eine Beschäftigungs- und Qualifizierungsgesellschaft, »abgegeben« werden können. Dies stellt keine Neuerung durch das Job-AQTIV-Gesetz dar, ist aber für Kleinbetriebe sicher von besonderem Interesse, zumal so zusätzlich die Möglichkeit eröffnet wird, sich etwa mit anderen Kleinbetrieben in vergleichbarer »Notlage« zusammen zu tun. Der Gesetzgeber geht selbst – ausweislich der Materialien[88] – davon aus, dass ein vollständiger Übergang der Arbeitgeber-Funktion auf eine solche externe Gesellschaft dem Anspruch nicht schadet. Diese Frage ist

---
86 S. hierzu auch *Ruhm*, Rz 724 m. w. N.
87 BT-Drs. 14/6944, S. 38 [li. Sp. oben (noch zu Nr. 54)].
88 AaO.

I. Arbeitsförderungsrechtliche Regelungen

allerdings umstritten. Teilweise wurde dem in der Gesetzesbegründung vertretenen Standpunkt auch früher schon gefolgt[89], teilweise wird gefordert, dass ein Rest an Arbeitgeber-Pflichten beim alten Arbeitgeber verbleiben müsse[90].

Die Gesetzesbegründung gibt dankenswerterweise – auch wenn die vorgenommene Gesetzesänderung dazu eigentlich keinen Anlass gab – noch einen praktischen Rat, indem auf die zusätzliche Möglichkeit hingewiesen wird, die Kosten für die Qualifizierungsmaßnahme selbst, also nicht die auf das Arbeitsentgelt ausgerichetete Leistung des strukturellen Kurzarbeitergeldes, aus ESF-Mitteln des Bundes gedeckt werden können. Auch im neuen ESF-BA-Programm besteht die Möglichkeit, während der Kurzarbeit und parallel zur Gewährung des Kurzarbeitergeldes berufliche Qualifizierungsmaßnahmen zu unterstützen, indem anfallende Lehrgangsgebühren, Fahrtkosten und ausnahmsweise sogar auch der betriebliche Anteil an den Sozialversicherungsabgaben übernommen werden. Hierfür ist nach der einschlägigen Durchführungsanweisung zum einen eine angemessene Beteiligung des Arbeitgebers an den Kosten erforderlich, was mit »mindestens 10 %« präzisiert wird. Zum anderen muss mit der Qualifizierung das Ziel verfolgt werden, einen notwendigen Strukturwandel zu bewältigen oder eine Anpassung an neue Produktionssysteme vorzunehmen.[91] 184

e) Erstattungspflicht von nicht insolvenzfähigen juristischen Personen des öffentlichen Rechts nach § 147a SGB III

§ 147a SGB III ist eine schon seit Jahren, auch in Gestalt ihrer Vorläuferregelung im AFG (§ 128), umstrittene Bestimmung, die die Pflicht von Arbeitgebern zur Erstattung des Arbeitslosengeldes, das an von ihm entlassene Arbeitnehmer nach Vollendung von deren 58. Lebensjahr gezahlt wurde, und deren – zahlreiche – Voraussetzungen regelt. 185

Nach § 147 Abs. 2 kann die Erstattungspflicht eines Arbeitgeber unter den dort genannten Voraussetzungen entfallen. Auf die Härteregelung in § 147a Abs. 2 Nr. 2 SGB III a. F. hatte sich auch eine juristische Person des öffentlichen Rechts berufen. Das BSG[92] hatte ihr ungeachtet der Tatsache, dass sie nicht in Insolvenz fallen konnte, Recht gegeben. Die Bundesanstalt für Arbeit wie auch die Bundesregierung waren vor diesem Urteil anderer Ansicht. Mit der Gesetzesänderung wollte der Gesetzgeber »klarstellen«, dass »die Befreiung von der Erstattungspflicht auf Grund Gefährdung weiterer Arbeitsplätze im Zusammenhang mit der Befreiung 186

---

89 So besonders von *Bieback* in *Gagel*, SGB III, § 175 Rz 44 mit umfassenden Hinweisen auf die wohl überwiegende Gegenmeinung.
90 So u. a. von *Feckler* in: GK-SGB III, § 175 RdNr. 18; *Luthe* SGb 2002, 136 ff. [137 unter Nr. 18].
91 Zum Vorstehenden ausführlich *Deeke/Kruppe/Müller/Schuler*, aaO. S. 17f.
92 *BSG*, Urt. vom 22. 3. 2001 – B 11 AL 50/00 R – SozR 3-4100 § 128 AFG Nr. 12.

wegen Existenzgefährdung zu sehen ist und daher eine Vorstufe zur Existenzgefährdung darstellt. Bei Insolvenzunfähigkeit kann jedoch eine Existenzgefährdung nicht bestehen.«[93] Wohl zu Recht hat *Luthe*[94] die mangelnde Genauigkeit des Gesetzgebers bei der systematischen Zuordnung der »Gefährdung von Arbeitsplätzen« als bloßen Unterfall der »Existenzgefährdung« kritisiert. Ungeachtet dieser berechtigten systematisch ansetzenden Einwände lässt aber der Gesetzeswortlaut keinen Zweifel daran, dass nicht durch die Härtefallregelung privilegiert werden kann, wer nicht insolvenzfähig ist.[95]

6. Verhältnis erster und zweiter Arbeitsmarkt

a) Eingliederungszuschüsse

187 In der Systematik des SGB III folgen auf die Leistungen an Arbeitnehmer im fünften Kapitel die Leistungen an Arbeitgeber, denen sich im sechsten Kapitel die Leistungen an Träger anschließen. Zu den Leistungen an Arbeitgeber zählen durchweg solche, die die Motivation eines einzelnen Arbeitgebers stärken oder erhalten sollen, (noch) Arbeitslosen durch Einsatz in ihren Unternehmen eine neue Chance zu geben, den (Wieder-)Einstieg in das Erwerbsleben zu schaffen. Die ganz neue und weiter oben bereits vorgestellte Job-Rotation gehört ebenso hierher wie die Förderung der beruflichen Aus- und Weiterbildung – §§ 235 bis 235c, auf die z.T. auch schon eingegangen wurde – und der Teilhabe behinderter Menschen am Arbeitsleben, §§ 236 bis 239 SGB III.

188 Nicht zufällig stehen aber die Eingliederungszuschüsse an Arbeitgeber (iSd § 218 SGB III) und der Einstellungszuschuss[96] bei Neugründungen (§§ 225 bis 228 SGB III) am Beginn dieses Kapitels über Leistungen an Arbeitgeber.

189 In § 218 Abs. 1 und 2 SGB III findet sich eine Auflistung der in Betracht kommenden Eingliederunzuschüsse. Es sind dies:

- der Eingliederungszuschuss bei Einarbeitung (§ 218 Abs. 1 Nr. 1)
- der Eingliederungszuschuss bei erschwerter Vermittlung (§ 218 Abs. 1 Nr. 2)
- der Eingliederungszuschuss für ältere Arbeitnehmer (§ 218 Abs. 1 Nr. 3)
- der Eingliederungzuschuss bei Einarbeitung von Berufsrückkehrern iSd § 20 (§ 218 Abs. 2) sowie **jetzt neu (! ! !)**

---

[93] BT-Drs. 14/6944, S. 36 [zu Nr. 46].
[94] *Luthe* SGb 2002, 136f. [unter Nr. 16].
[95] S. hierzu auch Gagel in Gagel, SGB III, § 147a Rz 216 a.
[96] Auch bei dem Zuschuss, der im Zusammenhang mit einer Job-Rotation gewährt wird, handelt es sich um einen Einstellungszuschuss, wie schon der Wortlaut des § 230 Abs. 1 SGB III n.F. deutlich macht. Nur wird dieser Zuschuss nicht einem Unternehmensgründer, sondern einem bereits etablierten Arbeitgeber gewährt.

I. Arbeitsförderungsrechtliche Regelungen

- der Eingliederungszuschuss für jüngere Arbeitnehmer (§ 218 Abs. 1 Nr. 4 SGB III n.F.)
- Relativ neu ist auch der Eingliederungszuschuss für besonders betroffene schwerbehinderte Menschen, der im Jahre 2000, also noch vor der Einführung des SGB IX, als § 222a SGB III[97] in das Gesetz kam.

Nach bislang geltendem Recht setzte der Eingliederungzuschuss für ältere Arbeitnehmer u. a. voraus, dass die Betroffenen vor Beginn des Arbeitsverhältnisses langzeitarbeitslos (iSd § 18 SGB III) oder innerhalb der letzten 12 Monate mindestens 6 Monate beim Arbeitsamt arbeitslos gemeldet waren. Auf diese Voraussetzung wird nun verzichtet. Im Hinblick auf die Einführung des Profiling[98] und der daraus zu erstellenden Eingliederungsvereinbarung durch die Arbeitsämter werde diesen die Handlungskompetenz zugewiesen, den Eingliederungszuschuss für ältere Arbeitnehmer sofort erbringen zu können, wenn dies erforderlich ist und nicht erst nach einer bestimmten Mindestdauer der Arbeitslosigkeit. Im Sinne einer präventiven Arbeitsmarktpolitik könne so langfristige Arbeitslosigkeit verhindert und den Beschäftigungspolitischen Leitlinien der Europäischen Union Rechnung getragen werden.[99]

190

Ganz neu ist der Eingliederungszuschuss für jüngere Arbeitnehmer nach § 218 Abs. 1 Nr. 4, mit dem Elemente des im befristeten Jugendsofortprogramm[100] enthaltenen Lohnkostenzuschusses für Jugendliche als erfolgreiches Instrument zur betrieblichen Eingliederung arbeitsloser Jugendlicher übernommen werden. Allerdings ist man auch bei dieser Leistung davon abgerückt, die Gewährung an eine zuvor mindestens bestehende Dauer der Arbeitslosigkeit zu knüpfen. Der Präventionsgedanke kommt mithin auch jüngeren Arbeitnehmern zugute. Gelangen die zuständigen Mitarbeiter in den Arbeitsämtern also im Rahmen des Profiling zu der Überzeugung, dass eine sofortige Förderung eines jüngeren Arbeitnehmers erforderlich ist, so haben sie jetzt den Spielraum, dies zu realisieren. In der Gesetzesbegründung werden sie allerdings ausdrücklich auf ihre Verantwortung hingewiesen, dabei Mitnahmeeffekte auf der Arbeitgeberseite möglichst auszuschließen. In solchen »Details« kündigt sich ein neues Anforderungsprofil für die künftigen Mitarbeiter in den Arbeitsämtern an. Sie müssen einerseits die individuellen Bedürfnisse »ihrer« Arbeitslosen zutreffend einschätzen und andererseits in verstärktem Maße

191

---

97 Eingefügt durch das Gesetz vom 29. 9. 2000, BGBl. I S. 1394.
98 Dazu oben B II.
99 BT-Drs. 14/6944, S. 38f. [zu Nr. 60a, aa].
100 Das Jugendsofortprogramm wurde im Herbst 1998 beschlossen, trat zum 1. 1. 1999 in Kraft und läuft noch bis 2003. Es wird dann durch das Job-AQTIV-Gesetz in das SGB III übergeführt. Vgl. hierzu *Dietrich*, aaO., S. 25. Von 1999 bis einschließlich 2002 wurden insgesamt 427.310 Jugendliche durch das Programm gefördert (*Dietrich*, S. 26). »Relativierend ist jedoch festzustellen, dass strukturelle Probleme des ersten Arbeitsmarktes (Fehlen von Arbeitsstellen und Ausbildungsplätzen) auch durch umfangreiche Programme nur bedingt behoben werden können, so dass im Vordergrund des Jugendsofortprogramms die individuelle Förderung und Integration steht, mit dem Ziel der Verbesserung individueller Chancengleichheit ...« (*Dietrich*, S. 29).

ein Auge dafür entwickeln, dass viele der Leistungen, über die sie entscheiden, nicht nur Arbeitsförderung zugunsten Arbeitsloser darstellen, sondern zu einem »Rechenfaktor« in der arbeitgeberseitigen Kalkulation werden. Die Begründung zum Entwurf des Job-AQTIV-Gesetzes[101] spricht von geringfügigen Mehrausgaben (in Höhe von jährlich 5 Mio. Euro) für die Fortbildung des Fachpersonals bei berufsvorbereitenden Bildungsmaßnahmen. Aber im Bereich der Fortbildung/Schulung von Mitarbeitern der Arbeitsverwaltung wird mittelfristig ein erheblicher Finanzbedarf entstehen, wenn man ernsthaft und konsequent den neuen Ansatz einer Ausrichtung an den individuellen Bedürfnissen der Arbeitslosen weiter verfolgen will.

192 Für sämtliche Zuschüsse war bislang nach § 218 Abs. 3 Nr. 2 SGB III auch der individuell zu ermittelnde Arbeitgeberanteil am Gesamtsozialversicherungsbeitrag berücksichtigungsfähig. Dessen Ermittlung hat jedoch einen erheblichen Verwaltungsaufwand verursacht. Dem soll nun dadurch vorgebeugt werden, dass nur ein »pauschalierter« Anteil festgestellt werden muss. Weder im Gesetzestext noch in der Begründung erschließt sich jedoch, nach welchen Regeln diese Pauschalierung erfolgen soll. Dies könnte in einer Anordnung geschehen, zu der die Bundesanstalt für Arbeit in § 224 S. 1 SGB III ermächtigt ist; eine solche Anordnung liegt allerdings noch nicht vor.

193 Einen interessanten Weg hat der Gesetzgeber mit dem neuen § 219 S. 2 SGB III beschritten. Danach können sich arbeitslose jüngere Arbeitnehmer mit ihrem Arbeitsamt in Verbindung setzen und eine Förderungszusage über einen Eingliederungszuschuss nach § 218 Abs. 1 Nr. 4 SGB III n.F. erhalten, bevor sie sich auf die Suche nach einem Arbeitsplatz begeben. Sie bringen damit in ihren Bewerbungsunterlagen/im Vorstellungsgespräch gleichsam ein »Eintrittsgeld« mit, das den potentiellen Arbeitgeber dazu bewegen soll, ihnen mit einer Einstellung eine (neue) Chance zu geben. Dieser sog. **Vermittlungsscheck** wurde bereits im Rahmen des mit Bundesmitteln unterstützten »Berliner Programms 501/301« und im Rahmen der freien Förderung erprobt.

194 Übergangsweise bis zum 31. 12. 2006 (Stichtag für den erstmaligen Beginn der Leistungen) verändert § 421f S. 1 SGB III n.F. die Altersgrenze, die beim Eingliederungszuschuss für ältere Arbeitnehmer und für besonders betroffene ältere schwerbehinderte Menschen gilt. Sie wird auf die Vollendung des 50. Lebensjahres herabgesetzt.

---

101 BT-Drs. 14/6944, S. 2 unten.

I. Arbeitsförderungsrechtliche Regelungen

b) Arbeitsbeschaffungsmaßnahmen

Die Vorschriften über Arbeitsbeschaffungsmaßnahmen (ABM), Strukturanpassungsmaßnahmen (SAM) und sowie über die Förderung von Beschäftigung schaffenden Infrastrukturmaßnahmen (BSI) sind Teil des sechsten Kapitels (§§ 240 ff. SGB III), das sich mit »Leistungen an Träger« befasst. **195**

Träger von ABM können von der Bundesanstalt für Arbeit maximal 36 Monate lang durch Lohnkostenzuschüsse gefördert werden. Die Förderung erfolgt für die »Beschäftigung von zugewiesenen Arbeitnehmern« und soll sich in einem Bereich von mindestens 30 bis höchstens 75 % des sog. berücksichtigungsfähigen Arbeitsentgelts bewegen (§§ 260 Abs. 1; 264 Abs. 2 SGB III). **196**

Trotz der stark zurückgegangenen Bedeutung von ABM und SAM[102] kann auf eine öffentlich geförderte Beschäftigung vor allem in den neuen Bundesländern (noch?) nicht verzichtet werden. Dennoch ist nicht zu übersehen, dass das Job-AQTIV-Gesetz der Vermittlung und Qualifizierung sowohl gegenüber den ABM als auch den SAM den Vorzug eingeräumt hat.[103] Es war aber der Anspruch des Job-AQTIV-Gesetzes, diese in die Kritik geratenen Instrumente marktnäher und wirkungsvoller zu gestalten. **197**

Die bisherige sechsmonatige »Wartezeit« für ABM (Arbeitslosmeldung) bzw. bestehende Langzeitarbeitslosigkeit (§ 263 Abs. 1 Nr. 1 SGB III a. F.) entfällt. Eine ABM kann jetzt sofort genehmigt werden, wenn durch das Profiling geklärt wurde, dass keine andere Arbeitsmöglichkeit besteht und eine Maßnahme notwendig ist.[104] Faktisch wird dies zumeist bedeuten, dass Bestehen von Arbeitslosigkeit und die Anspruchsberechtigung für Arbeitslosengeld oder Entgeltersatzleistungen bei beruflicher Weiterbildung oder bei Leistungen zur Teilhabe am Arbeitsleben genügen, um im Rahmen von ABM förderungsbedürftig zu sein. Es bleibt abzuwarten, wie sich dies gerade in Gebieten mit hoher Arbeitslosigkeit im Inanspruchnahmeverhalten einerseits und bei den Möglichkeiten, entsprechende Maßnahmeplätze überhaupt anbieten zu können, auswirken wird. **198**

Nach § 269a Abs. 1a SGB III n.F. müssen vor einer erneuten Förderung in einer ABM mit Wirkung vom 1. 1. 2003 an[105] seit der letzten Beschäftigung in ABM in **199**

---

102 Im November 2001 waren noch 148.805 Arbeitslose in ABM und 78.502 Arbeitslose in SAM beschäftigt; vgl. die Angaben in ANBA 2001, S. 1484. Von den genannten Maßnahmeteilnehmern stammen etwa zwei Drittel aus den neuen Bundesländern; *Körner* NZA 2002, 241 ff. (244). Nach *Weiland* BB 2002, 570 ff. (574) waren im Durchschnitt des Jahres 2001 nur mehr 166.643 Personen in ABM; auch bestätigen den Rückgang im Verlauf der Jahre seit 1997 sowie die Verteilung 2:1 zwischen alten und neuen Bundesländern.
103 So auch die Einschätzung von *Körner* NZA 2002, 241 ff. (243). Dabei waren noch durch das 2. SGB III-Änderungsgesetz die Einsatzmöglichkeiten von SAM deutlich ausgeweitet worden; dazu *Kruse* DStR 1999, 1232 ff. (1237f.).
104 § 263 Abs. 1 Nr. 1 SGB III n.F. formuliert jetzt: »... allein durch eine Förderung in einer ABM oder SAM eine Beschäftigung aufnehmen können ...«.
105 Art. 10 Abs. 4 iVm Art. 1 Nr. 90 des Gesetzes.

aller Regel drei Jahre vergangen sein. Diese Regelung, die auch für SAM gilt, wird die Bedeutung beider Instrumente weiter schmälern. Sie ist jedoch zu begrüßen, weil bislang die Tatsache, dass die Beschäftigungen in ABM oder SAM unter dem SGB III versicherungspflichtig waren, zu einem Drehtüreffekt dergestalt geführt haben, dass nach Maßnahmeende »erst einmal wieder« die Voraussetzungen für den Bezug von Arbeitslosengeld geschaffen waren.

200 Wenn eine ABM von einem Träger in Eigenregie durchgeführt wird, muss nach § 261 Abs. 4 S. 1 SGB III n.F. mindestens ein Fünftel der Zeit auf Qualifizierung oder Praktika entfallen. Diese Veränderung stellt eine erhebliche Neuausrichtung von Maßnahmen in Eigenregie dar. Bislang waren Zeiten einer begleitenden beruflichen Qualifizierung oder eines betrieblichen Praktikums lediglich nicht schädlich, solange sie zeitlich nicht 20 % bzw. 40 % und – wenn sie kombiniert eingesetzt wurden – zusammen nicht 50 % der Gesamtzuweisungsdauer überschritten. Nunmehr ist es – beinahe umgekehrt – so, dass die Förderungsfähigkeit im Regelfall, wenn es nicht um ältere Arbeitnehmer ab vollendetem 55. Lebensjahr geht, nur dann gegeben ist, wenn mindestens 20 % der Zuweisungsdauer mit Qualifizierungs- oder Praktikumsanteilen belegt sind. Nicht umsonst steht im Namensteil »AQTIV« das »Q« (für Qualifizierung) schon an zweiter Stelle hinter dem – eher selbstverständlichen – Aktivieren. Demgegenüber taucht kein Kürzel »B« für reines »Beschäftigen« auf. Diese Regelungen gelten im Übrigen wegen § 278 SGB III sämtlich auch für die SAM. Wegen dieses »Paradigmawechsels« konnte die Regelung in § 262 Abs. 1 S. 2 Nr. 1 SGB III a. F., soweit sie Qualifizierungs- oder Praktikumsanteile vorschrieb, gestrichen werden.

201 Wird eine Maßnahme nicht in Eigenregie durchgeführt, sondern an ein Wirtschaftsunternehmen vergeben, braucht es sich nicht mehr um zusätzliche Arbeiten zu handeln, wie dies § 260 Abs. 1 Nr. 1 SGB III für den Regelfall auch in der jetzt geltenden Gesetzesfassung noch immer verlangt (»zusätzliche und im öffentlichen Interesse liegende Arbeiten«). Bei Vergabe an ein Wirtschaftsunternehmen reicht es nach § 260 Abs. 3 SGB III n.F. nunmehr aus, dass der Träger die Mittel der Förderung zusätzlich zu den sonst von ihm eingesetzten Mitteln verwendet. In formaler Hinsicht muss hinzukommen, dass der Verwaltungsausschuss des Arbeitsamtes der Maßnahme zugestimmt hat.[106]

202 Neben den bisherigen Fördersystemen wird durch § 265a SGB III ein pauschaler Lohnkostenzuschuss[107] eingeführt, auf den nach § 265a Abs. 4 SGB III n.F. erzielte Einnahmen des Trägers nicht angerechnet werden. Für die Höhe dieses pauschalierten Zuschusses kommt es darauf an, welche Qualifizierung für die vom geförderten Arbeitnehmer im Rahmen der Maßnahme zu leistende Tätigkeit erforderlich ist. Dies stellt sich wie folgt dar:

---

106 Nach der Begründung zum Gesetzentwurf (BT-Drs. 14/6944, S. 42 zu Nr. 84) soll damit »eventuellen Störungen des Arbeitsmarktes vorgebeugt« werden.

I. Arbeitsförderungsrechtliche Regelungen

Für die Tätigkeit ist idR erforderlich:	Monatlicher Zuschuss [in Euro]	Rechtsgrundlage
Universitäts- oder Fachhochschulausbildung	1.300, -	§ 265a Abs. 2 S. 2 Nr. 1
Aufstiegsfortbildung	1.200, -	§ 265a Abs. 2 S. 2 Nr. 2
Ausbildung in Ausbildungsberuf	1.100, -	§ 265a Abs. 2 S. 2 Nr. 3
Keine Ausbildung	900, -	§ 265a Abs. 2 S. 2 Nr. 4

Zum Ausgleich regionaler und in der Tätigkeit liegender Besonderheiten können die genannten Beträge nach § 265a Abs. 2 S. 3 SGB III n.F. vom Arbeitsamt noch um bis zu 10 % erhöht werden. **203**

Die Zuschusshöhen gelten uneingeschränkt nur bei Arbeitnehmern, die bei Beginn der Maßnahme das 25. Lebensjahr bereits vollendet haben. Bei den jüngeren Arbeitnehmer ist nach § 265a Abs. 2 S. 4 darauf zu achten, dass die Aufnahme einer Ausbildung »nicht behindert« wird. Gemeint ist offenbar, dass in diesen Fällen der Zuschuss immer dann auch niedriger ausfallen darf, wenn andernfalls ein Negativ-Anreiz bestünde, eine Ausbildung mit einer nicht höheren oder gar niedrigeren Ausbildungsvergütung nicht anzutreten. Nach der Gesetzesbegründung[108] soll zwar entsprechendes auch dann gelten, wenn bei Älteren die Aufnahme einer Arbeit verhindert werden könnte. Nur hätte dies im Gesetzestext besser zum Ausdruck gebracht werden müssen. Denn so spricht eine »schulmäßige« Gesetzesauslegung im Wege des Umkehrschlusses eindeutig dafür, dass ab dem vollendeten 25. Lebensjahr eine Korrektur nach unten nicht in Betracht kommt. **204**

Dass eventuell erzielte Überschüsse (»Einnahmen«) nicht berücksichtigt werden, dient dem Zweck zu verhindern, dass Träger anerkannte Maßnahmen bereits bei kleineren Unterbrechungen wegen fehlender Fördermittel nicht mehr weiter führen können und so auch Sachwerte, die mit hohem Aufwand gefördert wurden, nutzlos werden. Es wird nun – auch aus Gründen der Verwaltungsvereinfachung – darauf vertraut, dass im Einzelfall erzielte Überschüsse später in vergleichbaren Maßnahmen wieder eingesetzt werden. **205**

Die Förderung von ArbeitnehmerInnen, die älter als 55 Jahre sind, wird von Regionen mit besonders hoher Arbeitslosigkeit nun auf ganz Deutschland erweitert. **206**

---

107 Dazu auch der kurze Überblick bei *Kossens* AuA 1/2002, S. 16 ff. (18).
108 S. BT-Drs. 14/6944, S. 44 [Nr. 88 zu Absatz 3].

c) Strukturanpassungsmaßnahmen

207 SAM wurden ursprünglich als »Anschluss-Instrumente« zu den ABM konzipiert, mit denen in Bereichen wie Umweltschutz, sozialen Diensten oder Denkmalschutz auch über die normale ABM-Dauer hinaus gefördert werden können sollte. Zunächst ausschließlich für die neuen Länder gedacht, hatten sie später eine Ausweitung auf Arbeitsamtsbezirke im Westen mit besonders hoher Arbeitslosigkeit erfahren. Ihr Schwergewicht liegt aber unverändert in den neuen Ländern.[109] Die Förderung in SAM war zuletzt bis zum 31. 12. 2006 befristet; das Job-AQTIV-Gesetz hat eine Verlängerung bis Ende 2008 vorgenommen (§ 272 SGB III n.F.).

208 Neben der Zahlung eines Lohnkostenzuschusses für ältere Arbeitnehmerinnen und Arbeitnehmer in SAM von monatlich bis zu 1.075 Euro erhalten die Arbeitsämter nach § 275 Abs. 3 SGB III n.F. die Möglichkeit, einen Sachkostenzuschuss bis zu 200 Euro je Fördermonat und gefördertem Arbeitnehmer zu zahlen, wenn Länder, Kommunen oder andere Dritte sich in gleicher Höhe an den Kosten beteiligen. Hiervon verspricht man sich eine deutliche Chancenverbesserung für ältere Arbeitnehmer, die im Wettbewerb am ersten Arbeitsmarkt chancenlos sind.[110]

209 Unter den im Rahmen von SAM förderungsfähigen Maßnahmen nannte § 273 S. 1 Nr. 6 bisher die »Verbesserung der wirtschaftsnahen Infrastruktur einschließlich der touristischen Infrastruktur«. Die entsprechende Bestimmung in der Fassung des Job-AQTIV-Gesetzes lautet nun schlicht »Verbesserung der Infrastruktur«.[111] Damit kann nun beinahe alles von der Kindergartenversorgung bis zur wirtschaftsnahen Infrastruktur gefördert werden. Die Gesetzesbegründung für diese Ausweitung ist positiv gehalten, mutet aber dennoch merkwürdig an: weil die bislang eingeschränkte Infrastrukturförderung nicht wirklich wirksam gewesen sei, habe man ihre möglichen Gegenstände ausgeweitet. Es hätte aber durchaus auch die Möglichkeit gegeben, mit einer völligen Streichung dieses Fördergegenstandes zu reagieren.

210 Die bisher vorgesehene Sonderbehandlung der neuen Bundesländer sowie in Arbeitsamtsbezirken in den alten Bundesländern mit einer weit überdurchschnittlichen Arbeitslosenquote nach Maßgabe des § 415 SGB III a. F. wurde gestrichen. Nach dieser alten Regelung mussten in eine Maßnahme zudem ausschließlich Arbeitnehmer zugewiesen sein, die bereits das 55. Lebensjahr vollendet hatten. Waren beide Voraussetzungen erfüllt, könnte die Förderung bis zu 60 Monaten ausgedehnt werden. Hieran knüpft § 276 Abs. 3 insoweit an, als eine Förderungsdauer von 60 Monaten vorgesehen ist. Sie gilt, wenn zu Beginn einer Maßnahme überwiegend ältere Arbeitnehmer zugewiesen sind, die das 55. Lebensjahr vollendet haben.

---

109 Zur Entstehung und Funktion der SAM näher *Kruse* DStR 1999, 1232 ff. (1237f. unter 2.8.2).
110 S. hierzu auch *Buchheit* BArbBl. 2/2002, S. 5 ff. (9 li. Sp. o.).
111 Art. 1 Nr. 92 des Job-AQTIV-Gesetzes (BGBl. I, 2001, S. 3457).

I. Arbeitsförderungsrechtliche Regelungen

Der Förderhöchstbetrag liegt nun – nach der Währungsumstellung – bei 1.075 € **211** monatlich je zugewiesenem Arbeitnehmer (§ 275 Abs. 1 SGB III n.f.).

In § 275 Abs. 2 S. 1 SGB III a. F. war bisher ein Abstandsgebot enthalten, nach **212** dem geförderte Arbeit nicht ebenso attraktiv sein sollte wie »freie« Arbeit. Hierin drückte sich ein Problem aus, das einer Arbeitsförderung mit Mitteln wie ABM oder auch SAM immanent ist, nämlich dass von der eigentlichen Zielsetzung her kein Anreiz gegeben werden darf, sich vom ersten Arbeitsmarkt fernzuhalten, dass aber andererseits durch »Gleichstellungstendenzen aus ›sozialen‹ Gründen« genau diese Situation immer wieder heraufbeschworen wird. Nunmehr ging der Gesetzgeber aber optimistisch davon aus, dass der Höchstförderbetrag so bemessen sei, dass ein Abstand in jedem Fall gewahrt bliebe, so dass das Abstandsgebot selbst entbehrlich sei.[112]

Nach § 269a Abs. 1a SGB III n.F. müssen vor einer erneuten Förderung in einer **213** SAM mit Wirkung vom 1. 1. 2003 an[113] seit der letzten Beschäftigung in SAM in aller Regel drei Jahre vergangen sein.

d) Beschäftigung schaffende Infrastrukturförderung (»BSI«)

Geht man davon aus, dass im Bereich der Arbeitsmarktpolitik vor allem ein Wech- **214** sel dahingehend nötig ist, dass der individuelle Hilfebedarf eines Arbeitslosen ins Zentrum gerückt werden und erst nach dessen Feststellung gefragt werden sollte, wie dieser Bedarf zu decken ist, beschleicht einen ein ungutes Gefühl, wenn noch eine weitere Maßnahme »erfunden« und in den gesetzlichen Katalog aufgenommen wird.

Mit BSI sollen Infrastrukturpolitik und Arbeitsmarktpolitik besser miteinander **215** verzahnt und zusätzliche Beschäftigungsmöglichkeiten für Arbeitslose geschaffen werden. BSI hat vor allem die Funktion, die Finanzierungsbasis wichtiger Infrastrukturprojekte zu erweitern. Die Kombination mit Fördermitteln der Kommunen, der Wirtschaftsförderung und der Arbeitsförderung ist ausdrücklich erwünscht. BSI vergrößert das Auftragsvolumen in der Region. Bestehende Beschäftigungsverhältnisse auch in angrenzenden Wirtschaftszweigen werden dadurch stabilisiert.

BSI soll die regionale Infrastruktur verbessern. Der Gesetzgeber erhoffte sich **216** einen Ausgleich von Standortnachteilen benachteiligter Regionen, namentlich in den neuen Bundesländern.[114] Im Rahmen Beschäftigung schaffender Infrastrukturförderung können alle Projekte zur Verbesserung der Infrastruktur bezuschusst werden. Hierzu zählen unter anderem Arbeiten zur Errichtung, zum Ausbau, zur

---

112 BT-Drs. 14/6944, S. 45 [Nr. 94 Buchstabe b].
113 Art. 10 Abs. 4 iVm Art. 1 Nr. 90 des Gesetzes.
114 So ausdrücklich BT-Drs. 14/6944, S. 47 [li. Sp. oben].

Erweiterung, zur Sanierung sowie zur Substanzerhaltung der regionalen Infrastruktur in folgenden Bereichen:

- Erschließung von Industrie- und Gewerbegelände,
- Wiederherrichtung brachliegender Industrie- und Gewerbeflächen,
- Verkehrsverbindungen (z. B. Straßen, Schienenwege),
- Energie- und Wasserversorgung/-verteilung,
- Abwasser/Abfall (z. B. Kanalsanierung),
- Belebung des Fremdenverkehrs (z. B. Campingplätze),
- Einrichtungen zur Bildung, Fortbildung und Umschulung (z. B. Schulen, Kindergärten),
- Verbesserung der sozialen Infrastruktur (z. B. Altenheime, Krankenhäuser),
- Sanierung von Stadtteilen oder Dorfkernen,
- Verbesserung des Umweltschutzes,
- Kulturelle Einrichtungen,
- Einrichtungen für Sport und Freizeit,
- Sonstige Infrastrukturmaßnahmen.

217 Alle öffentlich-rechtlichen Träger wie z. B. Städte, Gemeinden, Landkreise, Regierungsbezirke, Länder, Bundes- und Landesbehörden, Kirchen, Universitäten sowie sonstige Körperschaften, Anstalten und Stiftungen des öffentlichen Rechts, können gefördert werden, wenn

- die Arbeiten an ein Wirtschaftsunternehmen vergeben werden;
- die Fördermittel zusätzlich zu den sonst vorgesehenen Eigenmitteln des Trägers eingesetzt werden, was bedeutet, dass darzulegen und nachzuweisen ist, dass diese Arbeiten andernfalls gar nicht oder jedenfalls nicht in diesem Umfang hätten in Auftrag gegeben werden können (§ 279a Abs. 1 S. 1 Nr. 5 SGB III);
- vom Arbeitsamt zugewiesene Arbeitslose in dem ausführenden Wirtschaftsunternehmen beschäftigt werden. Wie bei ABM auch muss es sich um Arbeitnehmer handeln, die die Voraussetzungen für Entgeltersatzleistungen, insbesondere also das Arbeitslosengeld, erfüllen (§ 279a Abs. 1 S. 1 Nr. 2 SGB III). Diese Arbeitnehmer sollen grundsätzlich auch in den Bereichen eingesetzt werden, die mit Fördermitteln durchgeführt werden. Die Gesetzesbegründung nennt aber ausdrücklich ein Beispiel für eine Ausnahme: wenn etwa eine geförderte Arbeit aus Witterungsgründen (noch) nicht durchgeführt werden könne, sei auch ein Einsatz in anderen Aktivitäten des Unternehmens zulässig. Abweichungen bis zu 20 % der insgesamt geförderten Einsatzzeit werden noch als geringfügig akzeptiert.
- Insgesamt dürfen nach § 279a Abs. 1 S. 1 Nr. 4 nur bis zu 35 % der voraussichtlich insgesamt an den Arbeiten beteiligten Arbeitnehmer zugewiesene Arbeitslose sein. Es soll mit dieser Einschränkung vor allem sichergestellt werden, dass nicht einerseits die Förderung in Anspruch genommen, aber andererseits

I. Arbeitsförderungsrechtliche Regelungen

der Bestand der schon vorher vorhandenen Arbeitsplätze mit Blick auf die Förderung gefährdet wird.

Im Rahmen der Vergabe eines öffentlichen Auftrages an ein Wirtschaftsunternehmen kann die Zuweisung geförderter Arbeitnehmer als vertragliche Nebenbedingung aufgenommen werden. Voraussetzung ist, dass dies für alle Bewerber gilt und somit keine Diskriminierungen einzelner Bewerber erfolgen. Die Vorschrift des § 262 Abs. 2 SGB III, auf die nun auch § 279a Abs. 2 SGB III verweist, war durch das Vergaberechtsänderungsgesetz[115] eingefügt worden. Zur Absicherung der nach dem SGB III geförderten Beschäftigungsmaßnahmen im Rahmen öffentlicher Aufträge, z.B. bei der Braunkohlesanierung in den neuen Bundesländern, wollte man das SGB III seinerzeit an das Vergaberecht anpassen.[116] **218**

Über den Verweis in § 279a Abs. 2 auf die §§ 269 und 270 gelten die im Recht der ABM bestehenden Regeln über die Zuweisung von Arbeitnehmern durch das Arbeitsamt sowie besondere Kündigungsrechte, vor allem wenn der zugewiesene Arbeitnehmer eine Ausbildung oder Arbeit aufnehmen kann, auch im Rahmen dieser neuen Leistung BSI. **219**

Nach § 279a Abs. 1 S. 2 soll der Zuschuss in der Regel einen Anteil von 25 % der voraussichtlichen Gesamtkosten des Infrastrukturprojektes nicht überschreiten. Der Gesetzeswortlaut eröffnet damit aber die Möglichkeit, dass unter besonderen Umständen im Einzelfall auch ein höherer Zuschuss bewilligt werden kann. Die Höhe des Zuschusses soll je nach Besonderheiten des Einzelfalles, Eigeninteresse des Trägers, Lage des Arbeitsmarkts und strukturpolitischer Bedeutung zwischen Träger und Arbeitsamt ausgehandelt werden.[117] Zu beachten ist aber die zusätzliche Einschränkung, dass der Zuschuss in einem angemessenen Verhältnis zur Zahl der zugewiesenen Arbeitnehmer stehen muss. Maßgeblich sind hier Förderzahl, Förderdauer und Entgelthöhe der geförderten Arbeitnehmer. **220**

Über die Förderung entscheidet das örtliche Arbeitsamt. Dabei hat nach § 279a Abs. 1 S. 1 Nr. 6 SGB III der Verwaltungsausschuss des Arbeitsamtes, also das drittelparitätisch besetzte Selbstverwaltungsorgan, der Förderung im Einzelfall zuzustimmen. Die in den Gesetzesmaterialien[118] angesprochene Möglichkeit, dass der Verwaltungsausschuss z.B. aus Gründen der Verringerung des Verwaltungsaufwandes auf seine Mitwirkung verzichtet, ist im Gesetz nicht zum Ausdruck gekommen und damit im Zweifel irrelevant. **221**

Gemäß § 279a Abs. 2 iVm § 271 S. 1 ist die Bundesanstalt für Arbeit ermächtigt, dass Nähere über Voraussetzungen, Art, Umfang und Verfahren der Förderung zu regeln. **222**

---

115 Gesetz zur Änderung der Rechtsgrundlagen für die Vergabe öffentlicher Aufträge (Vergaberechtsänderungsgesetz – VgRÄG) vom 26. 8. 1998, BGBl. I, S. 2512.
116 Vgl. dazu BT-Drs. 13/9340, S. 24 [zu Art. 3 eines Entwurfs zum Vergaberechtsänderungsgesetz].
117 BT-Drs. 14/6944, S. 47.
118 BT-Drs. 14/6944, S. 47 [re. Sp. unten].

223 Mit beachtlichen Argumenten hat Körner[119] dieses neue Instrument, bei dem es sich letztlich wieder nur um die Subventionierung von Arbeitsverhältnissen in nicht profitablen Wirtschaftsbereichen handelt, kritisiert. Besonders die von ihr gehegte Befürchtung, dass Länder und Kommunen – im Hinblick auf die Förderung – eigene Investitionen verringern könnten, so dass am Ende nur die Finanzquellen ausgetauscht, aber keine zusätzlichen Effekte erzielt würden, ist sehr ernst zu nehmen. An solchen Stellen erweist sich immer wieder, dass die Arbeitsmarktpolitik regelmäßig fehlschlagen muss, wenn sie ohne Rücksicht auf die Belange der Wirtschaftspolitik im weiteren Sinne eingesetzt wird. Dies war im Übrigen auch einer der zentralen Kritikpunkte gegenüber den Vorschlägen der »Hartz-Kommission«, soweit sie der Öffentlichkeit schon bekannt gemacht wurden.

7. Verzahnung von sozial- und arbeitsrechtlichen Instrumenten

a) Zuschüsse zu Sozialplanmaßnahmen

aa) Überblick zum bislang geltenden Recht

224 Mit dem in den §§ 254 ff. SGB III geregelten Instrument der Zuschüsse zu Sozialplanmaßnahmen, das mit dem Erlass des SGB III erstmals eingeführt wurde, sollen Sozialpläne beschäftigungswirksam genutzt und Maßnahmen in einem Sozialplan, die der Eingliederung von Arbeitnehmern dienen, finanziell unterstützt werden. Auf die Leistungen besteht kein Rechtsanspruch.

225 Gefördert werden kann die Teilnahme an Maßnahmen, die nach Art, Umfang und Inhalt arbeitsmarktpolitisch zweckmäßig sind. Die Maßnahmen müssen nach den Grundsätzen der Sparsamkeit und Wirtschaftlichkeit geplant worden sein (§ 255 Abs. 1 Nr. 4 SGB III).

226 Insbesondere kann die Teilnahme an Maßnahmen gefördert werden, die

- der Feststellung der Leistungsfähigkeit, der Arbeitsmarktchancen und des Qualifizierungsbedarfs der Arbeitnehmer dienen,
- eine bereits begonnene Berufsausbildung erfolgreich abschließen,
- der beruflichen Weiterbildung dienen,
- die Aufnahme einer Beschäftigung unterstützen,
- auf die Gründung und Begleitung einer selbstständigen Existenz vorbereiten.

227 Der Unternehmer hat sich in angemessenem Umfang an der Finanzierung der Maßnahmen zu beteiligen (§ 255 Abs. 1 Nr. 5 SGB III).

---

119 *Körner* NZA 2002, 241 ff. (244 li. Sp.).

Die Förderung von Eingliederungsmaßnahmen mit Zuschüssen zu Sozialplanmaßnahmen ist sowohl für Maßnahmekosten als auch für Leistungen zum Lebensunterhalt möglich. **228**

Nach § 257 Abs. 1 S. 1 SGB III a. F. konnte als Zuschuss ein Betrag geleistet werden, der in angemessenem Verhältnis zu den durch die Maßnahme entstehenden Gesamtkosten und zur Dauer der Maßnahme steht. Auch sollte Berücksichtigung finden, in welchem Verhältnis in einem Sozialplan Mittel zur Eingliederung einerseits und für Abfindungen andererseits vorgesehen waren (§ 257 Abs. 1 S. 2 SGB III a. F.). **229**

Der Zuschuss wird gewährt für Arbeitnehmer, **230**

- die infolge geplanter Betriebsänderungen von Arbeitslosigkeit bedroht sind,
- für die vom Betrieb erfolglos ein Interessenausgleich versucht wurde,
- für die Leistungen der Arbeitsverwaltung im Rahmen der aktiven Arbeitsförderung zu erbringen wären und
- für die ein Sozialplan vereinbart wurde.

bb) Die Änderungen durch das Job-AQTIV-Gesetz

Die Grundsatzbestimmung des § 254 SGB III wurde wesentlich gestrafft. Es kommt künftig weder darauf an, ob die begünstigten Arbeitnehmer ohne die Förderung nicht oder nicht dauerhaft in den Arbeitsmarkt einzugliedern gewesen wären, noch darauf, dass andernfalls anstelle der Sozialplanmaßnahmen andere Leistungen der aktiven Arbeitsförderung zu erbringen gewesen wären. In den Gesetzesmaterialien wird eine Begleitforschung erwähnt, allerdings nicht zitiert, die zu den Zuschüssen zu Sozialplanmaßnahmen durchgeführt worden sei. Diese habe ergeben, dass namentlich die Prognose über eine sonst fällige Förderung durch andere Maßnahmen der aktiven Arbeitsförderung jedenfalls in der dafür in der Praxis regelmäßig nur zur Verfügung stehenden Zeit ohnehin nicht angestellt werden konnte. Diese »Einsicht« ist zu begrüßen. Nur wenn Hemmnisse, wie die bislang in § 254 SGB III (a. F.) enthaltenen Einschränkungen beseitigt werden, ist auf eine zahlenmäßig erhebliche Nutzung dieses Instruments und damit auf eine Übernahme größerer arbeitsmarktpolitischer Verantwortung durch die Betriebspartner zu hoffen. Zusätzlich verweisen die Gesetzesmaterialien darauf, dass bisher ohnehin zu Eingliederungsmaßnahmen gegriffen wurde, die sich in der voraussichtlich zu erwartenden Zeit bis zur endgültigen Beendigung eines von erheblichen Betriebsänderungen betroffenen Arbeitsverhältnisses realisieren ließen, z. B. kurzfristige betriebliche Weiterbildungsmaßnahmen. **231**

Die oben erwähnte Regelung in § 257 Abs. 1 SGB III hatte sich als nicht praktikabel erwiesen.[120] Deshalb wurde der gesamte erste Absatz des bisherigen § 257 **232**

---
120 So BT-Drs. 6944, S. 42 [zu Nummer 83 Buchstabe a].

SGB III aufgehoben. Der bisherige Abs. 2 blieb unverändert erhalten und bildet nunmehr den alleinigen Inhalt der Norm. Der Gesetzgeber erwartet, dass damit in ausreichendem Maße Missbräuchen vorgebeugt werden kann. Für die Durchführung der Maßnahme wird deshalb weiterhin höchstens der Betrag gewährt, der sich errechnet aus der Vervielfachung der Zahl der Teilnehmer zu Beginn der Maßnahme mit den durchschnittlichen jährlichen Zuwendungen an Arbeitslosengeld je Empfänger von Arbeitslosengeld im Kalenderjahr, in dem die Maßnahme beginnt.

b) Aufgabe des Eingliederungsvertrages (§§ 229 ff. SGB III a. F.)

233 Das bisher im dritten Unterabschnitt des fünften Kapitels geregelte Instrument des Eingliederungsvertrages wird aufgegeben. Es hat sich nach Einschätzung nicht nur des Gesetzgebers, sondern vor allem auch der Arbeitgeberseite nicht bewährt. Seit seiner Einführung 1997 wurde es von Jahr zu Jahr in immer geringerem Umfang in Anspruch genommen, auch in den Arbeitsamtsbezirken, in denen seine Einführung, um es bekannt zu machen, mit besonderem Aufwand betrieben wurde. Im Jahr 1999 wurden 989 Eingliederungsverträge abgeschlossen, im Jahre 2000 waren es noch 731 Eingliederungsverträge, im Jahr 2001 belief sich die Zahl der Eingliederungsverträge bis Ende Juni auf 118. Zudem war die Handhabung dieses Förderungsinstrumentes insbesondere auch für die leistungsberechtigten Betriebe kompliziert und verwaltungsaufwändig.[121]

II. Veränderungen in anderen Regelungsbereichen

234 In den Artikeln 2 bis 6 des Job-AQTIV-Gesetzes wurden eine Reihe von Detailänderungen an den Sozialgesetzbüchern IV, V, VI, IX und XI vorgenommen, auf die hier nicht näher eingegangen wird.

235 Demgegenüber sollen die durch die Artikel 7 bis 9 des Gesetzes vorgenommenen Veränderungen am Arbeitnehmerüberlassungsgesetz, am Betriebsverfassungsgesetz sowie am Arbeitsgerichtsgesetz in der gebotenen Kürze vorgestellt werden.

1. Arbeitnehmerüberlassung[122]

236 Aufgrund der durch Art. 7 des Job-AQTIV-Gesetzes vorgenommenen Änderung von § 3 AÜG können Arbeitnehmer nun für 24 Monate einem Entleiher überlassen werden. Damit ist die Höchstdauer bei der Arbeitnehmerüberlassung exakt verdoppelt worden.

---

121 BT-Drs. 14/6944, S. 39 [zu Nr. 66].
122 Ausführlichere Darstellungen zu diesem Komplex finden sich in den im Literaturverzeichnis genannten Beiträgen von Behrend, Boemke/Lembke, Düwell und Ulber.

II. Veränderungen in anderen Regelungsbereichen

An dieser Veränderung ist besonders kritisiert worden, dass Leiharbeit auch bei einer Höchstdauer von 12 Monaten (wie bisher) die Funktion erfüllen konnte, in ein reguläres unbefristetes Arbeitsverhältnis überzuleiten. Durch die Neuregelung werde unter Umständen sogar das Gegenteil dessen erreicht, was eigentlich beabsichtigt war, nämlich dass die Anreize für einen Arbeitgeber, reguläre Beschäftigungsverhältnisse zu begründen, eher abgeschwächt wurden.[123] Einerseits ist im ersten Jahr die Möglichkeit gegeben, durch Einsatz eines Leiharbeitnehmers Lohnkosten zu sparen, andererseits bleibt die Unverbindlichkeit der Rechtsbeziehung zwischen Entleiher und Leiharbeitnehmer auch im zweiten Jahr noch weitgehend erhalten. Es kommt hinzu, dass nach Ablauf von 12 Monaten Tätigkeit in demselben Entleihunternehmen Arbeitsentgelt und die sonstigen Arbeitsbedingungen des Entleiher-Betriebes auch für den Leiharbeitnehmer gelten (§ 10 AÜG n.F.). Die damit verbundenen Mehrkosten beim Verleiher werden an die entleihenden Unternehmen weiter gegeben werden und so die Attraktivität der über 12 Monate hinaus gehenden Arbeitnehmerüberlassung mindern. **237**

Wer die Abschwächung des Kündigungsschutzes im Arbeitsverhältnis für notwendig hält, wird sicher in der vorgenommenen Änderung des AÜG einen der denkbaren »zweitbesten« Wege sehen, dieses Ziel zu erreichen. Denn in der Sache tritt nun das AÜG an die Seite von Regelungen im TzBfG, die ebenfalls zu einer »lauwarmen« Verminderung der Bedeutung des KSchG beitragen. **238**

Nach der Gesetzesbegründung ermöglicht es die Verdoppelung der Überlassungsdauer den entleihenden Unternehmen, »auch Leiharbeitnehmer in längerfristigen Projekten zu beschäftigen«, verschweigt dabei aber, dass dieses Ziel längst schon mit einer Befristung nach dem TzBfG zu erreichen war. Und auf den Status als Leiharbeitnehmer wird es den Entleihern kaum vorrangig ankommen. **239**

Auf die mitbestimmungsrechtlichen Veränderungen, die am AÜG vorgenommen wurden, wird hier nicht eingegangen.[124] **240**

2. Arbeitsgerichtsbarkeit und Betriebsverfassung

Ohne jeden Zusammenhang zu den arbeitsförderungsrechtlichen Inhalten des Gesetzes wurde aufgrund eines Ergänzungsantrages, der vom AuS-Ausschuss für die zweite und dritte Lesung des Gesetzes empfohlen worden war, das arbeitsgerichtliche Besetzungsverfahren für die betriebsverfassungsrechtlichen Einigungsstellen geändert. Es soll nun (wieder) der Vorsitzende der zuständigen Kammer des Arbeitsgerichts alleine entscheiden, wenn sich die Betriebspartner über die Person des Einigungsstellenvorsitzenden oder die Zahl der Beisitzer der Einigungsstelle **241**

---

[123] S. *Hummel* AiB 2002, 72.
[124] S. Art. 7 Nr. 3 Job-AQTIV-Gesetz mit der Modifizierung von § 14 AÜG; dazu BT-Drs. 14/6944, S. 54 [zu Nr. 3 Buchstabe b].

nicht verständigen können. Auch für das mögliche Beschwerdeverfahren in der zweiten Instanz sind die ehrenamtlichen Richter von der Entscheidungsfindung ausgeschlossen.

242 Außerdem wurde eine Regelung – in § 76 Abs. 3 BetrVG – aufgenommen, mit der das Verfahren vor der Einigungsstelle selbst beschleunigt werden soll.[125]

243 Beispiele solcher »Überraschungsregelungen«, die an versteckter Stelle in völlig anderem Zusammenhang untergebracht werden, gibt es viele. Man vermag sich zunehmend des Eindruckes nicht zu erwehren, dass diese »Technik« des Gesetzgebers (auch) dazu dient, zum Teil brisante Einzelfragen einer möglichst geräuschlosen Lösung zuzuführen, die einer öffentlichen Diskussion durch die betroffenen Interessengruppen entzogen werden soll. In Anlehnung an ein geflügeltes Wort könnte man statt von »Feigheit vor dem Feind« auch von »Feigheit vor den Sozialpartnern« sprechen.

---

125 Vgl. zum Ganzen Düwell BB 2002, 98 ff. (100); *Hummel*, AiB 2002, 69 ff. (73).

D. Gesetzestext und -materialien

I. Synopse SGB III alt/neu

Art. 1 Job – AQTIV – Gesetz vom 10. 12. 2001 (BGBl I S. 3443) – Änderung des Dritten Buches des Sozialgesetzbuches (geänderter Gesetzestext in Kursivschrift)

SGB III alt (Stand 21. 12. 00)	SGB nach Job-AQTIV-Gesetz	Inkraft ab
§ 1 **Aufgaben der Arbeitsförderung** (1) Durch die Leistungen der Arbeitsförderung soll vor allem der Ausgleich am Arbeitsmarkt unterstützt werden, indem Ausbildung- und Arbeitsuchende über Lage und Entwicklung des Arbeitsmarktes und der Berufe beraten, offene Stellen zügig besetzt und die Möglichkeiten von benachteiligten Ausbildung- und Arbeitsuchenden für eine Erwerbstätigkeit verbessert und dadurch Zeiten der Arbeitslosigkeit sowie des Bezugs von Arbeitslosengeld, Teilarbeitslosengeld und Arbeitslosenhilfe vermieden oder verkürzt werden. (2) Die Leistungen der Arbeitsförderung sind so einzusetzen, dass sie der beschäftigungspolitischen Zielsetzung der Sozial-, Wirtschafts- und Finanzpolitik der Bundesregierung entsprechen sowie der besonderen Verantwortung der Arbeitgeber für Beschäftigungsmöglichkeiten und der Arbeitnehmer für ihre eigenen beruflichen Möglichkeiten Rechnung tragen und die Erhaltung und Schaffung von wettbewerbsfähigen Arbeitsplätzen nicht gefährden.	**§ 1** **Ziele der Arbeitsförderung** (1) *Die Leistungen der Arbeitsförderung sollen dazu beitragen, dass ein hoher Beschäftigungsstand erreicht und die Beschäftigungsstruktur ständig verbessert wird. Sie sind insbesondere darauf auszurichten, das Entstehen von Arbeitslosigkeit zu vermeiden oder die Dauer der Arbeitslosigkeit zu verkürzen. Dabei ist die Gleichstellung von Frauen und Männern als durchgängiges Prinzip zu verfolgen. Die Leistungen sind so einzusetzen, dass sie der beschäftigungspolitischen Zielsetzung der Sozial-, Wirtschafts- und Finanzpolitik der Bundesregierung entsprechen.* (2) *Die Leistungen der Arbeitsförderung sollen insbesondere* 1. *den Ausgleich von Angebot und Nachfrage auf dem Ausbildungs- und Arbeitsmarkt unterstützen,* 2. *die zügige Besetzung offener Stellen ermöglichen,* 3. *die individuelle Beschäftigungsfähigkeit durch Erhalt und Ausbau von Kenntnissen, Fertigkeiten sowie Fähigkeiten fördern,* 4. *unterwertiger Beschäftigung entgegenwirken und* 5. *zu einer Weiterentwicklung der regionalen Beschäftigungs- und Infrastruktur beitragen*	1. 1. 02
§ 2 **Besondere Verantwortung von Arbeitgebern und Arbeitnehmern** (1) Die Arbeitgeber haben bei ihren Entscheidungen verantwortungsvoll deren Auswirkungen auf die Beschäftigung der Arbeitnehmer und von Arbeitslosen und damit die Inanspruchnahme von Leistungen der Arbeitsförderung einzubeziehen. Sie sollen dabei insbesondere 1. im Rahmen ihrer Mitverantwortung für die Entwicklung der beruflichen Leistungsfähigkeit der Arbeitnehmer zur Anpassung an sich ändernde Anforderungen sorgen,	**§ 2** **Zusammenwirken von Arbeitgebern und Arbeitnehmern mit den Arbeitsämtern** (1) *Die Arbeitsämter erbringen insbesondere Dienstleistungen für Arbeitgeber und Arbeitnehmer, indem sie* 1. *Arbeitgeber regelmäßig über Ausbildungs- und Arbeitsmarktentwicklungen, Ausbildungsuchende, Fachkräfteangebot und berufliche Bildungsmaßnahmen informieren sowie auf den Betrieb zugeschnittene Arbeitsmarktberatung anbieten und*	1. 1. 02

2. vorrangig durch betriebliche Maßnahmen die Inanspruchnahme von Leistungen der Arbeitsförderung sowie Entlassungen von Arbeitnehmern vermeiden und

3. durch frühzeitige Meldung von freien Arbeitsplätzen deren zügige Besetzung und den Abbau von Arbeitslosigkeit unterstützen.

(2) Die Arbeitnehmer haben bei ihren Entscheidungen verantwortungsvoll deren Auswirkungen auf ihre beruflichen Möglichkeiten einzubeziehen. Sie sollen insbesondere ihre berufliche Leistungsfähigkeit den sich ändernden Anforderungen anpassen.

(3) Die Arbeitnehmer haben zur Vermeidung von Arbeitslosigkeit

1. jede zumutbare Möglichkeit bei der Suche und Aufnahme einer Beschäftigung zu nutzen,

2. ein Beschäftigungsverhältnis, dessen Fortsetzung ihnen zumutbar ist, nicht zu beenden, bevor sie eine neue Beschäftigung haben und

3. jede zumutbare Beschäftigung anzunehmen.

2. *Arbeitnehmer zur Vorbereitung der Berufswahl und zur Erschließung ihrer beruflichen Entwicklungsmöglichkeiten beraten, Vermittlungsangebote zur Ausbildungs- oder Arbeitsaufnahme entsprechend ihren Fähigkeiten unterbreiten sowie sonstige Leistungen der Arbeitsförderung erbringen.*

(2) *Die Arbeitgeber haben bei ihren Entscheidungen verantwortungsvoll deren Auswirkungen auf die Beschäftigung der Arbeitnehmer und von Arbeitslosen und damit die Inanspruchnahme von Leistungen der Arbeitsförderung einzubeziehen. Sie sollen dabei insbesondere*

1. *im Rahmen ihrer Mitverantwortung für die Entwicklung der beruflichen Leistungsfähigkeit der Arbeitnehmer zur Anpassung an sich ändernde Anforderungen sorgen,*

2. *vorrangig durch betriebliche Maßnahmen die Inanspruchnahme von Leistungen der Arbeitsförderung sowie Entlassungen von Arbeitnehmern zu vermeiden.*

(3) *Die Arbeitgeber sollen die Arbeitsämter frühzeitig über betriebliche Veränderungen, die Auswirkungen auf die Beschäftigung haben können, unterrichten. Dazu gehören insbesondere Mitteilungen über*

1. *zu besetzende Ausbildungs- und Arbeitsplätze,*

2. *geplante Betriebserweiterungen und den damit verbundenen Arbeitskräftebedarf,*

3. *die Qualifikationsanforderungen an die einzustellenden Arbeitnehmer,*

4. *geplante Betriebseinschränkungen oder Betriebsverlagerungen sowie die damit verbundenen Auswirkungen und*

5. *Planungen, wie Entlassungen von Arbeitnehmern vermieden oder Übergänge in andere Beschäftigungsverhältnisse organisiert werden können.*

(4) *Die Arbeitnehmer haben bei ihren Entscheidungen verantwortungsvoll deren Auswirkungen auf ihre beruflichen Möglichkeiten einzubeziehen. Sie sollen insbesondere ihre berufliche Leistungsfähigkeit den sich ändernden Anforderungen anpassen.*

(5) *Die Arbeitnehmer haben zur Vermeidung oder zur Beendigung von Arbeitslosigkeit insbesondere*

1. *ein zumutbares Beschäftigungsverhältnis fortzusetzen*
2. *eigenverantwortlich nach Beschäftigung zu suchen,*
3. *eine zumutbare Beschäftigung aufzunehmen und*
4. *an einer beruflichen Eingliederungsmaßnahme teilzunehmen.*

§ 3 Leistungen der Arbeitsförderung	§ 3 Leistungen der Arbeitsförderung	
(1) Arbeitnehmer erhalten folgende Leistungen: 1. 2. Trainingsmaßnahmen zur Verbesserung der Eingliederungsaussichten,	(1) Arbeitnehmer erhalten folgende Leistungen: 1. 2. *Maßnahmen der Eignungsfeststellung,* Trainingsmaßnahmen zur Verbesserung der Eingliederungsaussichten,	**Abs. 1 -** **1. 1 02**
3. – 5. 6. Übernahme der Weiterbildungskosten ...	3. – 5. 6. Übernahme der Weiterbildungskosten *und Unterhaltsgeld während der Teilnahme an einer beruflichen Weiterbildung sowie Anschlussunterhaltsgeld während Arbeitslosigkeit im Anschluss an eine abgeschlossene berufliche Weiterbildung,*	**Abs. 2** **Nr. 5 –** **1. 1. 04**
7. – 11		
(2) Arbeitgeber erhalten folgende Leistungen: 1. Arbeitsmarktberatung ... 2. Zuschüsse zu den Arbeitsentgelten bei Eingliederung von leistungsgeminderten Arbeitnehmern sowie bei Neugründungen,	(2) Arbeitgeber erhalten folgende Leistungen: 1. ... 2. *Zuschüsse zu den Arbeitsentgelten bei Eingliederung von leistungsgeminderten Arbeitnehmern, bei Neugründungen, bei der Förderung der beruflichen Weiterbildung durch Vertretung sowie im Rahmen der Förderung der beruflichen Weiterbildung beschäftigter Arbeitnehmer, ...*	**Abs. 2** **Nr. 2 –** **1. 1. 02**
3. – 4.	3. – 4. , 5. *Erstattung der Praktikumsvergütung.*	
(3) Träger von Arbeitsförderungsmaßnahmen erhalten ... 1. Darlehen und Zuschüsse zu zusätzlichen Maßnahmen der betrieblichen Ausbildung, 2. Übernahme der Kosten für die Ausbildung in einer außerbetrieblichen Einrichtung,	(3) Träger von Arbeitsförderungsmaßnahmen erhalten ... 1. *Zuschüsse zu zusätzlichen Maßnahmen der betrieblichen Ausbildung* 2. Übernahme der Kosten für die Ausbildung in einer außerbetrieblichen Einrichtung *und die Beschäftigung begleitenden Eingliederungshilfen sowie Zuschüsse zu den Aktivierungshilfen,*	**Abs. 3** **Nr. 1 –** **1. 1. 02** **Abs. 3** **Nr. 2 –** **1. 1. 04**
4. – 4. 5. Darlehen und Zuschüsse zu Arbeitsbeschaffungsmaßnahmen sowie zu Strukturanpassungsmaßnahmen.	3. – 4. 5. Darlehen und Zuschüsse zu Arbeitsbeschaffungsmaßnahmen sowie zu Struktur-Pas-sungsmaßnahmen,	**Abs. 3** **Nr. 5-7** **1. 1. 02** –
	6. *Zuschüsse zu Maßnahmen im Rahmen der Förderung der beruflichen Weiterbildung durch Vertretung,* 7. *Zuschüsse zu Arbeiten zur Verbesserung der Infrastruktur.*	

(4) – (5)

(4) Leistungen der aktiven Arbeitsförderung sind alle Leistungen der Arbeitsförderung mit Ausnahme von *Anschlussunterhaltsgeld*, Arbeitslosengeld, ... -

(5)

Abs. 4-
1. 1. 02

§ 5
Vorrang der aktiven Arbeitsförderung

Die Leistungen der aktiven Arbeitsförderung sind entsprechend ihrer jeweiligen Zielbestimmung einzusetzen, um sonst erforderliche Leistungen zum Ersatz des Arbeitsentgelts bei Arbeitslosigkeit nicht nur vorübergehend zu vermeiden.

§ 5
Vorrang der aktiven Arbeitsförderung

Die Leistungen der aktiven Arbeitsförderung sind entsprechend ihrer jeweiligen Zielbestimmung und den Ergebnissen der Beratungs- und Vermittlungsgespräche einzusetzen, um sonst erforderliche Leistungen zum Ersatz des Arbeitsentgelts bei Arbeitslosigkeit nicht nur vorübergehend zu vermeiden und dem Entstehen von Langzeitarbeitslosigkeit vorzubeugen.

1. 1. 02

§ 6
Vermeidung von Langzeitarbeitslosigkeit

Das Arbeitsamt hat spätestens nach sechsmonatiger Arbeitslosigkeit zusammen mit dem Arbeitslosen festzustellen, durch welche Maßnahmen, Leistungen oder eigene Bemühungen des Arbeitslosen eine drohende Langzeitarbeitslosigkeit vermieden werden kann. Sind Maßnahmen oder Leistungen des Arbeitsamtes noch nicht erforderlich oder möglich, sind entsprechende Feststellungen nach angemessener Zeit, spätestens nach sechs Monaten, zu wiederholen.

§ 6
Vermeidung von Langzeitarbeitslosigkeit

(1) *Das Arbeitsamt hat spätestens nach der Arbeitslosmeldung zusammen mit dem Arbeitslosen die für die Vermittlung erforderlichen beruflichen und persönlichen - Merkmale des Arbeitslosen, seine beruflichen Fähigkeiten und seine Eignung festzustellen. Die Feststellung hat sich auch darauf zu erstrecken, ob eine berufliche Eingliederung erschwert ist und welche Umstände sie erschweren. Das Arbeitsamt und der Arbeitslose halten in der Eingliederungsvereinbarung (§ 35) die zu einer beruflichen Eingliederung erforderlichen Leistungen und die eigenen Bemühungen des Arbeitslosen fest. Den besonderen Bedürfnissen schwerbehinderter Menschen soll angemessen Rechnung getragen werden.*

(2) *Absatz 1 Satz 1 gilt für Ausbildungsuchende mit der Maßgabe, dass an die Stelle der Arbeitslosmeldung die Meldung als ausbildungsuchend tritt. Eine Eingliederungsvereinbarung ist mit dem Ausbildungsuchenden zu schließen, der zu Beginn des neuen Ausbildungsjahres noch nicht vermittelt ist. Sie ist spätestens bis zum 30. September eines Kalenderjahres zu schließen.*

1. 1. 02

§ 7
Auswahl von Leistungen der aktiven Arbeitsförderung

(1) Bei der Auswahl von Ermessensleistungen der aktiven Arbeitsförderung hat das Arbeitsamt unter Beachtung des Grundsatzes der Wirtschaftlichkeit und Sparsamkeit die für den Einzelfall am besten geeignete Leistung oder Kombination von Leistungen zu wählen. Dabei sind vorrangig die Fähigkeiten der zu fördernden Personen und die Erfolgsaussichten einer Eingliederung zugrunde zu legen.

(2) Ist bei Ermessensleistungen der aktiven Arbeitsförderung eine Auswahl unter den Personen, die einer Förderung bedürfen, erforderlich, so hat diese vorrangig danach zu erfolgen, inwieweit unter Berücksichtigung der Förderungsbedürftigkeit eher mit einem Eingliederungserfolg zu rechnen ist.

(3) Bei Ermessensleistungen der aktiven Arbeitsförderung sollen besonders förderungsbedürftige Personengruppen, insbesondere Langzeitarbeitslose, schwerbehinderte Menschen, Ältere mit Vermittlungserschwernissen und Berufsrückkehrer hinsichtlich ihres Anteils an der jeweiligen Gesamtzahl der Arbeitslosen angemessen vertreten sein.

§ 7 — 1. 1. 02
Auswahl von Leistungen der aktiven Arbeitsförderung

Bei der Auswahl von Ermessensleistungen der aktiven Arbeitsförderung hat das Arbeitsamt unter Beachtung des Grundsatzes der Wirtschaftlichkeit und Sparsamkeit die für den Einzelfall am besten geeignete Leistung oder Kombination von Leistungen zu wählen. *Dabei ist grundsätzlich auf*

1. *die Fähigkeiten der zu fördernden Personen,*
2. *die Aufnahmefähigkeit des Arbeitsmarktes und*
3. *den anhand der Ergebnisse der Beratungs- und Vermittlungsgespräche ermittelten arbeitsmarktpolitischen Handlungsbedarf abzustellen.*

§ 8
Frauenförderung

(1) Die Leistungen der aktiven Arbeitsförderung sollen die tatsächliche Durchsetzung der Gleichberechtigung von Frauen und Männern am Arbeitsmarkt fördern. Zur Verbesserung der beruflichen Situation von Frauen ist durch sie auf die Beseitigung bestehender Nachteile sowie auf die Überwindung des geschlechtsspezifischen Ausbildungs- und Arbeitsmarktes hinzuwirken.

(2) Frauen sollen entsprechend ihrem Anteil an den Arbeitslosen gefördert werden.

(3) Die Leistungen der aktiven Arbeitsförderung ...

§ 8 — 1. 1. 02
Frauenförderung

(1) *Zur Verbesserung der beruflichen Situation von Frauen ist durch die Leistungen der aktiven Arbeitsförderung auf die Beseitigung bestehender Nachteile sowie auf die Überwindung des geschlechtsspezifischen Ausbildungs- und Arbeitsmarktes hinzuwirken.*

(2) *Frauen sollen mindestens entsprechend ihrem Anteil an den Arbeitslosen und ihrer relativen Betroffenheit durch Arbeitslosigkeit gefördert werden.*

§ 8 a
Vereinbarkeit von Familie und Beruf

bisher nicht belegt

§ 8 a — 1. 1. 02
Vereinbarkeit von Familie und Beruf

Die Leistungen der aktiven Arbeitsförderung sollen in ihrer zeitlichen, inhaltlichen und organisatorischen Ausgestaltung die Lebensverhältnisse von Frauen und Männern berücksichtigen, die aufsichtsbedürftige Kinder betreuen und erziehen oder pflegebedürftige Angehörige betreuen oder nach diesen Zeiten wieder in die Erwerbstätigkeit zurückkehren wollen.

§ 11
Eingliederungsbilanz

(1) ...

(2) Die Eingliederungsbilanzen sollen insbesondere Angaben enthalten zu

1. ...
2. den durchschnittlichen Ausgaben für die einzelnen Leistungen je geförderten Arbeitnehmer unter Berücksichtigung der besonders förderungsbedürftigen Personengruppen,

3. ...
4. der Beteiligung von Frauen an Maßnahmen der aktiven Arbeitsförderung unter Berücksichtigung des Frauenanteils an den Arbeitslosen sowie über Maßnahmen, ...

5. ...
6. dem Verhältnis der Zahl der Arbeitnehmer, die in angemessener Zeit im Anschluss an die Maßnahme eine Beschäftigung aufgenommen haben oder nicht mehr arbeitslos sind, zu der Zahl geförderter Arbeitnehmer in den einzelnen Maßnahmebereichen. Dabei sind besonders förderungsbedürftige Personengruppen gesondert auszuweisen,

7. der Entwicklung der Rahmenbedingungen für die Eingliederung auf dem regionalen Arbeitsmarkt,
8. der Veränderung der Maßnahmen im Zeitverlauf.

Die Bundesanstalt stellt den Arbeitsämtern ...

(3) Die Eingliederungsbilanz ist mit den Beteiligten des örtlichen Arbeitsmarktes zu erörtern. Dazu ist sie um einen Teil zu ergänzen, der weiteren Aufschluss über die Leistungen und ihre Wirkungen auf den örtlichen Arbeitsmarkt sowie Aufschluss über die Konzentration der Maßnahmen auf einzelne Träger gibt.

---

§ 11
Eingliederungsbilanz

(1) ...

(2) Die Eingliederungsbilanzen sollen insbesondere Angaben enthalten zu

1. ...
2. den durchschnittlichen Ausgaben für die einzelnen Leistungen je geförderten Arbeitnehmer unter Berücksichtigung der besonders förderungsbedürftigen Personengruppen, *insbesondere Langzeitarbeitslose, schwerbehinderte Menschen, Ältere mit Vermittlungserschwernissen, Berufsrückkehrer und Geringqualifizierte.*

3. ...
4. der Beteiligung von Frauen an Maßnahmen der aktiven Arbeitsförderung unter Berücksichtigung des Frauenanteils an den Arbeitslosen *und ihrer relativen Betroffenheit durch Arbeitslosigkeit* sowie über Maßnahmen, ...   — Abs. 2 - Nr. 2, 4 - 1.1.02

5. ...
6. *dem Verhältnis der Zahl der Arbeitnehmer, die sechs Monate im Anschluss an die Maßnahme nicht mehr arbeitslos sind sowie dem Verhältnis der Zahl der Arbeitnehmer, die nach angemessener Zeit im Anschluss an die Maßnahme sozialversicherungspflichtig beschäftigt sind, zu der Zahl der geförderten Arbeitnehmer in den einzelnen Maßnahmebereichen. Dabei sind besonders förderungsbedürftige Personengruppen gesondert auszuweisen.*   — Abs. 2 Nr. 6 – 1.1.03

7. der Entwicklung der Rahmenbedingungen für die Eingliederung auf dem regionalen Arbeitsmarkt,
8. der Veränderung der Maßnahmen im Zeitverlauf*,*
9. *der Arbeitsmarktsituation von Personen mit Migrationshintergrund*   — Abs. 2 Nr. 9 – 1.1.03

Die *Hauptstelle der* Bundesanstalt stellt den Arbeitsämtern ...

(3) Die Eingliederungsbilanz ist mit den Beteiligten des örtlichen Arbeitsmarktes zu erörtern. *Dazu ist sie um einen Teil zu ergänzen, der weiteren Aufschluss über die Leistungen und ihre Wirkungen auf den örtlichen Arbeitsmarkt, Aufschluss über die Konzentration der Maßnahmen auf einzelne Träger sowie über die Einschaltung Dritter bei der Vermittlung gibt.*   — Abs. 3 1.1.02

§ 21
Träger

Träger sind natürliche oder juristische Personen, die Maßnahmen der Arbeitsförderung selbst durchführen oder durch Dritte durchführen lassen.

§ 22
Verhältnis zu anderen Leistungen

(1) ... Eingliederungszuschüsse nach § 222a und Zuschüsse zur ??? Ausbildungsvergütung für Schwerbehinderte nach § 235a ...

§ 25
Beschäftigte

(1) Versicherungspflichtig sind Personen, die gegen Arbeitsentgelt oder zu ihrer Berufsausbildung beschäftigt (versicherungspflichtige Beschäftigung) sind.

§ 26
Sonstige Versicherungspflichtige

(1)-
(2) Versicherungspflichtig sind Personen in der Zeit, für die sie

1. von einem Leistungsträger Krankengeld, Versorgungskrankengeld, Verletztengeld oder von einem Träger der medizinischen Rehabilitation Übergangsgeld beziehen, wenn sie unmittelbar vor Beginn der Leistung versicherungspflichtig waren oder eine laufende Entgeltersatzleistung nach diesem Buch bezogen haben,

2. von einem privaten Krankenversicherungsunternehmen Krankentagegeld ...

Nach Absatz 1 Nr. 1 ist nicht versicherungspflichtig, wer nach § 25 Abs. 1 versicherungspflichtig ist. Nach Absatz 1 Nr. 4 ist nicht versicherungspflichtig, wer nach anderen Vorschriften dieses Buches versicherungspflichtig ist. Nach Absatz 2 Nr. 2 ist nicht versicherungspflichtig, wer nach Absatz 2 Nr. 1 versicherungspflichtig ist.

§ 21
Träger
1.1.02

Träger sind natürliche oder juristische Personen *oder Personengesellschaften,* die Maßnahmen der Arbeitsförderung selbst durchführen oder durch Dritte durchführen lassen.

§ 22
Verhältnis zu anderen Leistungen
1.1.02

(1) ... Eingliederungszuschüsse nach § 222a und Zuschüsse zur Ausbildungsvergütung für *schwerbehinderte Menschen* nach § 235a ...

§ 25
Beschäftigte
1.1.02

(1) Versicherungspflichtig sind Personen, die gegen Arbeitsentgelt oder zu ihrer Berufsausbildung beschäftigt (versicherungspflichtige Beschäftigung) sind. *Auszubildende, die im Rahmen eines Berufsausbildungsvertrages nach dem Berufsbildungsgesetz in einer außerbetrieblichen Einrichtung ausgebildet werden, stehen den Beschäftigten zur Berufsausbildung im Sinne des Satzes 1 gleich.*

§ 26
Sonstige Versicherungspflichtige
1.1.03

(1)-
(2) Versicherungspflichtig sind Personen in der Zeit, für die sie

1. von einem Leistungsträger *Mutterschaftsgeld,* Krankengeld, Versorgungskrankengeld, Verletztengeld oder von einem Träger der medizinischen Rehabilitation Übergangsgeld beziehen, wenn sie ... ,

2. von einem privaten Krankenversicherungsunternehmen ... ,

3. *von einem Träger der gesetzlichen Rentenversicherung eine Rente wegen voller Erwerbsminderung beziehen, wenn sie unmittelbar vor Beginn der Leistung versicherungspflichtig waren oder eine laufende Entgeltersatzleistung nach diesem Buch bezogen haben.*

(2) ...

(2a) *Versicherungspflichtig sind Personen in der Zeit, in der sie ein Kind, das das dritte Lebensjahr noch nicht vollendet hat, erziehen, wenn sie*

1. *unmittelbar vor der Kindererziehung versicherungspflichtig waren oder eine laufende Entgeltersatzleistung nach diesem Buch bezogen haben und*

2. *sich mit dem Kind im Inland gewöhnlich aufhalten oder bei Aufenthalt im Ausland Anspruch auf Kindergeld nach dem Einkommensteuergesetz oder Bundeskindergeldgesetz haben oder ohne die Anwendung des § 64 oder § 65 des Einkommensteuergesetzes oder des § 3 oder § 4 des Bundeskindergeldgesetzes haben würden.*

Satz 1 gilt nur für Kinder des Erziehenden, seines nicht dauernd getrennt lebenden Ehegatten oder seines nicht dauernd getrennt lebenden Lebenspartners. Haben mehrere Personen ein Kind gemeinsam erzogen, besteht Versicherungspflicht nur für die Person, der nach den Regelungen des Rechts der gesetzlichen Rentenversicherung die Erziehungszeit zuzuordnen ist (§ 56 Abs. 2 des Sechsten Buches).

(3) Nach Absatz 1 Nr. 1 ist nicht versicherungspflichtig, wer nach § 25 Abs. 1 versicherungspflichtig ist. Nach Absatz 1 Nr. 4 ist nicht versicherungspflichtig, wer nach anderen Vorschriften dieses Buches versicherungspflichtig ist. Versicherungspflichtig wegen des Bezuges von Mutterschaftsgeld nach Absatz 2 Nr. 1 ist nicht, wer nach Absatz 2a versicherungspflichtig ist. Nach Absatz 2 Nr. 2 ist nicht versicherungspflichtig, wer nach Absatz 2 Nr. 1 versicherungspflichtig ist. Nach Absatz 2a ist nicht versicherungspflichtig, wer nach anderen Vorschriften dieses Buches versicherungspflichtig ist oder während der Zeit der Erziehung Anspruch auf Entgeltersatzleistungen nach diesem Buch hat; Satz 3 bleibt unberührt.

§ 28
Sonstige versicherungsfreie Personen

Versicherungsfrei sind Personen,
1. die das 65. Lebensjahr ...

2. während der Zeit, für die ihnen ein Anspruch auf Rente wegen voller Erwerbsminderung aus der gesetzlichen Rentenversicherung oder eine vergleichbare Leistung eines ausländischen Leistungsträgers zuerkannt ist,
die wegen einer Minderung ihrer Leistungsfähigkeit dauernd nicht mehr verfügbar sind, von dem Zeitpunkt an, an dem das Arbeitsamt diese Minderung der Leistungsfähigkeit und der zuständige Träger der gesetzlichen Rentenversicherung volle Erwerbsminderung im Sinne der gesetzlichen Rentenversicherung festgestellt haben.

§ 28
Sonstige versicherungsfreie Personen

1. 1. 03

(1) Versicherungsfrei sind Personen,
1. *die das 65. Lebensjahr vollendet haben, mit Ablauf des Monats, in dem sie dieses Lebensjahr vollenden,*

2. *die wegen einer Minderung ihrer Leistungsfähigkeit dauernd nicht mehr verfügbar sind, von dem Zeitpunkt an, an dem das Arbeitsamt diese Minderung der Leistungsfähigkeit und der zuständige Träger der gesetzlichen Rentenversicherung volle Erwerbsminderung im Sinne der gesetzlichen Rentenversicherung festgestellt haben,*
3. *während der Zeit, für die ihnen eine dem Anspruch auf Rente wegen voller Erwerbsminderung vergleichbare Leistung eines ausländischen Leistungsträgers zuerkannt ist.*

(2) Versicherungsfrei sind Personen in einer Beschäftigung oder auf Grund des Bezuges einer Sozialleistung (§ 26 Abs. 2 Nr. 1 und 2), soweit ihnen während dieser Zeit ein Anspruch auf Rente wegen voller Erwerbsminderung aus der gesetzlichen Rentenversicherung

§ 33 Berufsorientierung	§ 33 Berufsorientierung	1. 1. 02
Das Arbeitsamt hat zur Vorbereitung der Jugendlichen und Erwachsenen auf die Berufswahl sowie zur Unterrichtung der Ausbildungssuchenden, Arbeitsuchenden, Arbeitnehmer und Arbeitgeber Berufsorientierung zu betreiben. Dabei soll es über Fragen der Berufswahl, über die Berufe und ihre Anforderungen und Aussichten, über Wege und Förderung der beruflichen Bildung sowie über beruflich bedeutsame Entwicklungen in den Betrieben, Verwaltungen und auf dem Arbeitsmarkt umfassend unterrichten.	Das Arbeitsamt hat zur Vorbereitung der Jugendlichen und Erwachsenen auf die Berufswahl sowie zur Unterrichtung der Ausbildungssuchenden, Arbeitsuchenden, Arbeitnehmer und Arbeitgeber Berufsorientierung zu betreiben. Dabei soll es über Fragen der Berufswahl, über die Berufe und ihre Anforderungen und Aussichten, über Wege und Förderung der beruflichen Bildung sowie über beruflich bedeutsame Entwicklungen in den Betrieben, Verwaltungen und auf dem Arbeitsmarkt umfassend unterrichten.	
	Das Arbeitsamt kann Schüler allgemeinbildender Schulen durch vertiefte Berufsorientierung und Berufswahlvorbereitung fördern (Berufsorientierungsmaßnahme). Die Maßnahme kann bis zu vier Wochen dauern und soll regelmäßig in der unterrichtsfreien Zeit durchgeführt werden. Voraussetzung ist, dass sich Dritte mit mindestens 50 Prozent an der Förderung beteiligen.	
§ 35 Vermittlungsangebot	§ 35 Vermittlungsangebot, Eingliederungsvereinbarung	1. 1. 02
(1) Das Arbeitsamt hat Ausbildungsuchenden, Arbeitsuchenden und Arbeitgebern Ausbildungsvermittlung und Arbeitsvermittlung (Vermittlung) anzubieten. ...	*(1) – (2)*	
(2) Das Arbeitsamt hat durch Vermittlung darauf hinzuwirken, dass Ausbildungsuchende eine Ausbildungsstelle, Arbeitsuchende eine Arbeitsstelle und Arbeitgeber geeignete Arbeitnehmer und Auszubildende erhalten. ...		
	(3) Kann das Arbeitsamt nicht feststellen, *1. in welche berufliche Ausbildung der Ausbildungsuchende oder* *2. in welche berufliche Tätigkeit der arbeitslose oder von Arbeitslosigkeit bedrohte Arbeitsuchende*	
	vermittelt werden kann oder welche Maßnahmen der aktiven Arbeitsförderung vorgesehen werden können, soll es die Teilnahme an einer Maßnahme der Eignungsfeststellung vorsehen.	

(4) *In einer Eingliederungsvereinbarung, die das Arbeitsamt zusammen mit dem Arbeitslosen oder Ausbildungsuchenden trifft, werden für einen zu bestimmenden Zeitraum die Vermittlungsbemühungen des Arbeitsamtes, die Eigenbemühungen des Arbeitslosen oder Ausbildungsuchenden sowie, soweit die Voraussetzungen vorliegen, künftige Leistungen der aktiven Arbeitsförderung festgelegt. Dem Arbeitslosen oder Ausbildungsuchenden ist eine Ausfertigung der Eingliederungsvereinbarung auszuhändigen. Die Eingliederungsvereinbarung ist sich ändernden Verhältnissen anzupassen; sie ist fortzuschreiben, wenn in dem Zeitraum, für den sie zunächst galt, die Arbeitslosigkeit oder Ausbildungsplatzsuche nicht beendet wurde. Sie ist spätestens nach sechsmonatiger Arbeitslosigkeit, bei arbeitslosen und ausbildungsuchenden Jugendlichen nach drei Monaten, zu überprüfen.*

§ 37
Unterstützung der Vermittlung

(1) ...

(2) Das Arbeitsamt kann zu seiner Unterstützung mit Einwilligung des Ausbildungsuchenden oder des Arbeitsuchenden Dritte an der Vermittlung beteiligen.

(3) ...

§ 37 a

bisher nicht belegt

§ 37
Verstärkung der Vermittlung

1. 1. 02

(1) ...

(2) *Das Arbeitsamt hat sicherzustellen, dass Arbeitslose, deren berufliche Eingliederung nach seiner Feststellung voraussichtlich erschwert ist oder die nicht innerhalb von sechs Monaten nach Eintritt der Arbeitslosigkeit eine Beschäftigung aufgenommen haben, eine verstärkte vermittlerische Unterstützung erhalten. Es hat zu prüfen, ob durch eine Beauftragung Dritter mit der Vermittlung die berufliche Eingliederung erleichtert werden kann.*

(3)

§ 37 a
Beauftragung Dritter mit der Vermittlung

1. 1. 02

(1) *Das Arbeitsamt kann zu seiner Unterstützung Dritte mit der Vermittlung Ausbildungsuchender oder Arbeitsuchender oder mit Teilaufgaben ihrer Vermittlung beauftragen. Der Ausbildungsuchende oder Arbeitsuchende kann der Beauftragung aus wichtigem Grund widersprechen. Der Ausbildungsuchende oder Arbeitsuchende ist über das Widerspruchsrecht zu belehren. Ein Arbeitsloser kann vom Arbeitsamt die Beauftragung eines Dritten mit seiner Vermittlung verlangen, wenn er sechs Monate nach Eintritt seiner Arbeitslosigkeit noch arbeitslos ist.*

(2) *Das Arbeitsamt kann Träger von Arbeitsbeschaffungs- und Strukturanpassungsmaßnahmen sowie Arbeitgeber, deren Arbeitnehmer Anspruch auf Kurzarbeitergeld in einer betriebsorganisatorisch eigenständigen Einheit haben, mit der Vermittlung der geförderten Arbeitnehmer beauftragen.*

(3) *Für die Vermittlungstätigkeit des Dritten kann ein Honorar vereinbart werden. Eine Pauschalierung ist zulässig.*

§ 38
Mitwirkung des Ausbildung- und Arbeitsuchenden

(1) ...

(2) Das Arbeitsamt kann die Vermittlung einstellen, solange der Ausbildungsuchende oder Arbeitsuchende nicht ausreichend mitwirkt.

(3) ...
(4) Die Arbeitsvermittlung ist durchzuführen,
1. solange der Arbeitsuchende Leistungen ...

2. wenn der Arbeitsuchende eine ihm nicht zumutbare Beschäftigung angenommen hat und die Weiterführung verlangt, jedoch nicht länger als sechs Monate.

Im übrigen ist sie nach drei Monaten einzustellen. Der Arbeitssuchende kann sie erneut in Anspruch nehmen

§ 38
Mitwirkung des Ausbildung- und Arbeitsuchenden

1. 1. 02

(1) ...

(2) Das Arbeitsamt kann die Vermittlung einstellen, solange der Ausbildungsuchende oder Arbeitsuchende nicht ausreichend mitwirkt *oder die ihm nach der Eingliederungsvereinbarung obliegenden Pflichten nicht erfüllt.*

(3) ...
(4) Die Arbeitsvermittlung ist durchzuführen,
1. solange der Arbeitsuchende Leistungen,

2. *solange der Arbeitsuchende in einer Arbeitsbeschaffungs- oder Strukturanpassungsmaßnahme gefördert wird oder*

3. wenn der Arbeitsuchende eine ihm nicht zumutbare Beschäftigung angenommen hat und die Weiterführung verlangt, jedoch nicht länger als sechs Monate.

Im übrigen ist sie nach drei Monaten einzustellen. Der Arbeitssuchende kann sie erneut in Anspruch nehmen

§ 48
Trainingsmaßnahmen

(1) Arbeitslose können bei Tätigkeiten und bei Teilnahme an Maßnahmen, die zur Verbesserung ihrer Eingliederungsaussichten beitragen (Trainingsmaßnahmen), durch Weiterleistung von Arbeitslosengeld oder Arbeitslosenhilfe und durch Übernahme von Maßnahmekosten gefördert werden, wenn die Tätigkeit oder Maßnahme

1. geeignet und angemessen ist, die Eingliederungsaussichten des Arbeitslosen oder zu verbessern und

2. auf Vorschlag oder mit Einwilligung des Arbeitsamtes erfolgt.

Die Förderung kann auf die Weiterleistung von Arbeitslosengeld oder Arbeitslosenhilfe beschränkt werden. Arbeitslose, die Arbeitslosengeld oder Arbeitslosenhilfe nicht beziehen, können durch die Übernahme von Maßnahmekosten gefördert werden.

§ 48
Maßnahmen der Eignungsfeststellung, Trainingsmaßnahmen

1. 1. 02

(1) *Arbeitslose und von Arbeitslosigkeit bedrohte Arbeitsuchende können bei Tätigkeiten und bei Teilnahme an Maßnahmen, die zur Verbesserung ihrer Eingliederungsaussichten beitragen (Maßnahmen der Eignungsfeststellung, Trainingsmaßnahmen), gefördert werden, wenn die Tätigkeit oder Maßnahme*

1. *geeignet und angemessen ist, die Eingliederungsaussichten des Arbeitslosen oder des von Arbeitslosigkeit bedrohten Arbeitsuchenden zu verbessern und*

2. *auf Vorschlag oder mit Einwilligung des Arbeitsamtes erfolgt.*

Die Förderung umfasst die Übernahme von Maßnahmekosten sowie bei Arbeitslosen die Leistung von Arbeitslosengeld oder Arbeitslosenhilfe, soweit sie eine dieser Leistungen erhalten oder beanspruchen können. Die Förderung von Arbeitslosen kann auf die Weiterleistung von Arbeitslosengeld oder Arbeitslosenhilfe beschränkt werden.

(2) Als Trainingsmaßnahmen können auch Maßnahmen gefördert werden, die in einem anderen Mitgliedstaat der Europäischen Union durchgeführt und für die Fördermittel der Europäischen Kommission gewährt werden.

(2) *Nach Absatz 1 können auch Maßnahmen gefördert werden, die in einem anderen Mitgliedstaat der Europäischen Union oder in einem anderen europäischen Staat durchgeführt werden, mit dem die Europäische Gemeinschaft ein Assoziierungsabkommen abgeschlossen hat, und für die Fördermittel der Europäischen Gemeinschaft geleistet werden. Nach Absatz 1 können außerdem Maßnahmen gefördert werden, die in Grenzregionen der an die Bundesrepublik Deutschland angrenzenden Staaten durchgeführt werden.*

(3) Über die Tätigkeit oder die Teilnahme an einer Maßnahme soll dem Arbeitslosen eine Bescheinigung ausgestellt werden, aus der sich mindestens Art und Inhalt der Tätigkeit oder Maßnahme ergeben

(3) Über die Tätigkeit oder die Teilnahme an einer Maßnahme soll dem Arbeitslosen *oder von Arbeitslosigkeit bedrohten Arbeitsuchenden* eine Bescheinigung ausgestellt werden, aus der sich mindestens Art und Inhalt der Tätigkeit oder Maßnahme ergeben

§ 49
Förderungsfähigkeit

§ 49
Förderungsfähigkeit

1. 1. 02

(1) Gefördert werden Trainingsmaßnahmen, die
1. die Eignung des Arbeitslosen für eine berufliche Tätigkeit oder eine Leistung der aktiven Arbeitsförderung feststellen,
2. die Selbstsuche des Arbeitslosen sowie seine Vermittlung, insbesondere durch Bewerbungstraining und Beratung über Möglichkeiten der Arbeitsplatzsuche, unterstützen oder die Arbeitsbereitschaft und Arbeitsfähigkeit des Arbeitslosen prüfen,
3. dem Arbeitslosen notwendige Kenntnisse und Fähigkeiten vermitteln, um eine Vermittlung in Arbeit oder einen erfolgreichen Abschluss einer beruflichen Aus- oder Weiterbildung erheblich zu erleichtern.

(1) *Gefördert werden Maßnahmen der Eignungsfeststellung, in denen die Kenntnisse und Fähigkeiten, das Leistungsvermögen und die beruflichen Entwicklungsmöglichkeiten des Arbeitslosen oder von Arbeitslosigkeit bedrohten Arbeitsuchenden sowie sonstige, für die Eingliederung bedeutsame Umstände ermittelt werden und unter Berücksichtigung der Arbeitsmarktlage festgestellt wird, für welche berufliche Tätigkeit oder Leistung der aktiven Arbeitsförderung er geeignet ist.*

(2) Gefördert werden Trainingsmaßnahmen, die
1. *die Selbstsuche des Arbeitslosen oder von Arbeitslosigkeit bedrohten Arbeitsuchenden sowie seine Vermittlung, insbesondere durch Bewerbungstraining und Beratung über Möglichkeiten der Arbeitsplatzsuche, unterstützen oder die Arbeitsbereitschaft und Arbeitsfähigkeit des Arbeitslosen oder von Arbeitslosigkeit bedrohten Arbeitsuchenden prüfen,*
2. *dem Arbeitslosen oder von Arbeitslosigkeit bedrohten Arbeitsuchenden notwendige Kenntnisse und Fähigkeiten vermitteln, um eine Vermittlung in Arbeit oder einen erfolgreichen Abschluss einer beruflichen Aus- oder Weiterbildung erheblich zu erleichtern.*

(2) Die Dauer der Trainingsmaßnahmen muss ihrem Zweck und ihrem Inhalt entsprechen. Die Dauer darf in der Regel in den Fällen des
1. Absatzes 1 Nr. 1 vier Wochen,
2. Absatzes 1 Nr. 2 zwei Wochen,
3. Absatzes 1 Nr. 3 acht Wochen
nicht übersteigen. Werden Trainingsmaßnahmen in mehreren zeitlichen Abschnitten durchgeführt, zählen fünf Tage als eine Woche. Insgesamt darf die Förderung die Dauer von zwölf Wochen nicht übersteigen.

(3) *Die Dauer der Maßnahmen muss ihrem Zweck und ihrem Inhalt entsprechen. Die Dauer darf in der Regel in den Fällen des*
1. *Absatzes 1* vier Wochen,
2. *Absatzes 2 Nr. 1* zwei Wochen,
3. *Absatzes 2 Nr. 2* acht Wochen
nicht übersteigen. Werden Maßnahmen in mehreren zeitlichen Abschnitten durchgeführt, zählen fünf Tage als eine Woche. Insgesamt darf die Förderung die Dauer von zwölf Wochen nicht übersteigen.

§ 50
Maßnahmekosten

Maßnahmekosten sind
1. ...
2. ...
3. Kosten für die Betreuung der aufsichtsbedürftigen Kinder des Arbeitslosen bis zu 120 Deutsche Mark [62 Euro] monatlich je Kind, in besonderen Härtefällen bis zu 200 Deutsche Mark [103 Euro] monatlich je Kind.

§ 50
Maßnahmekosten

2. 1. 02

Maßnahmekosten sind
1. ...
2. ...
3. Kosten für die Betreuung der aufsichtsbedürftigen Kinder des Arbeitslosen bis zu *130 Euro* monatlich je Kind.

§ 51
Förderungsausschluss

Eine Förderung ist ausgeschlossen, wenn die Trainingsmaßnahme zu einer Einstellung bei einem Arbeitgeber führen soll,

1. der den Arbeitslosen in den letzten vier Jahren bereits mehr als drei Monate versicherungspflichtig beschäftigt hat,

2. der dem Arbeitslosen vor Eintritt der Arbeitslosigkeit eine Beschäftigung angeboten hat,

3.-4. ...

§ 51
Förderungsausschluss

1. 1. 02

Eine Förderung ist ausgeschlossen, wenn die *Maßnahme* zu einer Einstellung bei einem Arbeitgeber führen soll,

1. der den Arbeitslosen *oder den von Arbeitslosigkeit bedrohten Arbeitsuchenden* in den letzten vier Jahren bereits mehr als drei Monate versicherungspflichtig beschäftigt hat,

2. der dem Arbeitslosen *oder dem von Arbeitslosigkeit bedrohten Arbeitsuchenden* eine Beschäftigung angeboten hat,

3.-4. ...

§ 53
Mobilitätshilfen

(1) Arbeitslose, die eine versicherungspflichtige Beschäftigung aufnehmen, können durch Mobilitätshilfen gefördert werden, soweit ...

(2) Die Mobilitätshilfen bei Aufnahme einer Beschäftigung umfassen
1. ...
2. ...
3. bei auswärtiger Arbeitsaufnahme die Übernahme der Kosten für

a) tägliche Fahrten zwischen Wohnung und Arbeitsstelle (Fahrkostenbeihilfe),

b) eine getrennte Haushaltsführung (Trennungskostenbeihilfe),

c) einen Umzug (Umzugskostenbeihilfe).

§ 53
Mobilitätshilfen

1. 1. 02

(1) Arbeitslose *und von Arbeitslosigkeit bedrohte Arbeitsuchende*, die eine versicherungspflichtige Beschäftigung aufnehmen, können durch Mobilitätshilfen gefördert werden, soweit ...

(2) Die Mobilitätshilfen bei Aufnahme einer Beschäftigung umfassen
1. ...
2. ...
3. bei auswärtiger Arbeitsaufnahme die Übernahme der Kosten für

a) *die Fahrt zum Antritt einer Arbeitsstelle (Reisekostenbeihilfe),*

b) tägliche Fahrten zwischen Wohnung und Arbeitsstelle (Fahrkostenbeihilfe),

c) eine getrennte Haushaltsführung (Trennungskostenbeihilfe),

d) einen Umzug (Umzugskostenbeihilfe).

(3) Leistungen nach Absatz 2 Nr. 1, 2 und 3 Buchstabe c können auch an Ausbildungsuchende erbracht werden, die in ein Ausbildungsverhältnis eintreten, wenn sie beim Arbeitsamt als Bewerber um eine berufliche Ausbildungsstelle gemeldet sind.

(3) *Leistungen nach Absatz 2 können an Bezieher von Arbeitslosengeld oder Arbeitslosenhilfe auch zur Aufnahme einer Beschäftigung im Ausland erbracht werden.*

(4) *Leistungen nach Absatz 2 Nr. 1, 2 und 3 Buchstaben a und d können auch an Ausbildungsuchende erbracht werden, die in ein Ausbildungsverhältnis eintreten, wenn sie beim Arbeitsamt als Bewerber um eine berufliche Ausbildungsstelle gemeldet sind.*

§ 54
Mobilitätshilfen bei Aufnahme einer Beschäftigung

(1) Als Übergangsbeihilfe kann ein Darlehen ...

(2) Als Ausrüstungsbeihilfe können Kosten ...

(3) Als Fahrkostenbeihilfe können ...

(4) Als monatliche Trennungskostenbeihilfe können ...

(5) Als Umzugskostenbeihilfe kann ein Darlehen ...

§ 54   1.1.02
Mobilitätshilfen bei Aufnahme einer Beschäftigung

(1) (2)

(3) *Als Reisekostenbeihilfe können die berücksichtigungsfähigen Fahrkosten bis zu einem Betrag von 300 Euro übernommen werden. § 46 Abs. 2 Satz 2 und 3 ist entsprechend anzuwenden.*

(4) – (6) = bisherige Absätze (3) – (5)

§ 57
Überbrückungsgeld

(1) ... ...
(2) Überbrückungsgeld kann geleistet werden, wenn der Arbeitnehmer

1. in engem zeitlichen Zusammenhang mit der Aufnahme der selbständigen Tätigkeit oder der vorgeschalteten Teilnahme an einer Maßnahme zu deren Vorbereitung mindestens vier Wochen

a) Arbeitslosengeld, Arbeitslosenhilfe oder Kurzarbeitergeld in einer betriebsorganisatorisch eigenständigen Einheit bezogen hat oder ...

(3) Das Überbrückungsgeld wird für die Dauer von sechs Monaten geleistet.

(4) ...

§ 57   1.1.02
Überbrückungsgeld

(1) ... ...
(2) Überbrückungsgeld kann geleistet werden, wenn der Arbeitnehmer

1. *in engem zeitlichen Zusammenhang mit der Aufnahme der selbständigen Tätigkeit oder der vorgeschalteten Teilnahme an einer Maßnahme zu deren Vorbereitung*

a) *Entgeltersatzleistungen nach diesem Buch bezogen hat oder einen Anspruch darauf hätte oder ... ...*

(3) *Das Überbrückungsgeld wird für die Dauer von sechs Monaten geleistet. Überbrückungsgeld kann nicht gewährt werden, so lange Ruhenstatbestände nach den §§ 142 bis 145 vorliege.*

(4) ...

§ 61	§ 61	1. 1. 04
Berufsvorbereitende Bildungsmaßnahme	**Berufsvorbereitende Bildungsmaßnahme**	

(1) ... ...
(2) Berufsvorbereitende Bildungsmaßnahmen können zur Erleichterung der beruflichen Eingliederung, insbesondere von Jugendlichen ohne Hauptschulabschluss, auch allgemeinbildende Fächer enthalten, soweit ihr Anteil nicht überwiegt. Wenn dabei zugleich auf den nachträglichen Erwerb des Hauptschulabschlusses vorbereitet wird, schließt dies die Förderung nicht aus.

(1) ... ...
(2) *Berufsvorbereitende Bildungsmaßnahmen können*
1. *zur Erleichterung der beruflichen Eingliederung auch allgemein bildende Fächer enthalten, soweit ihr Anteil nicht überwiegt, oder*
2. *auf den nachträglichen Erwerb des Hauptschulabschlusses vorbereiten.*

(3) *Berufsvorbereitende Bildungsmaßnahmen können mit einem Betriebspraktikum verbunden werden (§ 235 b). Soweit berufsvorbereitende Bildungsmaßnahmen mit einem Betriebspraktikum im Sinne des § 235b verbunden sind, beträgt die Förderdauer höchstens ein Jahr. Förderungsbedürftig sind Auszubildende, die nach Feststellung des Arbeitsamtes noch nicht ausbildungsgeeignet sind. Der Anteil der berufsvorbereitenden Bildungsmaßnahme am Gesamtumfang der Maßnahme beträgt mindestens 40 Prozent. Der Träger hat die sozialpädagogische Begleitung der Auszubildenden auch im Betrieb sicherzustellen.*

§ 62	§ 62	1. 1. 02
Förderung im Ausland	**Förderung im Ausland**	

(1) ... ...
(2) Eine betriebliche Ausbildung, die vollständig im angrenzenden Ausland durchgeführt wird, ist förderungsfähig, wenn

1. eine nach dem Landesrecht zuständige Stelle bestätigt, dass die Ausbildung ...

2. der Auszubildende von seinem im Inland liegenden Wohnsitz aus täglich eine im angrenzenden Ausland liegende Ausbildungsstätte besucht,

3. eine entsprechende Ausbildung im Inland für den Auszubildenden nicht möglich oder nicht zumutbar ist und

4. der Auszubildende vor Beginn der Ausbildung insgesamt drei Jahre seinen Wohnsitz im Inland hatte.

(1) ... ...
(2) *Eine betriebliche Ausbildung, die vollständig im angrenzenden Ausland oder den übrigen Mitgliedsstaaten der Europäischen Union durchgeführt wird, ist förderungsfähig, wenn*

1. *eine nach Bundes- oder Landesrecht zuständige Stelle bestätigt, dass die Ausbildung einer entsprechenden betrieblichen Ausbildung gleichwertig ist,*

2. *die Ausbildung im Ausland für das Erreichen des Bildungsziels und die Beschäftigungsfähigkeit besonders dienlich ist und*

3. *der Auszubildende vor Beginn der Ausbildung insgesamt drei Jahre seinen Wohnsitz im Inland hatte.*

§ 65 Bedarf für den Lebensunterhalt bei beruflicher Ausbildung	§ 65 Bedarf für den Lebensunterhalt bei beruflicher Ausbildung	1. 1. 02
A3		
(1)-(3)	(1)-(3)	
	(4) *Bei einer Förderung im Ausland nach § 62 Abs. 2 erhöht sich der Bedarf um einen Zuschlag, soweit die Lebens- und Ausbildungsverhältnisse im Ausbildungsland dies erfordern. Voraussetzung ist, dass der Auszubildende seinen Wohnsitz im Ausland nimmt. Für die Höhe des Zuschlags gelten § 1 Abs. 1 Nr. 1 und § 2 der Verordnung über die Zuschläge zu dem Bedarf nach dem Bundesausbildungsförderungsgesetz bei einer Ausbildung im Ausland in der jeweils geltenden Fassung entsprechend.*	

§ 67 Fahrkosten	§ 67 Fahrkosten	1. 1. 02
A3		
(1) Als Bedarf für die Fahrkosten werden die Kosten des Auszubildenden	(1)	

1. für Fahrten zwischen Unterkunft, Ausbildungsstätte und Berufsschule (Pendelfahrten),

2. bei einer erforderlichen auswärtigen Unterbringung für die An- und Abreise und für eine monatliche Familienheimfahrt oder anstelle der Familienheimfahrt für eine monatliche Fahrt eines Angehörigen zum Aufenthaltsort des Auszubildenden

zugrunde gelegt.

(1a) *Abweichend von Absatz 1 Nr. 2 werden bei einer Förderung im Ausland die Kosten des Auszubildenden für Reisen zu einem Ausbildungsort*

1. *innerhalb Europas für eine Hin- und Rückreise je Ausbildungshalbjahr,*

2. *außerhalb Europas für eine Hin- und Rückreise je Ausbildungsjahr*

zugrunde gelegt. In besonderen Härtefällen können die notwendigen Aufwendungen für eine weitere Hin- und Rückreise zugrunde gelegt werden.

(2) ... ...   (2) ... ...

§ 68
Sonstige Aufwendungen

B3A3

(1)-(2)
(3) Bei einer beruflichen Ausbildung und einer berufsvorbereitenden Bildungsmaßnahme wird als Bedarf für sonstige Aufwendungen eine Pauschale für Kosten der Arbeitskleidung in Höhe von 20 Deutsche Mark monatlich zugrunde gelegt. Außerdem können sonstige Kosten anerkannt werden, soweit sie durch die Ausbildung oder Teilnahme an der berufsvorbereitenden Bildungsmaßnahme unvermeidbar entstehen, die Ausbildung oder Teilnahme an der Maßnahme andernfalls gefährdet ist und wenn die Aufwendungen vom Auszubildenden oder seinen Erziehungsberechtigten zu tragen sind. Darüber hinaus können Kosten für die Betreuung der aufsichtsbedürftigen Kinder des Auszubildenden bis zu 120 Deutsche Mark [62 Euro] monatlich je Kind übernommen werden. In besonderen Härtefällen können sie bis zu 200 Deutsche Mark monatlich je Kind übernommen werden.

§ 68
Sonstige Aufwendungen

2. 1. 02

(1)-(2)
(3) *Bei einer beruflichen Ausbildung und einer berufsvorbereitenden Bildungsmaßnahme wird als Bedarf für sonstige Aufwendungen eine Pauschale für Kosten der Arbeitskleidung in Höhe von 20 Deutsche Mark monatlich zugrunde gelegt. Außerdem können sonstige Kosten anerkannt werden, soweit sie durch die Ausbildung oder Teilnahme an der berufsvorbereitenden Bildungsmaßnahme unvermeidbar entstehen, die Ausbildung oder Teilnahme an der Maßnahme andernfalls gefährdet ist und wenn die Aufwendungen vom Auszubildenden oder seinen Erziehungsberechtigten zu tragen sind. Darüber hinaus können Kosten für die aufsichtsbedürftigen Kinder des Auszubildenden bis zu 130 Euro monatlich je Kind übernommen werden.*

§ 69
Lehrgangskosten

Bei einer berufsvorbereitenden Bildungsmaßnahme werden die Lehrgangskosten übernommen.

§ 69
Lehrgangskosten

1. 1. 02

Bei einer berufsvorbereitenden Bildungsmaßnahme werden die Lehrgangskosten *einschließlich der Zuschüsse für die Teilnahme des Ausbildungs- und Betreuungspersonals an besonderen von der Bundesanstalt für Arbeit anerkannten Weiterbildungsmaßnahmen* übernommen. *Lehrgangskosten können auch für die Zeit vom Ausscheiden eines Teilnehmers bis zum planmäßigen Ende der Maßnahme übernommen werden, wenn der Teilnehmer wegen Ausbildungsaufnahme vorzeitig ausgeschieden, das Ausbildungsverhältnis durch Vermittlung des Trägers der Maßnahme zustande gekommen und eine Nachbesetzung des frei gewordenen Platzes in der Maßnahme nicht möglich ist.*

§ 70
Anpassung der Bedarfssätze

Für die Anpassung der Bedarfssätze gilt § 35 des Bundesausbildungsförderungsgesetzes entsprechend.

§ 70
Anpassung der Bedarfssätze

15. 12. 01

Für die Anpassung der Bedarfssätze gilt § 35 *Satz 1 und 2* des Bundesausbildungsförderungsgesetzes entsprechend.

§ 71
Einkommensanrechnung

(1) ... ...

(2) Für die Ermittlung des Einkommens und dessen Anrechnung sowie die Berücksichtigung von Freibeträgen gelten die Vorschriften des Vierten Abschnitts des Bundesausbildungsförderungsgesetzes mit den hierzu ergangenen Rechtsverordnungen entsprechend. Abweichend von ...

2. § 23 Abs. 3 des Bundesausbildungsförderungsgesetzes bleiben 90 Deutsche Mark der Ausbildungsvergütung und abweichend von § 25 Abs. 1 des Bundesausbildungsförderungsgesetzes zusätzlich 1000 Deutsche Mark anrechnungsfrei, wenn die Vermittlung einer geeigneten beruflichen Ausbildungsstelle oder die Teilnahme an einer geeigneten berufsvorbereitenden Bildungsmaßnahme nur bei Unterbringung des Auszubildenden außerhalb des Haushalts der Eltern oder eines Elternteils möglich ist.

(3)

(4) Für die Teilnehmer an berufsvorbereitenden Bildungsmaßnahmen wird bei den Lehrgangskosten, Fahrkosten sowie den Kosten für Lernmittel und Arbeitskleidung von einer Anrechnung des Einkommens abgesehen.

§ 71
Einkommensanrechnung
1.1.02

(1) ... ...

(2) *Für die Ermittlung des Einkommens und dessen Anrechnung sowie die Berücksichtigung von Freibeträgen gelten die Vorschriften des Vierten Abschnitts des Bundesausbildungsförderungsgesetzes mit den hierzu ergangenen Rechtsverordnungen entsprechend. Abweichend von ...*

2. *§ 23 Abs. 3 des Bundesausbildungsförderungsgesetzes bleiben 90 Deutsche Mark der Ausbildungsvergütung und abweichend von § 25 Abs. 1 des Bundesausbildungsförderungsgesetzes zusätzlich 1 000 Deutsche Mark anrechnungsfrei, wenn die Vermittlung einer geeigneten beruflichen Ausbildungsstelle nur bei Unterbringung des Auszubildenden außerhalb des Haushalts der Eltern oder eines Elternteils möglich ist.*

(3)

(4) *Für die Teilnehmer an berufsvorbereitenden Bildungsmaßnahmen wird bei den Lehrgangskosten, Fahrkosten sowie den Kosten für Lernmittel und Arbeitskleidung von einer Anrechnung des Einkommens abgesehen. Satz 1 gilt nicht für Einkommen der Teilnehmer aus einer nach diesem Buch oder vergleichbaren öffentlichen Programmen geförderten Maßnahme.*

§ 74
Berufsausbildungsbeihilfe für Arbeitslose

(1) Ein Arbeitsloser hat für die Teilnahme an einer berufsvorbereitenden Bildungsmaßnahme mit der Dauer von längstens einem Jahr Anspruch auf Berufsausbildungsbeihilfe ohne Anrechnung von Einkommen des Ehegatten oder der Eltern, wenn er innerhalb der letzten drei Jahre vor Beginn der Maßnahme mindestens vier Monate in einem Versicherungspflichtverhältnis gestanden hat.

(2) Ein Arbeitsloser, der zu Beginn der Maßnahme ansonsten Anspruch auf Arbeitslosengeld oder Arbeitslosenhilfe gehabt hätte, der höher ist als der zugrunde zu legende Bedarf für den Lebensunterhalt, hat Anspruch auf Berufsausbildungsbeihilfe in Höhe des Arbeitslosengeldes oder der Arbeitslosenhilfe. In diesem Fall wird Einkommen, das der Arbeitslose aus einer neben der berufsvorbereitenden Bildungsmaßnahme ausgeübten Beschäftigung oder selbständigen Tätigkeit erzielt, ...

§ 74
Berufsausbildungsbeihilfe für Arbeitslose
1.1.02

Ein Arbeitsloser, der zu Beginn der Maßnahme ansonsten Anspruch auf Arbeitslosengeld oder Arbeitslosenhilfe gehabt hätte, der höher ist als der zugrunde zu legende Bedarf für den Lebensunterhalt, hat Anspruch auf Berufsausbildungsbeihilfe in Höhe des Arbeitslosengeldes oder der Arbeitslosenhilfe. In diesem Fall wird Einkommen, das der Arbeitslose aus einer neben der berufsvorbereitenden Bildungsmaßnahme ausgeübten Beschäftigung oder selbständigen Tätigkeit erzielt, in gleicher Weise angerechnet wie bei der Leistung von Arbeitslosengeld.

§ 82
Lehrgangskosten

Als Lehrgangskosten können Lehrgangsgebühren einschließlich der Kosten für erforderliche Lernmittel, Arbeitskleidung, Prüfungsstücke und der Prüfungsgebühren für gesetzlich geregelte oder allgemein anerkannte Zwischen- und Abschlussprüfungen übernommen werden. Es können auch die Kosten für eine notwendige Eignungsfeststellung übernommen werden.

§ 82
Lehrgangskosten
1. 1. 02

Als Lehrgangskosten können Lehrgangsgebühren einschließlich der Kosten für erforderliche Lernmittel, Arbeitskleidung, Prüfungsstücke und der Prüfungsgebühren für gesetzlich geregelte oder allgemein anerkannte Zwischen- und Abschlussprüfungen übernommen werden. *Lehrgangskosten können auch für die Zeit vom Ausscheiden eines Teilnehmers bis zum planmäßigen Ende der Maßnahme übernommen werden, wenn der Teilnehmer wegen Arbeitsaufnahme vorzeitig ausgeschieden, das Arbeitsverhältnis durch Vermittlung des Trägers der Maßnahme zustande gekommen und eine Nachbesetzung des frei gewordenen Platzes in der Maßnahme nicht möglich ist.* Es können auch die Kosten für eine notwendige Eignungsfeststellung übernommen werden.

§ 84
Kosten für auswärtige Unterbringung und Verpflegung

Ist eine auswärtige Unterbringung erforderlich, so können

1. für die Unterbringung je Tag ein Betrag in Höhe von 60 Deutsche Mark [31 Euro], je Kalendermonat jedoch höchstens ein Betrag in Höhe von 400 Deutsche Mark [205 Euro] und

2. ... ...
erbracht werden.

§ 84
Kosten für auswärtige Unterbringung und Verpflegung
2. 1. 02

Ist eine auswärtige Unterbringung erforderlich, so können

1. für die Unterbringung je Tag ein Betrag in Höhe von 60 Deutsche Mark [31 Euro], je Kalendermonat jedoch höchstens ein Betrag in Höhe von *340 Euro* und

2. ... ...
erbracht werden..

§ 85
Kinderbetreuungskosten

Kosten für die Betreuung der aufsichtsbedürftigen Kinder des Arbeitnehmers können bis zu 120 Deutsche Mark [62 Euro] monatlich je Kind übernommen werden. In besonderen Härtefällen können sie bis zu 200 Deutsche Mark [103 Euro] monatlich je Kind übernommen werden

§ 85
Kinderbetreuungskosten
2. 1. 02

Kosten für die Betreuung der aufsichtsbedürftigen Kinder des Arbeitnehmers können bis zu 130 Euro monatlich je Kind übernommen werden.

§ 86
Anerkennung für die Weiterbildungsförderung

(1) Die Anerkennung einer Maßnahme für die Weiterbildungsförderung setzt voraus, dass das Arbeitsamt vor Beginn festgestellt hat, dass
1.-2. ...
3. der Träger der Maßnahme die erforderliche Leistungsfähigkeit besitzt,

§ 86
Anerkennung für die Weiterbildungsförderung
1. 1. 02

(1) Die Anerkennung einer Maßnahme für die Weiterbildungsförderung setzt voraus, dass das Arbeitsamt vor Beginn festgestellt hat, dass
1.-2. ...
3. *der Träger der Maßnahme die erforderliche Leistungsfähigkeit besitzt und sich verpflichtet, durch eigene Vermittlungsbemühungen die berufliche Eingliederung der Teilnehmer zu unterstützen.*

4.-8. ... (2) Soweit andere fachkundige Stellen das Vorliegen einzelner Voraussetzungen, die für die Anerkennung erheblich sind, festgestellt haben, kann das Arbeitsamt insoweit von eigenen Feststellungen absehen.	4.-8. ... (2) Soweit andere fachkundige Stellen das Vorliegen einzelner Voraussetzungen, die für die Anerkennung erheblich sind, festgestellt haben, kann das Arbeitsamt insoweit von eigenen Feststellungen absehen. *Das Arbeitsamt kann von der Prüfung einzelner maßnahmebezogener Voraussetzungen absehen, soweit der Träger bereits eine Maßnahme mit dem gleichen Bildungsziel erfolgreich durchgeführt hat und nach Lage und Entwicklung des Arbeitsmarktes eine berufliche Eingliederung der Teilnehmer mindestens in gleichem Umfang zu erwarten ist.*
(3) ...	(3) ...

§ 88 Maßnahmen im Ausland	§ 88 Maßnahmen im Ausland	1. 1. 02
Wird eine Maßnahme im Inland und im Ausland durchgeführt, so wird die Anerkennung für die Weiterbildungsförderung des Teils, der im Inland durchgeführt wird, dadurch nicht ausgeschlossen. Eine Maßnahme oder ein Maßnahmeteil im Ausland ist für die Weiterbildungsförderung nur anerkennungsfähig, soweit	Wird eine Maßnahme im Inland und im Ausland durchgeführt, so wird die Anerkennung für die Weiterbildungsförderung des Teils, der im Inland durchgeführt wird, dadurch nicht ausgeschlossen. Eine Maßnahme oder ein Maßnahmeteil im Ausland ist für die Weiterbildungsförderung nur anerkennungsfähig, soweit	
1. 2. die Durchführung nach bundes- oder landesrechtlichen Vorschriften im Ausland vorgeschrieben ist oder	1. 2. die Durchführung nach bundes- oder landesrechtlichen Vorschriften im Ausland vorgeschrieben ist,	
3. die Maßnahme im Ausland für die in Betracht kommenden Arbeitnehmer wesentlich günstiger zu erreichen ist als inländische Maßnahmen ...	3. die Maßnahme im Ausland für die in Betracht kommenden Arbeitnehmer wesentlich günstiger zu erreichen ist als inländische Maßnahmen *oder*	
	4. *die Maßnahme im Ausland für das Erreichen des Bildungsziels besonders dienlich ist*	

§ 92 Angemessene Dauer	§ 92 Angemessene Dauer	1. 1. 02
(1) ... ... (2) Die Dauer einer Vollzeitmaßnahme, die zu einem Abschluss an einem allgemein anerkannten Ausbildungsberuf führt, ist angemessen, wenn sie gegenüber einer entsprechenden Berufsausbildung um mindestens ein Drittel der Ausbildungszeit verkürzt ist.	(1) ... ... (2) Die Dauer einer Vollzeitmaßnahme, die zu einem Abschluss an einem allgemein anerkannten Ausbildungsberuf führt, ist angemessen, wenn sie gegenüber einer entsprechenden Berufsausbildung um mindestens ein Drittel der Ausbildungszeit verkürzt ist. *Ist eine Verkürzung um mindestens ein Drittel der Ausbildungszeit auf Grund bundes- oder landesgesetzlicher Regelungen ausgeschlossen, so wird die Anerkennung eines Maßnahmeteils von bis zu zwei Dritteln der Maßnahme für die Weiterbildungsförderung nicht ausgeschlossen, wenn bereits zu Beginn der Maßnahme die Finanzierung für die gesamte Dauer der Maßnahme gesichert ist.*	
(3) – (4)	(3) – (4)	

Synopse SGB III alt/neu

alt	neu	
§ 93 **Qualitätsprüfung** (1) Das Arbeitsamt soll durch geeignete Maßnahmen die Durchführung der Maßnahme überwachen sowie den Erfolg beobachten. Es kann insbesondere ... (2) Das Arbeitsamt kann vom Träger die Beseitigung festgestellter Mängel innerhalb angemessener Frist verlangen. Kommt der Träger diesem Verlangen nicht nach, werden die in Absatz 1 genannten Auskünfte nicht, nicht rechtzeitig oder nicht vollständig erteilt oder die Prüfungen oder das Betreten der Grundstücke, Geschäfts- und Unterrichtsräume durch das Arbeitsamt nicht geduldet, kann das Arbeitsamt die Anerkennung für die Weiterbildungsförderung widerrufen.	**§ 93** **Qualitätsprüfung** (1) Das Arbeitsamt *hat* durch geeignete Maßnahmen die Durchführung der Maßnahme *zu* überwachen sowie den Erfolg *zu* beobachten. Es kann insbesondere ... (2) Das Arbeitsamt kann vom Träger die Beseitigung festgestellter Mängel innerhalb angemessener Frist verlangen. Kommt der Träger diesem Verlangen nicht nach, *hat das Arbeitsamt schwerwiegende und kurzfristig nicht behebbare Mängel festgestellt,* werden die in Absatz 1 genannten Auskünfte nicht, nicht rechtzeitig oder nicht vollständig erteilt oder ... (3) *Das Arbeitsamt und der Träger der Maßnahme erstellen nach Ablauf der Maßnahme gemeinsam eine Bilanz, die Aufschluss über die Eingliederung der Teilnehmer und die Wirksamkeit der Maßnahme gibt.*	1. 1. 02
§ 103 **Leistungen** Die besonderen Leistungen umfassen 1. das Übergangsgeld nach den §§ 160 bis 163, 2. –3. ...	**§ 103** **Leistungen** Die besonderen Leistungen umfassen 1. das Übergangsgeld nach den §§ 160 bis *162* 2. –3. ...	1. 1. 02
§ 118 a **Ehrenamtliche Betätigung** bisher nicht belegt	**§ 118 a** **Ehrenamtliche Betätigung** *Eine ehrenamtliche Betätigung schließt Arbeitslosigkeit nicht aus, wenn dadurch die berufliche Eingliederung des Arbeitslosen nicht beeinträchtigt wird.*	1. 1. 02
§ 120 **Sonderfälle der Verfügbarkeit** (1) Nimmt der Arbeitslose an einer Trainingsmaßnahme oder an einer Berufsfindung oder Arbeitserprobung ... (2) ...	**§ 120** **Sonderfälle der Verfügbarkeit** (1) Nimmt der Arbeitslose an *einer Maßnahme der Eignungsfeststellung,* einer Trainingsmaßnahme oder an einer Berufsfindung oder Arbeitserprobung ... (2)	1. 1. 02
§ 124 **Rahmenfrist** (1) (2) ... (3) In die Rahmenfrist werden nicht eingerechnet 1. ... 2. Zeiten der Betreuung und Erziehung eines Kindes des Arbeitslosen, das das dritte Lebensjahr noch nicht vollendet hat, 3. ... 4. Zeiten, in denen der Arbeitslose Unterhaltsgeld nach diesem Buch bezogen oder nur wegen des Vorrangs anderer Leistungen nicht bezogen hat, 5. ...	**§ 124** **Rahmenfrist** (1) (2) ... (3) In die Rahmenfrist werden nicht eingerechnet 1. ... 2. *aufgehoben* 3. ... 4. *Zeiten, in denen der Arbeitslose Unterhaltsgeld nach diesem Buch bezogen oder nur deshalb nicht bezogen hat, weil andere Leistungen vorrangig waren oder die Maßnahme nach § 92 Abs. 2 Satz 2 anerkannt worden ist,* 5. ...	Abs. 3 Nr. 2 – 1. 1. 03 Abs. 3 Nr. 4 1. 1. 02

§ 131
Bemessungszeitraum in Sonderfällen

(1) ...
(2) .Bei der Ermittlung des Bemessungszeitraumes bleiben Zeiten außer Betracht, in denen

1. der Arbeitslose Erziehungsgeld bezogen oder nur wegen der Berücksichtigung von Einkommen nicht bezogen hat, soweit wegen der Betreuung oder Erziehung eines Kindes das Arbeitsentgelt oder die durchschnittliche regelmäßige wöchentliche Arbeitszeit gemindert war oder

2. ..

§ 135
Besonderes Entgelt bei sonstigen Versicherungspflichtverhältnissen
Als Entgelt ist zugrunde zu legen,
1. -4. ...
5. ... und
6. ...

§ 144
Ruhen des Anspruchs bei Sperrzeit

(1) Hat der Arbeitslose
1. ....
2. trotz Belehrung über die Rechtsfolgen eine vom Arbeitsamt unter Benennung des Arbeitgebers und der Art der Tätigkeit angebotene Beschäftigung nicht angenommen oder nicht angetreten (Sperrzeit wegen Arbeitsablehnung),

3. sich trotz Belehrung über die Rechtsfolgen geweigert, an einer Trainingsmaßnahme oder einer Maßnahme ... oder

4.

---

§ 131 1.1.03
Bemessungszeitraum in Sonderfällen

(1) ...
(2) Bei der Ermittlung des Bemessungszeitraumes bleiben Zeiten außer Betracht, in denen

1. *Versicherungspflicht wegen des Bezuges von Mutterschaftsgeld oder der Erziehung eines Kindes bestand oder in denen* der Arbeitslose Erziehungsgeld bezogen oder nur wegen der Berücksichtigung von Einkommen nicht bezogen hat, soweit wegen der Betreuung oder Erziehung eines Kindes das Arbeitsentgelt oder die durchschnittliche regelmäßige wöchentliche Arbeitszeit gemindert war oder

2.
Satz 1 Nr. 2 gilt nicht in Fällen einer Teilzeitvereinbarung nach dem Altersteilzeitgesetz, es sei denn, das Beschäftigungsverhältnis ist wegen Zahlungsunfähigkeit des Arbeitgebers beendet worden..

§ 135 1.1.03
Besonderes Entgelt bei sonstigen Versicherungspflichtverhältnissen
Als Entgelt ist zugrunde zu legen,
1.-4 ...
5. ... *und*
6. ... *.und*

7. *für Zeiten, in denen Versicherungspflicht wegen des Bezuges einer Erwerbsminderungsrente bestand, das tarifliche Arbeitsentgelts derjenigen Beschäftigung, auf die das Arbeitsamt die Vermittlungsbemühungen für den Arbeitslosen in erster Linie zu erstrecken hat.*

§ 144 1.1.02
Ruhen des Anspruchs bei Sperrzeit

(1) Hat der Arbeitslose
1. ....
2. *trotz Belehrung über die Rechtsfolgen eine vom Arbeitsamt unter Benennung des Arbeitgebers und der Art der Tätigkeit angebotene Beschäftigung nicht angenommen oder nicht angetreten oder die Anbahnung eines solchen Beschäftigungsverhältnisses, insbesondere das Zustandekommen eines Vorstellungsgespräches, durch sein Verhalten verhindert (Sperrzeit wegen Arbeitsablehnung),*

3. *sich trotz Belehrung über die Rechtsfolgen geweigert, an einer Maßnahme der Eignungsfeststellung, einer Trainingsmaßnahme oder einer Maßnahme ... oder*

4.

§ 147 a
Erstattungspflicht des Arbeitgebers

(1) ...
(2) Die Erstattungspflicht entfällt, ...
1.

2. die Erstattung für ihn eine unzumutbare Belastung bedeuten würde, weil durch die Erstattung der Fortbestand des Unternehmens oder die nach Durchführung des Personalabbaus verbleibenden Arbeitsplätze gefährdet wären. Insoweit ist zum Nachweis die Vorlage einer Stellungnahme einer fachkundigen Stelle erforderlich ...

(3)-(7)

§ 147 a
Erstattungspflicht des Arbeitgebers
1.1.02

(1) ...
(2) Die Erstattungspflicht entfällt, wenn der Arbeitgeber
1. *darlegt und nachweist, dass in dem Kalenderjahr, das dem Kalenderjahr vorausgeht, für das der Wegfall geltend gemacht wird, die Voraussetzungen für den Nichteintritt der Erstattungspflicht nach Absatz 1 Satz 2 Nr. 2 erfüllt sind, oder*

2. *insolvenzfähig ist und darlegt und nachweist, dass die Erstattung für ihn eine unzumutbare Belastung bedeuten würde, weil durch die Erstattung der Fortbestand des Unternehmens oder die nach Durchführung des Personalabbaus verbleibenden Arbeitsplätze gefährdet wären. Insoweit ist zum Nachweis die Vorlage einer Stellungnahme einer fachkundigen Stelle erforderlich.*

(3)-(7)

§ 151
Verordnungsermächtigung

(1) ... ...
(2) Das Bundesministerium für Arbeit und Sozialordnung wird ermächtigt, durch Rechtsverordnung

1.
2.
3.

§ 151
Verordnungsermächtigung
15.12.01

(1) ... ...
(2) Das Bundesministerium für Arbeit und Sozialordnung wird ermächtigt, durch Rechtsverordnung

1.
2. *... und*
3. *... , und*
4. *das Nähere zur Abgrenzung der ehrenamtlichen Betätigung im Sinne des § 118a und zu den dabei maßgebenden Erfordernissen der beruflichen Eingliederung zu bestimmen.*

§ 152
Anordnungsermächtigung

Die Bundesanstalt wird ermächtigt, durch Anordnung Näheres zu bestimmen zu den Pflichten des Arbeitslosen,

1. ..
2. Vorschlägen des Arbeitsamtes zur beruflichen Eingliederung zeit- und ortsnah Folge leisten zu können (§ 119 Abs. 3 Nr. 3).

§ 152
Anordnungsermächtigung
1.1.02

Die Bundesanstalt wird ermächtigt, ...

1. ..
2. *Vorschlägen des Arbeitsamtes zur beruflichen Eingliederung Folge leisten zu können (§§ 118 a, 119 Abs. 3 Nr. 3).*

§ 154
Teilunterhaltsgeld

Arbeitnehmer können bei Teilnahme an einer für die Weiterbildungsförderung anerkannten Teilzeitmaßnahme ... ein Teilunterhaltsgeld erhalten, wenn

1. sie die allgemeinen Fördervoraussetzungen ... erfüllen und
   a) ihnen wegen der Betreuung und Erziehung von aufsichtsbedürftigen Kindern, der Betreuung von ... Teilnahme an einer Vollzeitmaßnahme nicht zumutbar ist,
   b) sie die Vorbeschäftigungszeit durch eine versicherungspflichtige Beschäftigung mit einer Arbeitszeit, die auf weniger als 80 Prozent ... erfüllt haben oder
   c) sie eine Teilzeitbeschäftigung ausüben und die Notwendigkeit der Weiterbildung ... oder
2. sie nach Erfüllen der Vorbeschäftigungszeit
   a) bei Beginn der Teilnahme das 25. Lebensjahr nicht vollendet haben oder
   b) die Teilzeitbeschäftigung im Rahmen einer Arbeitsbeschaffungsmaßnahme oder ... ausüben

und die Teilnahme an der Maßnahme zur Aufnahme einer Vollzeitbeschäftigung notwendig ist

§ 154 1.1.02
Teilunterhaltsgeld

Arbeitnehmer können bei Teilnahme an einer für die Weiterbildungsförderung anerkannten Teilzeitmaßnahme, die mindestens zwölf Stunden wöchentlich umfasst, ein Teilunterhaltsgeld erhalten, wenn sie

1. *die allgemeinen Fördervoraussetzungen für die Förderung der beruflichen Weiterbildung einschließlich der Vorbeschäftigungszeit erfüllen und die Teilnahme an einer Vollzeitmaßnahme nicht möglich oder nicht zumutbar ist oder*
2. *nach Erfüllen der Vorbeschäftigungszeit eine Teilzeitbeschäftigung ausüben und die Teilnahme an der Maßnahme zur Aufnahme einer Vollzeitbeschäftigung notwendig oder die Notwendigkeit der Weiterbildung wegen fehlenden Berufsabschlusses anerkannt ist.*

§ 155
Unterhaltsgeld in Sonderfällen

Unterhaltsgeld wird auch für Zeiten erbracht,
1.
2. in denen die Voraussetzungen für eine Leistungsfortzahlung des Arbeitslosengeldes bei Arbeitsunfähigkeit vorliegen würden, längstens jedoch bis zur Beendigung der Maßnahme,

3.-5..

§ 155 1.1.02
Unterhaltsgeld in Sonderfällen

Unterhaltsgeld wird auch für Zeiten erbracht,
1.
2. in denen die Voraussetzungen für eine Leistungsfortzahlung des Arbeitslosengeldes bei Arbeitsunfähigkeit vorliegen würden, längstens jedoch bis zur *planmäßigen Beendigung oder zu dem Tag des Abbruchs der Weiterbildung,*

3.-5..

§ 156
Anschlussunterhaltsgeld

(1) ...
(2) Die Dauer des Anspruchs auf Anschlussunterhaltsgeld beträgt drei Monate. Sie mindert sich um die Anzahl von Tagen, für die der Arbeitnehmer im Anschluss an eine abgeschlossene Maßnahme mit Bezug von Unterhaltsgeld einen Anspruch auf Arbeitslosengeld geltend machen kann.

§ 156 1.1.02
Anschlussunterhaltsgeld

(1) ...
(2) *Die Dauer des Anspruchs beträgt drei Monate. Sie mindert sich um*
1. *die Anzahl von Tagen, für die der Arbeitslose einen Anspruch auf Arbeitslosengeld geltend machen kann,*
2. *die Anzahl von Tagen nach der Maßnahme bis vor dem Tag, an dem die Arbeitslosmeldung wirksam wird,*
3. *die Anzahl von Tagen, an denen nach der Entstehung des Anspruchs auf Anschlussunterhaltsgeld die Voraussetzungen für den Anspruch nicht vorgelegen haben.*

Der Anspruch auf Anschlussunterhaltsgeld geht einem Anspruch auf Arbeitslosengeld voraus.

§ 159
Besonderheiten bei der Einkommensanrechnung

(1) ...

(2) Leistungen, die der Bezieher von Unterhaltsgeld
1. von seinem Arbeitgeber wegen der Teilnahme an der Maßnahme oder ...

(3) Soweit der Arbeitnehmer die in Absatz 2 genannten Leistungen tatsächlich nicht erhält, wird das Unterhaltsgeld ohne Anrechnung geleistet. § 115 des Zehnten Buches findet auf andere Leistungen als Arbeitsentgelt entsprechende Anwendung. Hat der Arbeitgeber die in Absatz 2 genannten Leistungen trotz des Rechtsübergangs nach § 115 des Zehnten Buches ...

(4) ...

§ 159
Besonderheiten bei der Einkommensanrechnung

1.1.02

(1) ...

(2) Leistungen, die der Bezieher von Unterhaltsgeld
1. von seinem Arbeitgeber *oder dem Träger der Maßnahme* wegen der Teilnahme an der Maßnahme oder ...

(3) Soweit der Arbeitnehmer die in Absatz 2 genannten Leistungen tatsächlich nicht erhält, wird das Unterhaltsgeld ohne Anrechnung geleistet. § 115 des Zehnten Buches findet auf andere Leistungen als Arbeitsentgelt entsprechende Anwendung. Hat der Arbeitgeber *oder der Träger der Maßnahme* die in Absatz 2 genannten Leistungen trotz des Rechtsübergangs nach § 115 des Zehnten Buches ...

(4) ... ...

§ 172
Persönliche Voraussetzungen

(1) Die persönlichen Voraussetzungen sind erfüllt, wenn

(2)-(3) ...

§ 172
Persönliche Voraussetzungen

1.1.02

(1) Die persönlichen Voraussetzungen sind erfüllt, wenn

(1a) Die persönlichen Voraussetzungen sind auch erfüllt, wenn der Arbeitnehmer während des Bezuges von Kurzarbeitergeld arbeitsunfähig wird, solange Anspruch auf Fortzahlung des Arbeitsentgelts im Krankheitsfalle besteht oder ohne den Arbeitsausfall bestehen würde.

(2) – (3) ...

§ 175
Kurzarbeitergeld in einer betriebsorganisatorisch eigenständigen Einheit

(1) Anspruch auf Kurzarbeitergeld besteht bis zum 31. Dezember 2006 auch

1. ... ...
2. die von dem Arbeitsausfall betroffenen Arbeitnehmer zur Vermeidung von Entlassungen einer erheblichen Anzahl von Arbeitnehmern des Betriebes (§ 17 Abs. 1 des Kündigungsschutzgesetzes) in einer betriebsorganisatorisch eigenständigen Einheit zusammengefasst sind.

§ 175
Kurzarbeitergeld in einer betriebsorganisatorisch eigenständigen Einheit

1.1.02

(1) Anspruch auf Kurzarbeitergeld besteht bis zum 31. Dezember 2006 auch in Fällen eines nicht nur vorübergehenden Arbeitsausfalles, wenn

1. ... ...
2. die von dem Arbeitsausfall betroffenen Arbeitnehmer zur Vermeidung von Entlassungen einer erheblichen Anzahl von Arbeitnehmern des Betriebes (§ 17 Abs. 1 des Kündigungsschutzgesetzes) in einer betriebsorganisatorisch eigenständigen Einheit zusammengefasst sind. *Anspruch auf Kurzarbeitergeld in Fällen eines nicht nur vorübergehenden Arbeitsausfalles besteht in Betrieben mit in der Regel nicht mehr als 20 Arbeitnehmern ungeachtet der Voraussetzungen nach Satz 1, wenn bei mindestens 20 Prozent der in dem Betrieb beschäftigten Arbeitnehmer trotz des Arbeitsausfalles Entlassungen vermieden werden können.*

§ 183
Anspruch

(1) Arbeitnehmer haben Anspruch auf Insolvenzgeld, wenn sie bei

1. Eröffnung des Insolvenzverfahrens über das Vermögen ihres Arbeitgebers,

2. Abweisung des Antrags auf Eröffnung des Insolvenzverfahrens mangels Masse oder

3. vollständiger Beendigung der Betriebstätigkeit im Inland, wenn ein Antrag auf Eröffnung des Insolvenzverfahrens nicht gestellt worden ist und ein Insolvenzverfahren offensichtlich mangels Masse nicht in Betracht kommt,

(Insolvenzereignis) für die vorausgehenden drei Monate des Arbeitsverhältnisses noch Ansprüche auf Arbeitsentgelt haben. Zu den Ansprüchen auf Arbeitsentgelt gehören alle Ansprüche auf Bezüge aus dem Arbeitsverhältnis.

§ 183
Anspruch   1. 1. 02

(2) Arbeitnehmer haben Anspruch auf Insolvenzgeld, wenn sie *im Inland beschäftigt waren und* bei

1. ...

2. ...

3. ...

(Insolvenzereignis) für die vorausgehenden drei Monate des Arbeitsverhältnisses noch Ansprüche auf Arbeitsentgelt haben. *Ein ausländisches Insolvenzereignis begründet einen Anspruch auf Insolvenzgeld für im Inland beschäftigte Arbeitnehmer.* Zu den Ansprüchen auf Arbeitsentgelt gehören alle Ansprüche auf Bezüge aus dem Arbeitsverhältnis. *Als Arbeitsentgelt für Zeiten, in denen auch während der Freistellung eine Beschäftigung gegen Arbeitsentgelt besteht (§ 7 Abs. 1a Viertes Buch), gilt der auf Grund der schriftlichen Vereinbarung zur Bestreitung des Lebensunterhalts im jeweiligen Zeitraum bestimmte Betrag.*

§ 192
Vorfrist

Die Vorfrist beträgt ein Jahr und ...
1. – 2. ...
3. ein Kind, das das dritte Lebensjahr noch nicht vollendet hat, betreut oder erzogen hat oder als Pflegeperson einen der Pflegestufe I bis III im Sinne des Elften Buches ...

4.-5 ...
längstens jedoch um zwei Jahre. Satz 2 Nr. 3 gilt nur für Kinder und pflegebedürftige Angehörige des Arbeitslosen, seines nicht dauernd getrennt lebenden Ehegatten oder einer Person, die mit dem Arbeitslosen in eheähnlicher Gemeinschaft lebt.

§ 192
Vorfrist

Die Vorfrist beträgt ein Jahr und ...
1. – 2. ...
3. als *Pflegeperson einen der Pflegestufe I bis III im Sinne des Elften Buches* ...   **Nr. 3 –** 1. 1. 03

4.-5 ...
längstens jedoch um zwei Jahre. *Sie verlängert sich in den Sonderfällen des § 92 Abs. 2 Satz 2 längstens um 3 Jahre. Satz 2 Nr. 3 gilt nur für pflegebedürftige Angehörige des Arbeitslosen, seines nicht dauernd getrennt lebenden Ehegatten oder einer Person, die mit dem Arbeitslosen in eheähnlicher Gemeinschaft lebt.*   **Satz 2** 1. 1. 02 **Satz 4** 1. 1. 03

§ 196
Erlöschen des Anspruchs

Der Anspruch auf Arbeitslosenhilfe erlischt, wenn ...
Die Frist nach Satz 1 Nr. 2 verlängert sich um
...
1.-2.

3. ein Kind, das das dritte Lebensjahr noch nicht vollendet hat, betreut oder erzogen hat oder als Pflegeperson einen der Pflegestufe I bis III im Sinne des Elften Buches ...

4.-5. längstens jedoch um zwei Jahre. Satz 2 Nr. 3 gilt nur für Kinder und pflegebedürftige Angehörige des Arbeitslosen, seines nicht dauernd getrennt lebenden Ehegatten oder einer Person, die mit dem Arbeitslosen in eheähnlicher Gemeinschaft lebt.

§ 196
Erlöschen des Anspruchs

Der Anspruch auf Arbeitslosenhilfe erlischt, wenn ...
Die Frist nach Satz 1 Nr. 2 verlängert sich um
...
1.-2.

3. *als Pflegeperson einen der Pflegestufe I bis III im Sinne des Elften Buches ...* — Nr. 3 – 1.1.03

4.-5. längstens jedoch um zwei Jahre. *Sie verlängert sich in den Sonderfällen des § 92 Abs. 2 Satz 2 längstens um 3 Jahre.* Satz 2 Nr. 3 gilt nur für pflegebedürftige Angehörige des Arbeitslosen, seines nicht dauernd getrennt lebenden Ehegatten oder einer Person, die mit dem Arbeitslosen in eheähnlicher Gemeinschaft lebt.

Satz 2 - 1.1.02
Satz 4 - 1.1.03

§ 201
Besonderheiten zur Anpassung

Das Bemessungsentgelt für die Arbeitslosenhilfe, das sich vor der Rundung ergibt, wird jeweils nach Ablauf eines Jahres seit dem Entstehen des Anspruchs auf Arbeitslosenhilfe mit einem um 0,03 verminderten Anpassungsfaktor angepasst. Das Arbeitsentgelt darf nicht durch die Anpassung 50 Prozent der Bezugsgröße unterschreiten. Für eine Teilzeitbeschäftigung wird der in Satz 2 genannte Betrag entsprechend gemindert. Die Anpassung des für die Arbeitslosenhilfe maßgebenden Arbeitsentgelts unterbleibt, wenn der nach Satz 1 verminderte Anpassungsfaktor zwischen 0,99 und 1,01 beträgt.

§ 201
Besonderheiten zur Anpassung

(1) Das Bemessungsentgelt für die Arbeitslosenhilfe, das sich vor der Rundung ergibt, wird jeweils nach Ablauf eines Jahres seit dem Entstehen des Anspruchs auf Arbeitslosenhilfe mit einem um 0,03 verminderten Anpassungsfaktor angepasst. Das Arbeitsentgelt darf nicht durch die Anpassung 50 Prozent der Bezugsgröße unterschreiten. Für eine Teilzeitbeschäftigung wird der in Satz 2 genannte Betrag entsprechend gemindert. Die Anpassung des für die Arbeitslosenhilfe maßgebenden Arbeitsentgelts unterbleibt, wenn der nach Satz 1 verminderte Anpassungsfaktor zwischen 0,99 und 1,01 beträgt.

(2) Hat der Arbeitslose innerhalb des letzten Jahres vor dem Tag, für den die Arbeitslosenhilfe erneut bewilligt wird,

1. *an einer vom Arbeitsamt geförderten, mindestens sechs Monate dauernden Maßnahme zur Förderung der Berufsausbildung oder der beruflichen Weiterbildung oder an einer von einem Rehabilitationsträger geförderten, mindestens sechs Monate dauernden Leistung zur Teilhabe behinderter Menschen am Arbeitsleben erfolgreich teilgenommen oder*

2. *eine mindestens sechs Monate dauernde versicherungspflichtige, mindestens 15 Stunden wöchentlich umfassende Beschäftigung ununterbrochen ausgeübt,*

1.1.02

unterbleibt die Minderung des Anpassungsfaktors nach Absatz 1 Satz 1 an dem nächsten auf die erneute Bewilligung folgenden Anpassungstag oder, falls das Bemessungsentgelt an dem Tag anzupassen ist, für den die Arbeitslosenhilfe erneut bewilligt wird, zu diesem Anpassungstag.

Ist das Bemessungsentgelt bei der Entscheidung über die erneute Bewilligung auch zu einem Zeitpunkt anzupassen, der vor dem Tag liegt, für den die Arbeitslosenhilfe erneut bewilligt wird, unterbleibt die Minderung des Anpassungsfaktors auch zu diesem Anpassungstag. Zeiten, auf Grund derer die Minderung des Anpassungsfaktors unterblieben ist, können nicht erneut berücksichtigt werden.

§ 202
Besonderheiten zum Ruhen des Anspruchs bei anderen Sozialleistungen

(1) Das Arbeitsamt soll den Arbeitslosen, der in absehbarer Zeit die Voraussetzungen für den Anspruch auf Rente wegen Alters voraussichtlich erfüllt, auffordern, diese Rente innerhalb eines Monats zu beantragen; dies gilt nicht für Altersrenten, die vor dem für den Versicherten maßgebenden Rentenalter in Anspruch genommen werden können. Stellt der Arbeitslose den Antrag nicht, ...

§ 214
Winterausfallgeld

(1) ...
(2) Für die Bemessung und die Höhe des Winterausfallgeldes und die Einkommensanrechnung gelten die Vorschriften für das Kurzarbeitergeld entsprechend ... ...

§ 218
Eingliederungszuschüsse

(1) Eingliederungszuschüsse können erbracht werden, wenn
1. – 2. ... oder
3. Arbeitnehmer das 55. Lebensjahr vollendet haben und vor Beginn des Arbeitsverhältnisses langzeitarbeitslos oder innerhalb der letzten zwölf Monate mindestens sechs Monate beim Arbeitsamt arbeitslos gemeldet waren (Eingliederungszuschuss für ältere Arbeitnehmer).

§ 202 — 1.1.02
Besonderheiten zum Ruhen des Anspruchs bei anderen Sozialleistungen

(1) *Das Arbeitsamt soll den Arbeitslosen, der in absehbarer Zeit die Voraussetzungen für den Anspruch auf Rente wegen Alters voraussichtlich erfüllt, auffordern, diese Rente innerhalb eines Monats zu beantragen. Satz 1 gilt nicht für Altersrenten, die vor dem für den Versicherten maßgebenden Rentenalter in Anspruch genommen werden können; im Übrigen ist die Höhe der Altersrente unbeachtlich.* Stellt der ...

§ 214 — 1.1.02
Winterausfallgeld

(1) ...
(2) Für die Bemessung und die Höhe des Winterausfallgeldes und die Einkommensanrechnung *sowie für die Leistungsfortzahlung im Krankheitsfall* gelten ....

§ 218
Eingliederungszuschüsse

(1) Eingliederungszuschüsse können erbracht werden, wenn..
1. – 2 ... ,
3. Arbeitnehmer das 55. Lebensjahr vollendet haben *(Eingliederungszuschuss für ältere Arbeitnehmer)* oder — **Abs. 1 Nr. 3 - 1.1.02**

4. *Arbeitnehmer das 25. Lebensjahr noch nicht vollendet haben und* — **Abs. 1 Nr. 4 - 1.1.04**

a) *vor Beginn des Arbeitsverhältnisses*
   aa) *eine außerbetriebliche Ausbildung oder*

   bb) *eine Ausbildung in einem öffentlich geförderten Sonderprogramm zur Schaffung zusätzlicher Ausbildungsplätze, die auf einen Abschluss nach dem Berufsbildungsgesetz oder der Handwerksordnung vorbereitet und der kein betrieblicher Ausbildungsvertrag zu Grunde lag,*

   abgeschlossen haben, oder

SGB III alt	SGB III neu	
	b) nicht über einen anerkannten Berufsabschluss verfügen und eine berufsvorbereitende Bildungsmaßnahme oder eine berufliche Ausbildung aus in der Person des Arbeitnehmers liegenden Gründen nicht möglich oder nicht zumutbar ist *(Eingliederungszuschuss für jüngere Arbeitnehmer)*	
(2) ... (3) Für die Zuschüsse sind berücksichtigungsfähig ... 1. ...	(2) ... (3) Für die Zuschüsse sind berücksichtigungsfähig ... 1. ...	
2. der Anteil des Arbeitgebers am Gesamtsozialversicherungsbeitrag. Arbeitsentgelt, das einmal gezahlt wird, ist nicht berücksichtigungsfähig ...	2. der *pauschalierte* Anteil des Arbeitgebers am Gesamtsozialversicherungsbeitrag ...	**Abs. 3 Nr. 2** 1. 1. 02
§ 219 **Umfang der Förderung** Höhe und Dauer der Förderung richten sich nach dem Umfang einer Minderleistung des Arbeitnehmers und den jeweiligen Eingliederungserfordernissen.	**§ 219** **Umfang der Förderung** Höhe und Dauer der Förderung richten sich nach dem Umfang einer Minderleistung des Arbeitnehmers und den jeweiligen Eingliederungserfordernissen. *Das Arbeitsamt kann arbeitslosen jüngeren Arbeitnehmern in geeigneten Fällen eine schriftliche Förderungszusage dem Grunde nach zur Vorlage beim Arbeitgeber erteilen, um die Suche eines Arbeitsplatzes zu unterstützen.*	1. 1. 04
§ 220 **Regelförderung** (1) Die Förderungshöhe darf im Regelfall ... 2. beim Eingliederungszuschuss bei erschwerter Vermittlung und beim Eingliederungszuschuss für ältere Arbeitnehmer 50 Prozent des berücksichtigungsfähigen Arbeitsentgelts nicht übersteigen ... (2) Die Förderungsdauer darf im Regelfall ... 2. beim Eingliederungszuschuss bei erschwerter Vermittlung zwölf Monate und ...	**§ 220** **Regelförderung** (1) Die Förderungshöhe darf im Regelfall ... 2. beim Eingliederungszuschuss bei erschwerter Vermittlung, beim Eingliederungszuschuss für ältere Arbeitnehmer *und beim Eingliederungszuschuss für jüngere Arbeitnehmer* 50 Prozent des berücksichtigungsfähigen Arbeitsentgelts nicht übersteigen ... (2) Die Förderungsdauer darf im Regelfall ... 2. beim Eingliederungszuschuss bei erschwerter Vermittlung *und beim Eingliederungszuschuss für jüngere Arbeitnehmer* zwölf Monate und ...	1. 1. 04
§ 222 a **Eingliederungszuschuss für besonders betroffene schwerbehinderte Menschen** (1) – (2) ... (3) Bei der Entscheidung über Höhe und Dauer der Förderung ist zu berücksichtigen, ob der schwerbehinderte Mensch ohne gesetzliche Verpflichtung oder über die Beschäftigungspflicht nach dem Teil 2 des Neunten Buches hinaus eingestellt und beschäftigt wird. Zudem ist bei der Festlegung der Dauer der Förderung eine geförderte befristete Vorbeschäftigung beim Arbeitgeber entsprechend zu berücksichtigen.	**§ 222 a** **Eingliederungszuschuss für besonders betroffene schwerbehinderte Menschen** (1) – (2) ... (3) Bei der Entscheidung über Höhe und Dauer der Förderung ist zu berücksichtigen, ob der schwerbehinderte Mensch ohne gesetzliche Verpflichtung oder über die Beschäftigungspflicht nach dem Teil 2 des Neunten Buches hinaus eingestellt und beschäftigt wird. *Zudem soll bei der Festlegung der Dauer der Förderung eine geförderte befristete Vorbeschäftigung beim Arbeitgeber entsprechend berücksichtigt werden.*	1. 1. 02

D. Gesetzestext und -materialien

(4) Nach Ablauf von zwölf Monaten ist der Eingliederungszuschuss entsprechend der zu erwartenden Zunahme der Leistungsfähigkeit des Arbeitnehmers und den abnehmenden Eingliederungserfordernissen gegenüber der bisherigen Förderungshöhe, mindestens aber um zehn Prozentpunkte jährlich, zu vermindern; er darf aber 30 Prozent nicht unterschreiten. Der Eingliederungszuschuss für ältere schwerbehinderte Menschen ist erst nach Ablauf von 24 Monaten zu vermindern. Zeiten einer geförderten befristeten Beschäftigung beim Arbeitgeber sind entsprechend zu berücksichtigen.

(5) Schwerbehinderte Menschen im Sinne dieses Gesetzes sind auch nach § 2 Abs. 3 des Neunten Buches von den Arbeitsämtern gleichgestellte Behinderte.

§ 223
Förderungsausschluss und Rückzahlung

(1) ... ...
(2) Der Eingliederungszuschuss bei Einarbeitung und der Eingliederungszuschuss bei erschwerter Vermittlung sowie der Eingliederungszuschuss für besonders betroffene Schwerbehinderte mit Ausnahme des Eingliederungszuschusses für besonders betroffene ältere Schwerbehinderte nach § 222a Abs. 2 sind teilweise zurückzuzahlen, wenn ...

§ 226
Einstellungszuschuss bei Neugründungen

(1)
1. ...
d) die Voraussetzungen erfüllt, um Entgeltersatzleistungen bei beruflicher Weiterbildung oder bei Leistungen zur Teilhabe am Arbeitsleben zu erhalten.
und ohne die Leistung nicht ...

**Dritter Unterabschnitt
Eingliederungsvertrag
§ 229
Grundsatz**

---

(4) Nach Ablauf von zwölf Monaten ist der Eingliederungszuschuss entsprechend der zu erwartenden Zunahme der Leistungsfähigkeit des Arbeitnehmers und den abnehmenden Eingliederungserfordernissen gegenüber der bisherigen Förderungshöhe, mindestens aber um zehn Prozentpunkte jährlich, zu vermindern; er darf aber 30 Prozent nicht unterschreiten. Der Eingliederungszuschuss für ältere schwerbehinderte Menschen ist erst nach Ablauf von 24 Monaten zu vermindern. *Zeiten einer geförderten befristeten Beschäftigung beim Arbeitgeber sollen angemessen berücksichtigt werden.*

(5) Schwerbehinderte Menschen im Sinne dieses Gesetzes sind auch nach § 2 Abs. 3 des Neunten Buches von den Arbeitsämtern gleichgestellte *behinderte Menschen.*

§ 223
Förderungsausschluss und Rückzahlung   1. 1. 04

(1) ...
(2) Der Eingliederungszuschuss bei Einarbeitung, der Eingliederungszuschuss bei erschwerter Vermittlung, *der Eingliederungszuschuss für jüngere Arbeitnehmer* sowie der Eingliederungszuschuss für besonders betroffene Schwerbehinderte mit Ausnahme des Eingliederungszuschusses für besonders betroffene ältere Schwerbehinderte nach § 222a Abs. 2 sind teilweise zurückzuzahlen, wenn ...

§ 226
Einstellungszuschuss bei Neugründungen   1. 1. 02

(1)
1. ...
d) die Voraussetzungen erfüllt, um Entgeltersatzleistungen bei beruflicher Weiterbildung oder bei Leistungen zur Teilhabe am Arbeitsleben zu erhalten.
und ohne die Leistung nicht ...

**Dritter Unterabschnitt
Förderung der beruflichen Weiterbildung durch Vertretung
§ 229
Grundsatz**   1. 1. 02

Arbeitgeber, die einem Arbeitnehmer die Teilnahme an einer beruflichen Weiterbildung ermöglichen und dafür einen Arbeitslosen einstellen, können einen Zuschuss zum Arbeitsentgelt des Vertreters erhalten. Wird ein Arbeitsloser von einem Verleiher eingestellt, um ihn als Vertreter für einen anderen Arbeitnehmer, der sich beruflich weiterbildet, zu verleihen, kann der Entleiher einen Zuschuss für das dem Verleiher zu zahlende Entgelt erhalten.

Synopse SGB III alt/neu

§ 230 Förderungsbedürftige Arbeitslose	§ 230 Umfang der Förderung	1. 1. 02
	Der Einstellungszuschuss wird für die Dauer der Beschäftigung des Vertreters in Höhe von mindestens 50 und höchstens 100 Prozent des berücksichtigungsfähigen Arbeitsentgelts im Sinne des § 218 Abs. 3 geleistet. Die Dauer der Förderung für die Beschäftigung eines Vertreters bei demselben Arbeitgeber darf zwölf Monate nicht überschreiten. Das Arbeitsamt soll bei der Höhe des Zuschusses die Höhe der Aufwendungen, die der Arbeitgeber für die berufliche Weiterbildung des Stammarbeitnehmers tätigt sowie eine mögliche Minderleistung des Vertreters berücksichtigen. Im Fall des Verleihs beträgt der Zuschuss 50 Prozent des vom Entleiher an den Verleiher zu zahlenden Entgelts.	
§ 231 Eingliederungsvertrag	§ 231 Arbeitsrechtliche Regelung	1. 1. 02
	(1) *Wird ein zuvor arbeitsloser Arbeitnehmer zur Vertretung eines Arbeitnehmers, der sich beruflich weiterbildet, eingestellt, liegt ein sachlicher Grund vor, der die Befristung des Arbeitsvertrages mit dem Vertreter rechtfertigt.*	
	(2) *Wird im Rahmen arbeits- oder arbeitsschutzrechtlicher Gesetze oder Verordnungen auf die Zahl der beschäftigten Arbeitnehmer abgestellt, so sind bei der Ermittlung dieser Zahl nur die Arbeitnehmer, die sich in beruflicher Weiterbildung befinden, nicht aber die zu ihrer Vertretung eingestellten Arbeitnehmer mitzuzählen.*	
§ 232 Dauer und Auflösung des Eingliederungsvertrages, Rechtsweg	§ 232 Beauftragung und Förderung Dritter	1. 1. 02
	Das Arbeitsamt kann Dritte mit der Vorbereitung und Gestaltung der beruflichen Weiterbildung durch Vertretung beauftragen und durch Zuschüsse fördern. Die Förderung umfasst Zuschüsse zu den unmittelbar im Zusammenhang mit der Vorbereitung und Gestaltung der beruflichen Weiterbildung durch Vertretung anfallenden Kosten. Die Zuschüsse können bis zur Höhe der angemessenen Aufwendungen für das zur Aufgabenwahrnehmung erforderliche Personal sowie das insoweit erforderliche Leitungs- und Verwaltungspersonal sowie die angemessenen Sach- und Verwaltungskosten gewährt werden.	
§ 233 Förderung	§ 233 Anordnungsermächtigung	1. 1. 02
	Die Bundesanstalt wird ermächtigt, durch Anordnung das Nähere über Voraussetzungen, Art, Umfang und Verfahren der Förderung der beruflichen Weiterbildung durch Vertretung zu bestimmen.	

§ 234
Anordnungsermächtigung

§ 234
Anordnungsermächtigung

aufgehoben

1.1.02

Zweiter Abschnitt
Berufliche Ausbildung und Leistungen zur beruflichen Eingliederung Behinderter
Erster Unterabschnitt
Förderung der Berufsausbildung

Zweiter Abschnitt
Berufliche Ausbildung, berufliche Weiterbildung und Leistungen zur beruflichen Eingliederung Behinderter
Erster Unterabschnitt
Förderung der Berufsausbildung und der beruflichen Weiterbildung

§ 235 b

bisher nicht belegt

§ 235 b
Erstattung der Praktikumsvergütung

1.1.04

(1) *Arbeitgeber können durch Erstattung der Praktikumsvergütung bis zu 192 Euro zuzüglich des Gesamtsozialversicherungsbeitrages gefördert werden, wenn sie Auszubildenden im Rahmen eines Praktikums Grundkenntnisse und -fertigkeiten vermitteln, die für eine Berufsausbildung förderlich sind und das Praktikum mit einer berufsvorbereitenden Bildungsmaßnahme in Teilzeit verbunden ist (§ 61 Abs. 3).*

(2) *Förderungsfähig sind Betriebspraktika, die berufs- oder berufsbereichbezogene fachliche sowie soziale Kompetenzen vermitteln, die einen Übergang in eine Berufsausbildung erleichtern. Der Auszubildende ist für die Dauer der ergänzenden Berufsvorbereitung vom Betrieb freizustellen.*

(3) *Der Arbeitgeber ist verpflichtet, mit dem Auszubildenden einen Praktikumsvertrag abzuschließen und eine Praktikumsvergütung von im Regelfall 192 Euro monatlich zu zahlen. Soweit in einem vergleichbaren Tätigkeitsbereich eine niedrigere Ausbildungsvergütung gezahlt wird, ist die Praktikumsvergütung entsprechend zu mindern.*

(4) *Die Auszahlung der Leistungen kann durch den Träger der berufsvorbereitenden Bildungsmaßnahme erfolgen.*

§ 235 c

bisher nicht belegt

§ 235c
Förderung der beruflichen Weiterbildung

1.1.02

(1) *Arbeitgeber können für die berufliche Weiterbildung von Arbeitnehmern, bei denen die Notwendigkeit der Weiterbildung wegen eines fehlenden Berufsabschlusses anerkannt ist, durch Zuschüsse zum Arbeitsentgelt gefördert werden, soweit die Weiterbildung im Rahmen eines bestehenden Arbeitsverhältnisses durchgeführt wird.*

(2) *Die Zuschüsse können bis zur Höhe des Betrages erbracht werden, der sich als anteiliges Arbeitsentgelt einschließlich des darauf entfallenden pauschalierten Arbeitgeberanteils am Gesamtsozialversicherungsbeitrag für weiterbildungsbedingte Zeiten ohne Arbeitsleistung errechnet.*

Synopse SGB III alt/neu

Sechstes Kapitel – Leistungen an Träger **Erster Abschnitt** **-Förderung der Berufsausbildung**	**Sechstes Kapitel – Leistungen an Träger** **Erster Abschnitt** **Förderung der Berufsausbildung und Beschäftigung begleitende Eingliederungshilfen**

§ 240 **Grundsatz**	**§ 240** **Grundsatz**	1. 1. 04
Träger von Maßnahmen der beruflichen Ausbildung können durch Zuschüsse gefördert werden, wenn sie durch zusätzliche Maßnahmen zur betrieblichen Ausbildung für förderungsbedürftige Auszubildende diesen eine berufliche Ausbildung ermöglichen und ihre Eingliederungsaussichten verbessern.	*Träger von Maßnahmen der beruflichen Ausbildung können durch Zuschüsse gefördert werden, wenn sie*	
	1. *durch zusätzliche Maßnahmen zur betrieblichen Ausbildung für förderungsbedürftige Auszubildende diesen eine berufliche Ausbildung ermöglichen und ihre Eingliederungsaussichten verbessern oder*	
	2. *besonders benachteiligte Jugendliche, die keine Beschäftigung haben und nicht ausbildungsuchend oder arbeitsuchend gemeldet sind, durch zusätzliche soziale Betreuungsmaßnahmen an Ausbildung, Qualifizierung und Beschäftigung heranführen.*	

§ 241 **Förderungsfähige Maßnahmen**	**§ 241** **Förderungsfähige Maßnahmen**	
(1)	(1)	Abs. 2 – 1. 1. 02
(2) Maßnahmen, die anstelle einer Ausbildung in einem Betrieb als berufliche Ausbildung im ersten Jahr in einer außerbetrieblichen Einrichtung im Rahmen eines Berufsausbildungsvertrages nach dem Berufsbildungsgesetz durchgeführt werden, sind förderungsfähig, wenn	(2) *Maßnahmen, die anstelle einer Ausbildung in einem Betrieb als berufliche Ausbildung im ersten Jahr in einer außerbetrieblichen Einrichtung im Rahmen eines Berufsausbildungsvertrages nach dem Berufsbildungsgesetz durchgeführt werden, sind förderungsfähig, wenn*	
1. den an der Maßnahme teilnehmenden Auszubildenden auch mit ausbildungsbegleitenden Hilfen eine Ausbildungsstelle in einem Betrieb nicht vermittelt werden kann und	1. *den an der Maßnahme teilnehmenden Auszubildenden auch mit ausbildungsbegleitenden Hilfen eine Ausbildungsstelle in einem Betrieb nicht vermittelt werden kann,*	
2. die Auszubildenden nach Erfüllung der allgemeinbildenden Vollzeitschulpflicht an einer berufsvorbereitenden Bildungsmaßnahme mit einer Dauer von mindestens sechs Monaten teilgenommen haben.	2. *die Auszubildenden nach Erfüllung der allgemein bildenden Vollzeitschulpflicht an einer berufsvorbereitenden Bildungsmaßnahme mit einer Dauer von mindestens sechs Monaten teilgenommen haben und*	
	3. *der Anteil betrieblicher Praktikumsphasen sechs Monate je Ausbildungsjahr nicht überschreitet.*	

Nach Ablauf des ersten Jahres der Ausbildung in einer außerbetrieblichen Einrichtung ist eine weitere Förderung nur möglich, solange dem Auszubildenden auch mit ausbildungsbegleitenden Hilfen eine Ausbildungsstelle in einem Betrieb nicht vermittelt werden kann. Im Zusammenwirken mit den Trägern der Maßnahmen sind alle Möglichkeiten wahrzunehmen, um den Übergang der Auszubildenden auf einen betrieblichen Ausbildungsplatz zu fördern. Falls erforderlich, ist dieser Übergang mit ausbildungsbegleitenden Hilfen zu unterstützen.

Nach Ablauf des ersten Jahres der Ausbildung in einer außerbetrieblichen Einrichtung ist eine weitere Förderung nur möglich, solange dem Auszubildenden auch mit ausbildungsbegleitenden Hilfen eine Ausbildungsstelle in einem Betrieb nicht vermittelt werden kann. Im Zusammenwirken mit den Trägern der Maßnahmen sind alle Möglichkeiten wahrzunehmen, um den Übergang der Auszubildenden auf einen betrieblichen Ausbildungsplatz zu fördern. Falls erforderlich, ist dieser Übergang mit ausbildungsbegleitenden Hilfen zu unterstützen. Wenn die betriebliche Ausbildung innerhalb von drei Monaten nach dem Übergang nicht fortgeführt werden kann, ist die weitere Teilnahme an der außerbetrieblichen Ausbildungsmaßnahme möglich

(3) ...

(3) ...

(3a) *Gefördert werden niedrigschwellige Angebote im Vorfeld von Ausbildung, Qualifizierung und Beschäftigung, die Jugendliche, die auf andere Weise nicht erreicht werden können, für eine berufliche Qualifizierung motivieren (Aktivierungshilfen). Eine Förderung ist nur möglich, wenn Dritte sich mindestens zur Hälfte an der Finanzierung beteiligen.*

Abs. 3a – 1.1.04

(4) ...

(4) ...

§ 242
Förderungsbedürftige Auszubildende

(1) Förderungsbedürftig sind ...
1.   .-2 ...
3. nach erfolgreicher Beendigung einer Ausbildung ein Arbeitsverhältnis nicht begründen oder festigen können.

§ 242
Förderungsbedürftige Auszubildende

1.1.04

(1) Förderungsbedürftig sind ...
1.   .2. ... ...
3. nach erfolgreicher Beendigung einer Ausbildung ein Arbeitsverhältnis nicht begründen oder festigen können *oder*

4. *Angebote zur beruflichen Eingliederung nicht oder nicht mehr in Anspruch nehmen oder mit diesen noch nicht eingegliedert werden können.*

(2) ...

(2) ...

§ 243
Leistungen

Die Förderung umfasst
1. die Zuschüsse zur Ausbildungsvergütung zuzüglich des Gesamtsozialversicherungsbeitrags und des Beitrags zur Unfallversicherung,
2. die Maßnahmekosten und
3. sonstige Kosten.
Leistungen können nur erbracht werden, soweit sie nicht für den gleichen Zweck durch Dritte erbracht werden. Leistungen Dritter zur Aufstockung der Leistungen bleiben anrechnungsfrei.

§ 243
Leistungen

1.1.04

(1) Die Förderung umfasst
1. die Zuschüsse zur Ausbildungsvergütung zuzüglich des Gesamtsozialversicherungsbeitrags und des Beitrags zur Unfallversicherung,
2. die Maßnahmekosten und
3. sonstige Kosten.
Leistungen können nur erbracht werden, soweit sie nicht für den gleichen Zweck durch Dritte erbracht werden. Leistungen Dritter zur Aufstockung der Leistungen bleiben anrechnungsfrei.

(2) *Abweichend von Absatz 1 können Aktivierungshilfen nach § 240 Nr. 2 bis zu einer Höhe von 50 Prozent der Gesamtkosten gefördert werden*

§ 246
Sonstige Kosten

Als sonstige Kosten können übernommen werden
1. Zuschüsse für die Teilnahme des Ausbildungs- und Betreuungspersonals an besonderen von der Bundesanstalt anerkannten Weiterbildungsmaßnahmen,

2. bei ausbildungsbegleitenden Hilfen zur Weitergabe an den Auszubildenden ein Zuschuss zu den Fahrkosten, wenn dem Auszubildenden durch die Teilnahme an der Maßnahme Fahrkosten zusätzlich entstehen.

§ 246
Sonstige Kosten

1.1.02

Als sonstige Kosten können übernommen werden
1. Zuschüsse für die Teilnahme des Ausbildungs- und Betreuungspersonals an besonderen von der Bundesanstalt anerkannten Weiterbildungsmaßnahmen,

2. bei ausbildungsbegleitenden Hilfen zur Weitergabe an den Auszubildenden ein Zuschuss zu den Fahrkosten, wenn dem Auszubildenden durch die Teilnahme an der Maßnahme Fahrkosten zusätzlich entstehen *und*

3. *bei erfolgreicher vorzeitiger Vermittlung aus einer nach § 241 Abs. 2 geförderten außerbetrieblichen Ausbildung in eine betriebliche Ausbildung eine Pauschale an den Träger. Die Pauschale beträgt 2000 Euro für jede Vermittlung. Die Vermittlung muss spätestens zwölf Monate vor dem vertraglichen Ende der außerbetrieblichen Ausbildung erfolgt sein. Die Vermittlung gilt als erfolgreich, wenn das Ausbildungsverhältnis länger als drei Monate fortbesteht. Die Pauschale wird für jeden Auszubildenden nur einmal gezahlt*

§§ 246 a

bisher nicht belegt

§ 246 a
Beschäftigung begleitende Eingliederungshilfen

1.1.04

Träger können durch Zuschüsse gefördert werden, wenn sie durch zusätzliche Hilfen für förderungsbedürftige Arbeitnehmer diesen die betriebliche Eingliederung ermöglichen und ihre Aussichten auf dauerhafte berufliche Eingliederung verbessern (Beschäftigung begleitende Eingliederungshilfen)

§§ 246 b

bisher nicht belegt

§ 246 b
Förderungsbedürftige Arbeitnehmer

1.1.04

Förderungsbedürftig sind jüngere Arbeitnehmer, die wegen der in ihrer Person liegenden Gründe ohne die Förderung ein Arbeitsverhältnis nicht begründen oder festigen können.

§§ 246c

bisher nicht belegt

§ 246c
Förderungsfähige Maßnahmen

1.1.04

Förderungsfähig sind Maßnahmen, die die betriebliche Eingliederung unterstützen und über betriebsübliche Inhalte hinausgehen. Hierzu gehören Maßnahmen
1. *zum Abbau von Sprach- und Bildungsdefiziten,*
2. *zur Förderung der Fachpraxis und Fachtheorie und*
3. *zur sozialpädagogischen Begleitung.*

§§ 246d

bisher nicht belegt

§ 246d
Leistungen

1.1.04

(1) Als Maßnahmekosten können dem Träger die angemessenen Aufwendungen für das zur Durchführung der Maßnahme eingesetzte erforderliche Fachpersonal sowie das insoweit erforderliche Leitungs- und Verwaltungspersonal sowie die angemessenen Sach- und Verwaltungskosten erstattet werden.
(2) Die Förderung darf eine Dauer von sechs Monaten nicht übersteigen.

§ 248
Grundsatz

(1) Träger von Einrichtungen der beruflichen Aus- oder Weiterbildung oder

(2) In die Förderung von Trägern von Einrichtungen der beruflichen Rehabilitation können nur Vorhaben einbezogen werden, ...

§ 248
Grundsatz

1.1.02

(1) Träger von *Einrichtungen* der beruflichen Aus- oder Weiterbildung oder

(2) In die Förderung von Trägern von Einrichtungen der beruflichen Rehabilitation können nur Vorhaben einbezogen werden, ...
(Anmerkung: Änderungen sind bereits im Text des SGB III i. d. F. v.21. 12. 00 enthalten)

§ 254
Grundsatz

Die in einem Sozialplan vorgesehenen Maßnahmen, die der Eingliederung von ohne die Förderung nicht oder nicht dauerhaft in den Arbeitsmarkt einzugliedernden Arbeitnehmern dienen, können durch Zuschüsse gefördert werden, wenn anstelle dieser Maßnahmen für diese Arbeitnehmer voraussichtlich andere Leistungen der aktiven Arbeitsförderung zu erbringen wären.

V
§ 254
Grundsatz

1.1.02

Die in einem Sozialplan vorgesehenen Maßnahmen zur Eingliederung von Arbeitnehmern in den Arbeitsmarkt können durch Zuschüsse gefördert werden.

§ 255
Förderungsfähige Maßnahme

(1) ....
(2) Eine Förderung ist ausgeschlossen, wenn
1. die Maßnahme überwiegend betrieblichen Interessen dient
2. die Maßnahme den gesetzlichen Zielen der Arbeitsförderung zuwiderläuft oder
3. der Sozialplan ein Wahlrecht für den einzelnen Arbeitnehmer zwischen Abfindung und Eingliederungsmaßnahme vorsieht ...

(3)

§ 255
Förderungsfähige Maßnahme

1.1.02

(1) ....
...
(2) Eine Förderung ist ausgeschlossen, wenn
1. die Maßnahme überwiegend betrieblichen Interessen dient *oder*
2. die Maßnahme den gesetzlichen Zielen der Arbeitsförderung zuwiderläuft.

(3)

Synopse SGB III alt/neu 117

§ 257 Zuschuss	§ 257 Zuschuss	1.1.02
(1) Als Zuschuss kann ein Betrag geleistet werden, der in einem angemessenen Verhältnis zu den durch die Maßnahme entstehenden Gesamtkosten ...	Als Zuschuss kann höchstens ein Betrag geleistet werden, der sich errechnet, indem die Zahl der Teilnehmer zu Beginn der Maßnahme mit den durchschnittlichen jährlichen Aufwendungen an Arbeitslosengeld je Bezieher von Arbeitslosengeld des Kalenderjahres, in dem die Maßnahme beginnt, vervielfacht wird.	
(2) Als Zuschuss kann höchstens ein Betrag geleistet werden, der sich errechnet, indem die Zahl der Teilnehmer zu Beginn der Maßnahme mit den durchschnittlichen jährlichen Aufwendungen an Arbeitslosengeld je Bezieher von Arbeitslosengeld des Kalenderjahres, in dem die Maßnahme beginnt, vervielfacht wird.		

§ 260 Grundsatz	§ 260 Grundsatz	1.1.02
(1) Träger von Arbeitsbeschaffungsmaßnahmen ... wenn, 1. in den Maßnahmen zusätzliche und im öffentlichen Interesse liegende Arbeiten durchgeführt werden und ... (2) Maßnahmen sind bevorzugt zu fördern, wenn	(1) -(2)	
	(3) Abweichend von Absatz 1 Nr. 1 brauchen die Arbeiten nicht zusätzlich zu sein, wenn sie an Wirtschaftsunternehmen vergeben werden, der Träger die Mittel der Förderung bei der Auftragsvergabe zusätzlich zu den sonst eingesetzten Mitteln verwendet und der Verwaltungsausschuss der Maßnahme zustimmt.	

§ 261 Förderungsfähige Maßnahmen	§ 261 Förderungsfähige Maßnahmen	1.1.02
(1) -(3) ...	(1) -(3) ...	
(4) Die Förderungsfähigkeit einer Maßnahme wird nicht dadurch ausgeschlossen, dass sie Zeiten einer begleitenden beruflichen Qualifizierung oder eines betrieblichen Praktikums enthält, wenn hierdurch die Eingliederungsaussichten der zugewiesenen Arbeitnehmer erheblich verbessert werden. Die Zeiten einer begleitenden beruflichen Qualifizierung dürfen 20 Prozent, die Zeiten eines betrieblichen Praktikums 40 Prozent und zusammen 50 Prozent der Zuweisungsdauer eines Arbeitnehmers nicht überschreiten.	*(4) Maßnahmen in Eigenregie des Trägers sind nur förderungsfähig, wenn sie Qualifizierungs- oder Praktikumsanteile von mindestens 20 Prozent der Zuweisungsdauer der geförderten Arbeitnehmer enthalten;* dies gilt nicht für Arbeitnehmer, die das 55. Lebensjahr vollendet haben. Die Zeiten einer begleitenden beruflichen Qualifizierung dürfen 20 Prozent, die Zeiten eines betrieblichen Praktikums 40 Prozent und zusammen 50 Prozent der Zuweisungsdauer eines Arbeitnehmers nicht überschreiten.	
	(5) Die Träger oder durchführenden Unternehmen haben spätestens bei Beendigung der Beschäftigung des geförderten Arbeitnehmers eine Teilnehmerbeurteilung für das Arbeitsamt auszustellen, die auch Aussagen zur Beurteilung der weiteren beruflichen Entwicklungsmöglichkeiten des Arbeitnehmers enthält. Auf seinen Wunsch ist dem Arbeitnehmer eine Ausfertigung der Teilnehmerbeurteilung zu übermitteln.	

§ 262
Vergabe von Arbeiten

(1) Maßnahmen im gewerblichen Bereich ...
1. sie sinnvoll nur sozialpädagogisch betreut durchgeführt werden kann oder Qualifizierungs- oder Praktkumsanteile von mindestens 20 Prozent der Zuweisungsdauer enthält, ...

§ 263
Förderungsbedürftige Arbeitnehmer

(1) Arbeitnehmer sind förderungsbedürftig, wenn sie
1. langzeitarbeitslos sind oder innerhalb der letzten zwölf Monate vor der Zuweisung mindestens sechs Monate beim Arbeitsamt arbeitslos gemeldet waren und ...

(2) Das Arbeitsamt kann unabhängig vom Vorliegen der Voraussetzungen nach Absatz 1 die Förderungsbedürftigkeit von Arbeitnehmern feststellen, wenn

1. dadurch fünf Prozent der Zahl aller in dem Haushaltsjahr zugewiesenen Teilnehmer ...

2. die Arbeitnehmer in den letzten sechs Monaten mindestens drei Monate beim Arbeitsamt arbeitslos gemeldet waren und ihre Zuweisung ...

3. die Arbeitnehmer bei Beginn der Maßnahme das 25. Lebensjahr noch nicht vollendet ... oder

4. die Arbeitnehmer wegen Art oder Schwere ihrer Behinderung nur durch Zuweisung in die Maßnahme beruflich stabilisiert oder qualifiziert werden können.

§ 265 a

bisher nicht belegt

---

§ 262   1.1.02
Vergabe von Arbeiten

(1) Maßnahmen im gewerblichen Bereich ...
1. *sie sinnvoll nur sozialpädagogisch betreut durchgeführt werden kann,*

§ 263   1.1.02
Förderungsbedürftige Arbeitnehmer

(1) Arbeitnehmer sind förderungsbedürftig, wenn sie
1. *arbeitslos sind und allein durch eine Förderung in einer Arbeitsbeschaffungs- oder Strukturanpassungsmaßnahme eine Beschäftigung aufnehmen können und ...*

(2) Das Arbeitsamt kann unabhängig vom Vorliegen der Voraussetzungen nach Absatz 1 *Nr. 2* die Förderungsbedürftigkeit von Arbeitnehmern feststellen, wenn

1. dadurch *zehn* Prozent der Zahl aller in dem Haushaltsjahr zugewiesenen Teilnehmer in Arbeitsbeschaffungsmaßnahmen nicht überschritten werden,

2. *ihre Zuweisung wegen der Wahrnehmung von Anleitungs- oder Betreuungsaufgaben für die Durchführung der Maßnahme notwendig ist,*

3. die Arbeitnehmer bei Beginn der Maßnahme das 25. Lebensjahr noch nicht vollendet und keine abgeschlossene Berufsausbildung haben und die Maßnahme mit einer berufsvorbereitenden Bildungsmaßnahme verbunden ist,

4. die Arbeitnehmer wegen Art oder Schwere ihrer Behinderung nur durch Zuweisung in die Maßnahme beruflich stabilisiert oder qualifiziert werden können *oder*

5. *die Arbeitnehmer Berufsrückkehrer sind und bereits für die Dauer von mindestens zwölf Monaten in einem Versicherungspflichtverhältnis gestanden haben.*

§ 265 a   1.1.02
Pauschalierte Förderung

(1) *Abweichend von § 264 Abs. 1 bis 3 und § 265 können Zuschüsse in pauschalierter Form erbracht werden. Auf Verlangen des Trägers hat das Arbeitsamt die Zuschüsse in pauschalierter Form zu erbringen.*

(2) *Die Höhe des Zuschusses bemisst sich nach der Art der Tätigkeit des geförderten Arbeitnehmers in der Maßnahme. Der Zuschuss beträgt bei Tätigkeiten, für die in der Regel erforderlich ist*

1. eine Hochschul- oder Fachhochschulausbildung höchstens 1300 Euro,
2. eine Aufstiegsfortbildung höchstens 1200 Euro,
3. eine Ausbildung in einem Ausbildungsberuf höchstens 1100 Euro,
4. keine Ausbildung höchstens 900 Euro

monatlich. Das Arbeitsamt kann den pauschalierten Zuschuss zum Ausgleich regionaler und in der Tätigkeit liegender Besonderheiten um bis zu zehn Prozent erhöhen. Der Zuschuss ist bei Arbeitnehmern, die bei Beginn der Maßnahme das 25. Lebensjahr noch nicht vollendet haben, so zu bemessen, dass die Aufnahme einer Ausbildung nicht behindert wird.

(3) Der Zuschuss wird höchstens bis zur Höhe des monatlich ausgezahlten Arbeitsentgelts gezahlt. Ist die Arbeitszeit eines zugewiesenen Arbeitnehmers gegenüber der Arbeitszeit eines vergleichbaren, mit voller Arbeitszeit beschäftigten Arbeitnehmers herabgesetzt, sind die Zuschüsse entsprechend zu kürzen.

(4) Einnahmen des Trägers werden nicht auf den pauschalierten Zuschuss angerechnet.

§ 266 Verstärkte Förderung	§ 266 Verstärkte Förderung	1.1.02
(1) ... (2) ... 3. das Land, in dem die Maßnahme durchgeführt wird Darlehen und Zuschüsse in gleicher Höhe und zu vergleichbar günstigen Bedingungen erbringt ...	(1) ... (2) ... 3. das Land, in dem die Maßnahme durchgeführt wird *oder ein Dritter*, Darlehen und Zuschüsse in gleicher Höhe und zu vergleichbar günstigen Bedingungen erbringt ... *(3) In den Fällen des § 265a werden abweichend von Absatz 1 und 2 Einnahmen des Trägers aus der Maßnahme nicht angerechnet.*	
§ 269 Zuweisung und Abberufung	§ 269 Zuweisung und Abberufung	1.1.03
(1) ...	(1) ... *(1a) Eine Zuweisung ist grundsätzlich ausgeschlossen, wenn seit der letzten Beschäftigung in einer Arbeitsbeschaffungs- oder Strukturanpassungsmaßnahme noch nicht drei Jahre vergangen sind.*	
§ 272 Grundsatz	§ 272 Grundsatz	1.1.02
Träger von Strukturanpassungsmaßnahmen können für die Beschäftigung von zugewiesenen Arbeitnehmern bis zum 31. Dezember 2006 durch Zuschüsse gefördert werden, wenn ...	Träger von Strukturanpassungsmaßnahmen können für die Beschäftigung von zugewiesenen Arbeitnehmern bis zum 31. Dezember *2008* durch Zuschüsse gefördert werden, wenn ...	

§ 273
Förderungsfähige Maßnahmen

Förderungsfähig sind Maßnahmen zur
1.-5.
6. Verbesserung der wirtschaftsnahen Infrastruktur einschließlich der touristischen Infrastruktur.

Die Maßnahmen nach Satz 1 Nr. 4 bis 6 sind ...

§ 274
Förderungsbedürftige Arbeitnehmer

Arbeitnehmer sind förderungsbedürftig, wenn sie
1. arbeitslos geworden oder von Arbeitslosigkeit bedroht sind,

2. vor der Zuweisung die Voraussetzungen für Arbeitslosengeld oder Arbeitslosenhilfe erfüllt haben oder bei Arbeitslosigkeit erfüllt hätten oder die Voraussetzungen für Anschlussunterhaltsgeld oder Anschlussübergangsgeld erfüllen und

3. ohne die Zuweisung auf absehbare Zeit nicht in Arbeit vermittelt werden können.

Arbeitnehmer, die unmittelbar vor der Zuweisung Arbeitslosenhilfe bezogen haben, sollen in angemessenem Umfang gefördert werden.

§ 275
Höhe der Förderung

(1) Der Zuschuss wird höchstens in Höhe von 2100 Deutsche Mark monatlich für jeden zugewiesenen Arbeitnehmer erbracht.

(2) Der Zuschuss darf die bei der Förderung von Arbeitsbeschaffungsmaßnahmen für die zugewiesenen Arbeitnehmer berücksichtigungsfähigen Arbeitsentgelte nicht übersteigen. Ist die Arbeitszeit eines zugewiesenen Arbeitnehmers gegenüber der Arbeitszeit eines vergleichbaren, mit voller Arbeitszeit beschäftigten Arbeitnehmers herabgesetzt, ist der Zuschuss entsprechend zu kürzen.

---

§ 273   1. 1. 02
Förderungsfähige Maßnahmen

Förderungsfähig sind Maßnahmen zur
1.-5.
6. Verbesserung der Infrastruktur.

Die Maßnahmen nach Satz 1 Nr. 4 bis 6 sind ...

§ 274   1. 1. 02
Förderungsbedürftige Arbeitnehmer

Arbeitnehmer sind förderungsbedürftig, wenn sie
1. *arbeitslos oder von Arbeitslosigkeit bedroht sind und allein durch eine Förderung in einer Strukturanpassungs- oder Arbeitsbeschaffungsmaßnahme eine Beschäftigung aufnehmen können und*

2. *vor der Zuweisung die Voraussetzungen für einen Anspruch auf Arbeitslosengeld oder Arbeitslosenhilfe erfüllt haben oder bei Arbeitslosigkeit erfüllt hätten oder die Voraussetzungen für Anschlussunterhaltsgeld oder Übergangsgeld im Anschluss an eine abgeschlossene Leistung zur Teilhabe am Arbeitsleben erfüllen.*

Arbeitnehmer, die unmittelbar vor der Zuweisung Arbeitslosenhilfe bezogen haben, sollen in angemessenem Umfang gefördert werden

§ 275   1. 1. 02
Höhe der Förderung

(1) Der Zuschuss wird höchstens in Höhe von *1075 Euro* monatlich für jeden zugewiesenen Arbeitnehmer erbracht.

(2) *Der Zuschuss wird höchstens bis zur Höhe des monatlichen Arbeitsentgelts gezahlt.* Ist die Arbeitszeit eines zugewiesenen Arbeitnehmers gegenüber der Arbeitszeit eines vergleichbaren, mit voller Arbeitszeit beschäftigten Arbeitnehmers herabgesetzt, ist der Zuschuss entsprechend zu kürzen.

(3) *In den Fällen des § 276 Abs. 3 können Zuschüsse zur Restfinanzierung der Maßnahmen bis zur Höhe von 200 Euro je Fördermonat und gefördertem Arbeitnehmer ab Vollendung des 55. Lebensjahres erbracht werden, wenn*

1. *die Finanzierung der Maßnahme auf andere Weise nicht sichergestellt werden kann und*
2. *ein Dritter Zuschüsse mindestens in gleicher Höhe erbringt.*

§ 276
Dauer der Förderung

(1) -(2)

§ 276
Dauer der Förderung

1.1.02

(1)-(2)

(3) *Die Förderung kann bis zu 60 Monate dauern, wenn zu Beginn der Maßnahme überwiegend ältere Arbeitnehmer zugewiesen sind, die das 55. Lebensjahr vollendet haben.*

(4) *Eine Maßnahme kann ohne zeitliche Unterbrechung wiederholt gefördert werden, wenn sie darauf ausgerichtet ist, während einer längeren Dauer Arbeitsplätze für wechselnde besonders förderungsbedürftige Arbeitnehmer zu schaffen*

§ 277
Zuweisung

Das Arbeitsamt kann einen förderungsbedürftigen Arbeitnehmer für die Dauer der Förderung in die Maßnahme zuweisen. Eine Zuweisung ist ausgeschlossen, soweit der Arbeitnehmer bereits in eine andere Strukturanpassungsmaßnahme oder in eine andere vergleichbare Maßnahme zugewiesen wurde und die für ihn maßgebliche Zuweisungsdauer hierbei ausgeschöpft wurde.

§ 277
Zuweisung

(1) *Das Arbeitsamt kann einen förderungsbedürftigen Arbeitnehmer in die Maßnahme zuweisen für die Dauer*
1. *von bis zu 36 Monaten, wenn er das 55. Lebensjahr noch nicht vollendet hat,*
2. *von bis zu 48 Monaten, wenn der Träger die Verpflichtung übernimmt, Arbeitnehmer anschließend in ein Dauerarbeitsverhältnis bei ihm oder dem durchführenden Unternehmen zu übernehmen und*

3. *von bis zu 60 Monaten, wenn er das 55. Lebensjahr vollendet hat.*

(2) *Eine Zuweisung ist grundsätzlich ausgeschlossen, wenn seit der letzten Beschäftigung in einer Strukturanpassungs- oder Arbeitsbeschaffungsmaßnahme noch nicht drei Jahre vergangen sind. Satz 1 gilt nicht für Zuweisungen von Arbeitnehmern, die das 55. Lebensjahr vollendet haben.*

Abs. 1-
1.1.02

Abs. 2 -
1.1.03

§ 278
Anwendung anderer Vorschriften

Die Vorschriften zur Förderung von Arbeitsbeschaffungsmaßnahmen über die begleitende berufliche Qualifizierung oder betriebliche Praktika der zugewiesenen Arbeitnehmer, die Kündigung des Arbeitsverhältnisses, ...

§ 278
Anwendung anderer Vorschriften

1.1.02

Die Vorschriften zur Förderung von Arbeitsbeschaffungsmaßnahmen über die begleitende berufliche Qualifizierung oder betriebliche Praktika der zugewiesenen Arbeitnehmer, *die Teilnehmerbeurteilung,* die Kündigung des Arbeitsverhältnisses,

Siebter Abschnitt **Förderung von Beschäftigung schaffenden Infrastrukturmaßnahmen** **§ 279 a**	**Siebter Abschnitt** **Förderung von Beschäftigung schaffenden Infrastrukturmaßnahmen** **§ 279 a** **Beschäftigung schaffende Infrastrukturförderung**	1. 1. 02
bisher nicht belegt	(1) *Öffentlich-rechtliche Träger können bis zum 31. Dezember 2007 durch einen angemessenen Zuschuss zu den Kosten von Arbeiten zur Verbesserung der Infrastruktur gefördert werden, wenn*	

1. *der Träger mit der Durchführung der Arbeiten ein Wirtschaftsunternehmen beauftragt, das sich verpflichtet, für eine zwischen dem Arbeitsamt und dem Träger festgelegte Zeit eine bestimmte Zahl von Arbeitslosen zu beschäftigen, die vom Arbeitsamt zugewiesen werden,*

2. *die Arbeitslosen die Voraussetzungen für Entgeltersatzleistungen bei Arbeitslosigkeit, bei beruflicher Weiterbildung oder bei Leistungen zur Teilhabe am Arbeitsleben erfüllen,*

3. *das Wirtschaftsunternehmen die Arbeitnehmer weit überwiegend bei der Erledigung der geförderten Arbeiten einsetzt ,*

4. *der Anteil der zugewiesenen Arbeitslosen 35 Prozent der voraussichtlich beschäftigten Arbeitnehmer nicht übersteigt,*

5. *der Träger die Mittel der Förderung bei der Auftragsvergabe zusätzlich zu den sonst eingesetzten Mitteln verwendet und*

6. *der Verwaltungsausschuss der Förderung zustimmt*

Die Förderung ist so zu bemessen, dass in der Regel ein Anteil von 25 Prozent der voraussichtlichen Gesamtkosten der Arbeiten nicht überschritten wird und die Fördermittel im Verhältnis zu den zugewiesenen Arbeitnehmern angemessen sind..

(2) *§ 262 Abs. 2, § 269 Abs. 1 und 2, § 270 und § 271 Satz 1 gelten entsprechend.*

§ 282 **Arbeitsmarkt- und Berufsforschung**	**§ 282** **Arbeitsmarkt- und Berufsforschung**	1. 1. 02
(1) ...	(1) ...	
(2) Innerhalb der Bundesanstalt dürfen die Daten aus ihrem Geschäftsbereich dem Institut für Arbeitsmarkt- und Berufsforschung zur Verfügung gestellt und ...	(2) *Die Untersuchung der Wirkungen der Arbeitsförderung ist ein Schwerpunkt der Arbeitsmarktforschung. Sie soll zeitnah erfolgen und ist ständige Aufgabe des Instituts für Arbeitsmarkt- und Berufsforschung.*	
(3) Das Institut hat die nach den §§ 28a und 104 des Vierten Buches gemeldeten und der Bundesanstalt weiter übermittelten Daten der in der Bundesrepublik Deutschland Beschäftigten ohne Vor- und Zunamen ...	(3) *Die Wirkungsforschung soll unter Berücksichtigung der unterschiedlichen Zielsetzungen des Gesetzes insbesondere*	

1. *die Untersuchung, in welchem Ausmaß die Teilnahme an einer Maßnahme die Vermittlungsaussichten der Teilnehmer verbessert und ihre Beschäftigungsfähigkeit erhöht,*

2. *die vergleichende Ermittlung der Kosten von Maßnahmen in Relation zu ihrem Nutzen,*

3. *die Messung von volkswirtschaftlichen Nettoeffekten beim Einsatz arbeitsmarktpolitischer Instrumente,*

4. *die Analyse von Auswirkungen auf Erwerbsverläufe unter Berücksichtigung der Gleichstellung von Frauen und Männern umfassen.*

(4) *Arbeitsmarktforschung soll auch die Wirkungen der Arbeitsförderung auf regionaler Ebene untersuchen.*

(5) Innerhalb der Bundesanstalt dürfen die Daten aus ihrem Geschäftsbereich dem Institut für Arbeitsmarkt- und Berufsforschung zur Verfügung gestellt und dort für dessen Zwecke genutzt und verarbeitet werden. Das Institut für Arbeitsmarkt- und Berufsforschung darf ergänzend Erhebungen ohne Auskunftspflicht der zu Befragenden durchführen, wenn sich die Informationen nicht bereits aus den im Geschäftsbereich der Bundesanstalt vorhandenen Daten oder aus anderen statistischen Quellen gewinnen lassen. Das Institut, das räumlich, organisatorisch und personell vom Verwaltungsbereich der Bundesanstalt zu trennen ist, hat die Daten vor unbefugter Kenntnisnahme durch Dritte zu schützen. Die Daten dürfen nur für den Zweck der wissenschaftlichen Forschung genutzt werden. Die personenbezogenen Daten sind zu anonymisieren, sobald dies nach dem Forschungszweck möglich ist. Bis dahin sind die Merkmale gesondert zu speichern, mit denen Einzelangaben über persönliche oder sachliche Verhältnisse einer bestimmten oder bestimmbaren Person zugeordnet werden können. Das Statistische Bundesamt und die statistischen Ämter der Länder dürfen dem Institut für Arbeitsmarkt- und Berufsforschung Daten entsprechend § 16 Abs. 6 des Bundesstatistikgesetzes übermitteln.

(6) Das Institut hat die nach den *§ 28 a des Vierten Buches* gemeldeten und der Bundesanstalt weiter übermittelten Daten der in der Bundesrepublik Deutschland Beschäftigten ohne Vor- und Zunamen nach der Versicherungsnummer langfristig in einer besonders geschützten Datei zu speichern. Die in dieser Datei gespeicherten Daten dürfen nur für Zwecke der wissenschaftlichen Forschung, der Arbeitsmarktstatistik und der nicht einzelfallbezogenen Planung verarbeitet und genutzt werden. Sie sind zu anonymisieren, sobald dies mit dem genannten Zweck vereinbar ist.

	(7) *Die Bundesanstalt übermittelt wissenschaftlichen Einrichtungen auf Antrag oder Ersuchen anonymisierte Daten, die für Zwecke der Arbeitsmarkt- und Berufsforschung erforderlich sind. § 282a Abs. 5 gilt entsprechend. Für Sozialdaten gilt § 75 des Zehnten Buches.*	
§ 291 Erlaubnispflicht	**§ 291 Erlaubnispflicht**	1. 1. 02
(1) ….	(1) …	
(2) Nicht erlaubnispflichtig sind 1. -5.	(2) Nicht erlaubnispflichtig sind 1. – 5. ,	
	6. *die Vermittlung der Teilnehmer an Maßnahmen zur Förderung der Berufsausbildung und an Maßnahmen der beruflichen Weiterbildung, die für eine Förderung anerkannt sind, durch den Träger der Maßnahme.*	
Für Tätigkeiten nach den Nummern 1 bis 5 sind die nachfolgenden Bestimmungen dieses Titels nicht anzuwenden. Abweichend von Satz 2 gilt für die Ausbildungsvermittlung nach Nummer 5 die Verpflichtung zur Meldung statistischer Daten nach § 299.	*Für Tätigkeiten nach den Nr. 1 bis 6 sind die nachfolgenden Bestimmungen dieses Titels nicht anzuwenden. Abweichend von Satz 2 gelten für die Ausbildungsvermittlung nach Nr. 5 und die Vermittlung von Maßnahmeteilnehmern nach Nr. 6 die Vorschriften der §§ 296 bis 299 entsprechend.*	
(3) …	(3) …	
§ 318 Auskunftspflicht bei beruflicher Aus- oder Weiterbildung oder beruflicher Eingliederung Behinderter	**§ 318 Auskunftspflicht bei beruflicher Aus- oder Weiterbildung oder beruflicher Eingliederung Behinderter**	1. 1. 02
Arbeitgeber und Träger, bei denen eine berufliche Aus- oder Weiterbildung oder eine Maßnahme zur beruflichen Eingliederung Behinderter durchgeführt wurde oder wird, haben dem Arbeitsamt unverzüglich Auskünfte über Tatsachen zu erteilen, die Aufschluss darüber geben, ob und inwieweit Leistungen zu Recht erbracht worden sind oder werden. Sie haben Änderungen, die für die Leistungen erheblich sind, unverzüglich dem Arbeitsamt mitzuteilen.	(1) *Arbeitgeber und Träger, bei denen eine berufliche Aus- oder Weiterbildung oder eine Maßnahme zur beruflichen Eingliederung Behinderter durchgeführt wurde oder wird, haben dem Arbeitsamt unverzüglich Auskünfte über Tatsachen zu erteilen, die Aufschluss darüber geben, ob und inwieweit Leistungen zu Recht erbracht worden sind oder werden. Sie haben Änderungen, die für die Leistungen erheblich sind, unverzüglich dem Arbeitsamt mitzuteilen.*	
	(2) *Arbeitnehmer, die bei Teilnahme an Maßnahmen der beruflichen Weiterbildung gefördert werden oder gefördert worden sind, sind verpflichtet,*	
	1. *dem Arbeitsamt oder dem Träger der Maßnahme auf Verlangen Auskunft über den Eingliederungserfolg der Maßnahme sowie alle weiteren Auskünfte zu erteilen, die zur Qualitätsprüfung nach § 93 benötigt werden, und*	
	2. *eine Beurteilung ihrer Leistung und ihres Verhaltens durch den Träger zuzulassen.*	
	Träger sind verpflichtet, ihre Beurteilungen des Teilnehmers unverzüglich dem Arbeitsamt zu übermitteln.	

§ 330
Sonderregelungen für die Aufhebung von Verwaltungsakten

(1)-(2)

(3) Liegen die in § 48 Abs. 1 Satz 2 des Zehnten Buches genannten Voraussetzungen für die Aufhebung eines Verwaltungsaktes mit Dauerwirkung vor, ist dieser ... aufzuheben. Abweichend von § 48 Abs. 1 Satz 1 des Zehnten Buches ist mit Wirkung vom Zeitpunkt der Änderung der Verhältnisse an ein Verwaltungsakt auch aufzuheben, soweit sich das Leistungsentgelt auf Grund einer Rechtsverordnung nach § 151 Abs. 2 Nr. 2 zu Ungunsten des Betroffenen ändert.

(4) -(5) ...

§ 333
Aufrechnung

(1)-(2)

§ 338
Allgemeine Berechnungsgrundsätze

(1) Berechnungen werden ...

(2) Bei einer auf Dezimalstellen ...

(3) Bei der Rundung des für die Höhe des Arbeitslosengeldes oder der Arbeitslosenhilfe maßgebenden Bemessungsentgelts ist der Zehnerwert um 1 zu erhöhen, wenn der Einerwert eine der Zahlen 5 bis 9 ist.

(4) Bei einer Berechnung ...

§ 345
Beitragspflichtige Einnahmen sonstiger Versicherungspflichtiger

Als beitragspflichtige Einnahme gilt bei Personen,
1–6.

---

§ 330
Sonderregelungen für die Aufhebung von Verwaltungsakten

(1)-(2)

(3) Liegen die in § 48 Abs. 1 S. 2 des Zehnten Buches genannten Voraussetzungen für die Aufhebung eines Verwaltungsaktes mit Dauerwirkung vor, ist dieser mit Wirkung vom Zeitpunkt der Änderung der Verhältnisse aufzuheben. Abweichend von § 48 Abs. 1 S. 1 des Zehnten Buches ist mit Wirkung vom Zeitpunkt der Änderung der Verhältnisse an ein Verwaltungsakt auch aufzuheben, soweit sich das Leistungsentgelt auf Grund einer Rechtsverordnung nach § 151 Abs. 2 Nr. 2 *oder das Bemessungsentgelt auf Grund einer Anpassung nach § 201* zu Ungunsten des Betroffenen ändert.

(4) – (5) ...

1.1.02

§ 333
Aufrechnung

(1)-(2)

(3) *Die Bundesanstalt kann mit Ansprüchen auf Winterbau-Umlage gegen Ansprüche auf Kurzarbeitergeld, Winterausfallgeld und Wintergeld, die vom Arbeitgeber verauslagt sind, aufrechnen; insoweit gilt der Arbeitgeber als anspruchsberechtigt.*

1.1.02

§ 338
Allgemeine Berechnungsgrundsätze

(1) Berechnungen werden auf zwei Dezimalstellen durchgeführt, wenn nichts Abweichendes bestimmt ist.

(2) Bei einer auf Dezimalstellen durchgeführten Berechnung wird die letzte Dezimalstelle um 1 erhöht, wenn sich in der folgenden Dezimalstelle eine der Zahlen 5 bis 9 ergeben würde.

(3) *aufgehoben*

(4) Bei einer Berechnung wird eine Multiplikation vor einer Division durchgeführt

1.1.02

§ 345
Beitragspflichtige Einnahmen sonstiger Versicherungspflichtiger

Als beitragspflichtige Einnahme gilt bei Personen,
1. –6.,
7. *die als Bezieherinnen von Mutterschaftsgeld versicherungspflichtig sind, ein Arbeitsentgelt in Höhe des Mutterschaftsgeldes.*

1.1.03

§ 345 a Pauschalierung der Beiträge	§ 345 a Pauschalierung der Beiträge	1.1.03

§ 345 a
Pauschalierung der Beiträge

bisher nicht belegt

§ 345 a
Pauschalierung der Beiträge

1.1.03

(1) *Die Höhe der Beiträge für Personen, die als Bezieher einer Rente wegen voller Erwerbsminderung versicherungspflichtig sind, wird pauschal festgesetzt. Sie beträgt*

1. *für das Jahr 2003   5 Millionen Euro,*
2. *für das Jahr 2004   18 Millionen Euro,*
3. *für das Jahr 2005   36 Millionen Euro.*

Die Höhe der pauschalierten Beiträge ist für Zeiten ab dem Jahr 2006 unter Berücksichtigung der Besonderheiten des versicherten Personenkreises im Hinblick auf dessen Rückkehr auf den Arbeitsmarkt neu festzusetzen; ist eine Neufestsetzung bis zum 31. Dezember 2005 nicht erfolgt, gilt für das Jahr 2006 der für das Jahr 2005 bestimmte Betrag als Abschlag.

(2) *Die Höhe der Beiträge für Personen, die als Erziehende versicherungspflichtig sind, wird pauschal festgesetzt. Sie beträgt*

1. *für das Jahr 2003   60 Millionen Euro,*
2. *für das Jahr 2004   110 Millionen Euro,*
3. *für das Jahr 2005   170 Millionen Euro,*
4. *für das Jahr 2006   230 Millionen Euro,*
5. *für das Jahr 2007   290 Millionen Euro.*

Die Höhe der pauschalierten Beiträge ist für Zeiten ab dem Jahr 2008 neu festzusetzen; bis zu einer Neufestsetzung gilt der für das Jahr 2007 bestimmte Betrag als Abschlag.

§ 346
Beitragstragung bei Beschäftigten

(1) Die Beiträge werden von den versicherungspflichtig Beschäftigten und den Arbeitgebern je zur Hälfte getragen. Arbeitgeber im Sinne der Vorschriften dieses Titels sind auch die Auftraggeber von Heimarbeitern.

(2)-(3)

§ 346
Beitragstragung bei Beschäftigten

1.1.02

(1) Die Beiträge werden von den versicherungspflichtig Beschäftigten und den Arbeitgebern je zur Hälfte getragen. Arbeitgeber im Sinne der Vorschriften dieses Titels sind auch die Auftraggeber von Heimarbeitern *sowie Träger außerbetrieblicher Ausbildung.*

(2)-(3)

§ 347
Beitragstragung bei sonstigen Versicherten

Die Beiträge werden getragen
1.-6.

§ 347
Beitragstragung bei sonstigen Versicherten

1.1.03

Die Beiträge werden getragen
1.-6. ... ,

7. *für Personen, die als Bezieher einer Rente wegen voller Erwerbsminderung versicherungspflichtig sind, von den Leistungsträgern,*

8. *für Personen, die als Bezieherinnen von Mutterschaftsgeld versicherungspflichtig sind, von den Leistungsträgern,*

9. *für Personen, die als Erziehende versicherungspflichtig sind, vom Bund.*

§ 349
Beitragszahlung für sonstige Versicherungspflichtige

(1) ... ...

(2) Die Beiträge für Wehrdienstleistende, für Zivildienstleistende und für Gefangene sind an die Bundesanstalt zu zahlen.

(3)-(5) ...

§ 397
Beauftragte für Frauenbelange

(1) Bei den Arbeitsämtern, bei den Landesarbeitsämtern und bei der Hauptstelle sind hauptamtliche Beauftragte für Frauenbelange zu bestellen. Sie sind unmittelbar der jeweiligen Dienststellenleitung zugeordnet.

(2) Die Beauftragten für Frauenbelange unterstützen und beraten Arbeitgeber und Arbeitnehmer sowie deren Organisationen in übergeordneten Fragen der Frauenförderung, insbesondere in Fragen der beruflichen Ausbildung, des beruflichen Einstiegs und Fortkommens und des Wiedereinstiegs von Frauen nach einer Familienphase sowie hinsichtlich der flexiblen Arbeitszeitgestaltung. Zur Sicherung der gleichberechtigten Teilhabe von Frauen am Arbeitsmarkt arbeiten sie mit den in Fragen der Frauenerwerbstätigkeit tätigen Stellen ihres Bezirks zusammen.

(3) Die Beauftragten für Frauenbelange sind bei der frauengerechten fachlichen Aufgabenerledigung ihrer Dienststellen zu beteiligen. Sie haben ein Informations-, Beratungs- und Vorschlagsrecht in frauenspezifischen Fragen.

(4) Die Beauftragten für Frauenbelange bei den Arbeitsämtern können mit weiteren Aufgaben beauftragt werden, soweit die Aufgabenerledigung als Beauftragte für Frauenbelange dies zulässt.

---

§ 349
Beitragszahlung für sonstige Versicherungspflichtige

1. 1. 03

(1) ... ...

(2) Die Beiträge für Wehrdienstleistende, Zivildienstleistende, *für Personen, die als Erziehende versicherungspflichtig sind* und für Gefangene sind an die Bundesanstalt zu zahlen.

(3)-(5) ...

§ 397
Beauftragte für Chancengleichheit am Arbeitsmarkt

1. 1. 02

(1) Bei den Arbeitsämtern, bei den Landesarbeitsämtern und bei der Hauptstelle sind hauptamtliche Beauftragte für *Chancengleichheit am Arbeitsmarkt* zu bestellen. Sie sind unmittelbar der jeweiligen Dienststellenleitung zugeordnet.

(2) Die Beauftragten für *Chancengleichheit am Arbeitsmarkt* unterstützen und beraten Arbeitgeber und Arbeitnehmer sowie deren Organisationen in übergeordneten Fragen der Frauenförderung, *der Gleichstellung von Frauen und Männern am Arbeitsmarkt sowie der Vereinbarkeit von Familie und Beruf bei beiden Geschlechtern. Hierzu zählen insbesondere Fragen* der beruflichen Ausbildung, des beruflichen Einstiegs und Fortkommens *von Frauen* und des Wiedereinstiegs von Frauen *und Männern* nach einer Familienphase sowie hinsichtlich flexiblen Arbeitszeitgestaltung. Zur Sicherung der gleichberechtigten Teilhabe von Frauen am Arbeitsmarkt arbeiten sie mit den in Fragen der Frauenerwerbstätigkeit tätigen Stellen ihres Bezirks zusammen.

(3) Die Beauftragten für *Chancengleichheit am Arbeitsmarkt* sind bei der frauen- *und familiengerechten* fachlichen Aufgabenerledigung. ihrer Dienststellen zu beteiligen. Sie haben ein Informations-, Beratungs- und Vorschlagsrecht in *Fragen, die Auswirkungen auf die Chancengleichheit von Frauen und Männern am Arbeitsmarkt haben*.

(4) Die Beauftragten für *Chancengleichheit am Arbeitsmarkt* bei den Arbeitsämtern können mit weiteren Aufgaben beauftragt werden, soweit die Aufgabenerledigung als Beauftragte für *Chancengleichheit am Arbeitsmarkt* dies zulässt. *In Konfliktfällen entscheidet der Verwaltungsausschuss.*

§ 404 **Bußgeldvorschriften**	**§ 404** **Bußgeldvorschriften**	1. 1. 02
(1) ... (2) ... 1.-22. ...	(1) ... ... (2) ... ... 1.-22.	
23. entgegen § 315 Abs. 1, 2 Satz 1 oder Abs. 3, jeweils auch in Verbindung mit Absatz 4, § 315 Abs. 5 Satz 1, § 316, § 317 oder als privater Arbeitgeber oder Träger entgegen § 318 Satz 1 eine Auskunft nicht, nicht richtig, nicht vollständig oder nicht rechtzeitig erteilt, ...	23. entgegen § 315 Abs. 1, 2 Satz 1 oder Abs. 3, jeweils auch in Verbindung mit Absatz 4, § 315 Abs. 5 Satz 1, § 316, § 317 oder als privater Arbeitgeber oder Träger entgegen § 318 *Abs. 1* Satz 1 eine Auskunft nicht, nicht richtig, nicht vollständig oder nicht rechtzeitig erteilt, ...	
§ 415 **Besonderheiten bei der Förderungsfähigkeit von Strukturanpassungsmaßnahmen**	**§ 415**	
(1) Die Förderung einer Strukturanpassungsmaßnahme darf bis zu 60 Monate dauern, wenn 1.-2. ...	**Die Absätze 1 und 2 werden aufgehoben** **Absatz 3 wird aufgehoben**	Abs. 1 u. 2 1. 1. 02 Abs. 3 1. 1. 03
(2) Bei der Berechnung des Anteils der Arbeitslosenhilfeempfänger an den zugewiesenen Arbeitnehmern ...		
(3) Als Strukturanpassungsmaßnahmen sind im Beitrittsgebiet und Berlin (West) auch zusätzliche Beschäftigungen arbeitsloser Arbeitnehmer, die ... 1.-4.		
in Wirtschaftsunternehmen im gewerblichen Bereich förderungsfähig. Der Arbeitgeber kann den Zuschuss nur erhalten, wenn er 1.-2. ...		
§ 416 **Besonderheiten bei der Förderung von Arbeitsbeschaffungsmaßnahmen**	**§ 416** **Besonderheiten bei der Förderung von Arbeitsbeschaffungsmaßnahmen**	1. 1. 02
(1) Der Zuschuss kann den Zuschuss nach § 264 Abs. 2 übersteigen, wenn	(1) Der Zuschuss kann den Zuschuss nach § 264 Abs. 2 übersteigen, wenn	
1. die Bewilligung der Maßnahme und die Arbeitsaufnahme in der Zeit bis zum 31. Dezember 2002 erfolgen, ... (2)-(3)	1. die Bewilligung der Maßnahme und die Arbeitsaufnahme in der Zeit bis zum 31. Dezember 200*3* erfolgen, ... (2)-(3)	
1. die Bewilligung der Maßnahme und die Arbeitsaufnahme bis zum 31. Dezember 2002 erfolgen, ...	1. die Bewilligung der Maßnahme und die Arbeitsaufnahme bis zum 31. Dezember 200*3* erfolgen, ...	
2. die Bewilligung der Maßnahme und die Arbeitsaufnahme im Beitrittsgebiet bis zum 31. Dezember 2002 erfolgen ...	2. die Bewilligung der Maßnahme und die Arbeitsaufnahme im Beitrittsgebiet bis zum 31. Dezember 200*3* erfolgen ...	

§ 416 a Besonderheiten bei der Bemessung des Arbeitslosengeldes	§ 416 a Besonderheiten bei der Bemessung des Arbeitslosengeldes	1.1.02

Zeiten einer Beschäftigung im Beitrittsgebiet, ... 1.

Zeiten einer Beschäftigung im Beitrittsgebiet, 1.

2. bis zum 31. Dezember 2001 in die Maßnahme eingetreten ist.

2. bis zum 31. Dezember *2003* in die Maßnahme eingetreten ist.

§ 417 Angemessene Dauer beruflicher Weiterbildung in Sonderfällen	§ 417 Förderung beschäftigter Arbeitnehmer	1.1.02

Die Dauer einer Vollzeitmaßnahme der beruflichen Weiterbildung, die zu einem Abschluss in einem allgemein anerkannten Ausbildungsberuf führt und gegenüber einer entsprechenden Berufsausbildung nicht um mindestens ein Drittel der Ausbildungszeit verkürzt ist, ist angemessen, wenn

(1) Arbeitnehmer können bei Teilnahme an einer für die Weiterbildungsförderung anerkannten Maßnahme durch Übernahme der Weiterbildungskosten gefördert werden, wenn

1. in bundes- oder landesgesetzlichen Regelungen über die Dauer von Weiterbildungen eine längere Dauer vorgeschrieben ist und
2. die Maßnahme bis zum 31. Dezember 2001 begonnen hat.

1. sie bei Beginn der Teilnahme das 50. Lebensjahr vollendet haben,

In den Sonderfällen des Satzes 1 ist die Verlängerung der Frist für das Erlöschen des Anspruches auf Arbeitslosenhilfe (§ 196 Abs. 1 Satz 2 Nr. 4) nicht auf längstens zwei Jahre begrenzt.

2. sie im Rahmen eines bestehenden Arbeitsverhältnisses für die Zeit der Teilnahme an der Maßnahme weiterhin Anspruch auf Arbeitsentgelt haben,

3. der Betrieb, dem sie angehören, nicht mehr als 100 Arbeitnehmer beschäftigt,

4. die Maßnahme außerhalb des Betriebes, dem sie angehören, durchgeführt wird und Kenntnisse und Fertigkeiten vermittelt werden, die über ausschließlich arbeitsplatzbezogene kurzfristige Anpassungsfortbildungen hinausgehen und

5. die Maßnahme bis zum 31. Dezember 2005 begonnen hat.

Bei der Feststellung der Zahl der beschäftigen Arbeitnehmer sind teilzeitbeschäftigte Arbeitnehmer mit einer regelmäßigen wöchentlichen Arbeitszeit von nicht mehr als zehn Stunden mit 0,25, nicht mehr als 20 Stunden mit 0,5 und nicht mehr als 30 Stunden mit 0,75 zu berücksichtigen.

(2) Nimmt ein von Arbeitslosigkeit bedrohter Arbeitnehmer im Rahmen eines bestehenden Arbeitsverhältnisses unter Fortzahlung des Arbeitsentgelts an einer Maßnahme der Eignungsfeststellung, Trainingsmaßnahme oder an einer beruflichen Weiterbildungsmaßnahme, die für die Weiterbildungsförderung anerkannt ist, teil, kann bis zur Beendigung des Arbeitsverhältnisses ein Zuschuss zum Arbeitsentgelt an den Arbeitgeber erbracht werden, wenn die Maßnahme bis zum 31. Dezember 2005 begonnen hat. Der Zuschuss kann bis zur Höhe des Betrages erbracht werden, der sich als anteiliges Arbeitsentgelt einschließlich des darauf entfallenden Arbeitgeberanteils am Gesamtsozialversicherungsbeitrag für Zeiten ohne Arbeitsleistung während der Teilnahme an der Maßnahme errechnet.

§ 420 a

bisher nicht belegt

§ 420 a
Verlängerte Sprachförderung

1. 1. 02

Unter den Voraussetzungen des § 419 oder des § 420 Abs. 3 können die durch die Teilnahme an einem bis zum 31. Dezember 2002 beginnenden Deutsch-Sprachlehrgang mit ganztägigem Unterricht entstehenden Kosten für längstens neun Monate übernommen werden, wenn der Deutsch-Sprachlehrgang im Rahmen der Erprobung eines Gesamtsprachförderkonzepts für Zuwanderer mit auf Dauer angelegtem Aufenthalt durch den Sprachverband Deutsch e. V. durchgeführt wird. In den Fällen des Satzes 1 ist die Gesamtförderdauer auf 900 Stunden begrenzt.

§ 421 e

bisher nicht belegt

§ 421 e
Förderung der Weiterbildung von Sozialhilfeempfängern

1. 1. 02

Wird von dem Träger der Sozialhilfe die Weiterzahlung von Hilfe zum Lebensunterhalt nach dem Bundessozialhilfegesetz für den Zeitraum der Teilnahme an einer beruflichen Weiterbildungsmaßnahme bewilligt, soll das Arbeitsamt dies bei der Prüfung einer Förderung nach § 80 berücksichtigen.

§ 421 f

bisher nicht belegt

§ 421 f
Sonderregelung zur Altersgrenze beim Eingliederungszuschuss

1. 1. 02

Die Altersgrenze beim Eingliederungszuschuss für ältere Arbeitnehmer und für besonders betroffene ältere schwerbehinderte Menschen wird für Förderungen, die bis zum 31. Dezember 2006 erstmals begonnen haben, auf die Vollendung des 50. Lebensjahres festgesetzt. Die Dauer der Förderung bei den besonders betroffenen älteren schwerbehinderten Menschen im Alter vom vollendeten 50. bis zum vollendeten 55. Lebensjahr darf 60 Monate nicht übersteigen.

§ 434 d

bisher nicht belegt

§ 434 d   1. 1. 02
Gesetz zur Reform der arbeitsmarktpolitischen Instrumente

(1) *Die Dauer einer Vollzeitmaßnahme der beruflichen Weiterbildung, die bis zum 31. Dezember 2004 beginnt, ist auch dann angemessen, wenn sie auf Grund bundes- oder landesgesetzlicher Regelungen nicht um mindestens ein Drittel der Ausbildungszeit verkürzt ist. Insoweit ist § 92 Abs. 2 Satz 2 in der seit dem [Tag des In-Kraft-Tretens des Gesetztes] geltenden Fassung nicht anzuwenden.*

(2) *§ 124 Abs. 3 Satz 1 Nr. 2, § 192 Satz 2 Nr. 3 und § 196 Satz 2 Nr. 3 in der bis zum 31. Dezember 2002 geltenden Fassung sind für Zeiten der Betreuung und Erziehung eines Kindes vor dem 1. Januar 2003 weiterhin anzuwenden.*

(3) *§ 131 Abs. 2 in der bis zum [Tag des In-Kraft-Tretens des Gesetztes] geltenden Fassung ist für Ansprüche auf Arbeitslosengeld, die vor dem [Tag des In-Kraft-Tretens des Gesetztes] entstanden sind, weiterhin anzuwenden; insoweit ist § 131 Abs. 2 in der vom [Tag des In-Kraft-Tretens des Gesetztes] an geltenden Fassung nicht anzuwenden.*

(4) *§ 415 Abs. 3 Satz 8 gilt ab 1. Januar 2002 mit der Maßgabe, dass der Betrag »1350 Deutsche Mark.93 durch den Betrag »691 Euro.93 ersetzt wird.*

§ 435
Gesetz zur Reform der Renten wegen verminderter Erwerbsfähigkeit

§ 435   1. 1. 03
Gesetz zur Reform der Renten wegen verminderter Erwerbsfähigkeit

(1) *Bei der Anwendung des § 26 Abs. 2 Nr. 3 und des § 345a gilt die Rente wegen Erwerbsunfähigkeit, deren Beginn vor dem 1. Januar 2001 liegt, als Rente wegen voller Erwerbsminderung; dies gilt auch dann, wenn die Rente wegen Erwerbsunfähigkeit wegen eines mehr als geringfügigen Hinzuverdienstes als Rente wegen Berufsunfähigkeit gezahlt wird.*

(1) Bei der Anwendung des § 28 Nr. 2 gilt

1. die Rente wegen Erwerbsunfähigkeit, deren Beginn vor dem 1. Januar 2001 liegt, als Rente wegen voller Erwerbsminderung und

2. eine mit der Rente wegen Erwerbsunfähigkeit vergleichbare Leistung eines ausländischen Leistungsträgers, deren Beginn vor dem 1. Januar 2001 liegt, als eine mit der Rente wegen voller Erwerbsminderung vergleichbare Leistung eines ausländischen Leistungsträgers.

(2)-(5)

(1a) *Bei der Anwendung des § 28 Nr. 2 gilt*

1. *eine Rente wegen Erwerbsunfähigkeit, deren Beginn vor dem 1. Januar 2001 liegt, als eine Rente wegen voller Erwerbsminderung und*

2. *eine mit der Rente wegen Erwerbsunfähigkeit vergleichbare Leistung eines ausländischen Leistungsträgers, deren Beginn vor dem 1. Januar 2001 liegt, als eine mit der Rente wegen voller Erwerbsminderung vergleichbare Leistung eines ausländischen Leistungsträger*

(2)-(5)

II. Gang des Gesetzgebungsverfahrens

- Gesetzentwurf der Fraktionen der SPD und Bündnis 90/Die Grünen vom 24. 9. 2001 »Entwurf eines Gesetzes zur Reform der arbeitsmarktpolitischen Instrumente (Job-AQTIV-Gesetz, BT-Drs. 14/6944; weitere Gesetzentwürfe und Änderungsanträge BT-Drs. 14/2282, 14/3044, 14/5013; 14/6636; 14/6888; 14/6162; 14/6621; 14/5794; 14/7070; 14/7383; 14/7390; 14/7391 und 14/7393
Es wurde bewusst kein Regierungsentwurf in das Gesetzgebungsverfahren eingebracht, da so vermieden werden konnte, dass der Gesetzentwurf vor dessen Einbringung in den Bundestag dem Bundesrat zur Stellungnahme vorgelegt werden muss. Demnach war zum einen die Mitgestaltungsbefugnis der Länder im Gesetzgebungsverfahren gering, zum anderen konnte so das beabsichtigte, schnelle Inkrafttreten des Gesetzes (1. 1. 2002) eingehalten werden.
- 1.Lesung im Bundestag am 27. 9. 2001; Überweisung an den federführenden Ausschuss für Arbeit und Sozialordnung und die mitberatenden Ausschüsse für Wirtschaft und Technologie, für Familie, Senioren, Frauen und Jugend, für Gesundheit, für Angelegenheiten der neuen Länder, für Bildung, Forschung und Technikfolgenabschätzung und den Haushaltsausschuss
- Beschlussempfehlung und Bericht des Ausschusses für Arbeit und Sozialordnung vom 7. 11. 2001, BT-Drs. 14/7347
- 2. und 3. Lesung im Bundestag: Annahme der BT-Drs. 14/6944 in der Fassung der BT-Drs. 14/7347
- Bundesratsbeschluss vom 30. 11. 2001: kein Antrag auf Einberufung des Vermittlungsausschusses gemäß Art. 77 Abs. 2 GG; BR-Drs. 889/01
- Verkündung am 24. 12. 2001 und Veröffentlichung im Bundesgesetzblatt Teil I 2001 Nr. 66 14. 12. 2001, S. 3443

III. Gesetzesmaterialien

Begründung des Gesetzentwurfes der Fraktionen SPD und Bündnis 90/Die Grünen (BT-Drs. 14/6944).

A. Allgemeiner Teil

Angesichts der Herausforderungen, die sich aus der Weiterentwicklung der europäischen Integration, der Globalisierung sowie der Entwicklung einer wissensbasierten Wirtschaft ergeben, wird die Modernisierung von Wirtschaft und Gesellschaft auf allen Ebenen notwendig. Die zentrale Aufgabe auf dem deutschen Arbeitsmarkt besteht darin, die verfestigte Langzeitarbeitslosigkeit abzubauen sowie das Entstehen neuer Arbeitslosigkeit möglichst zu verhindern. Gleichzeitig gilt es, mittel- und langfristig den erheblichen Wandel im Altersaufbau der Erwerbsbevölkerung, die Abnahme der Zahl der Personen im erwerbsfähigen Alter und die Problematik der Zuwanderung zu bewältigen.
Zukunftsträchtige und nachhaltige Lösungen können nur durch eine umfassende und koordinierte Strategie erreicht werden. Dazu gehört das Zusammenwirken der gesellschaftlichen Kräfte, wie dies im Bündnis für Arbeit, Ausbildung und Wettbewerbsfähigkeit zum Ausdruck kommt, die Schaffung beschäftigungsfördernder Rahmenbedingungen für die Unternehmen und die möglichst beschäftigungswirksame Ausrichtung aller Politikbereiche. Der Arbeitsmarktpolitik kommt dabei eine zentrale Bedeutung für die Erhöhung der Beschäftigungsfähigkeit der Menschen zu. Die Schaffung neuer Beschäftigungsmöglichkeiten ist vorrangig Aufgabe anderer Politikbereiche, insbesondere der Wirtschafts- und Finanzpolitik.
Um neue Beschäftigungsmöglichkeiten zu erschließen, sind Staat, Unternehmen, Gewerkschaften sowie Bürgerinnen und Bürger gefordert, sich dem Strukturwandel offensiv zu stellen und diesen mitzugestalten. Zur Erreichung dieses Ziels wurden bereits seit 1998 eine

III. Gesetzesmaterialien (BT-Drs. 14/6944)

Reihe wichtiger finanz-, wirtschafts- und beschäftigungspolitischer sowie sozialpolitischer Reformen eingeleitet bzw. umgesetzt:

- die konsequente Konsolidierung der Staatsfinanzen auf Bundesebene,
- die Umsetzung umfangreicher steuerlicher Reformen,
- die Reform der gesetzlichen Rentenversicherung,
- die Verstetigung der aktiven Arbeitsmarktpolitik.

Die Reform der Instrumente der aktiven Arbeitsmarktpolitik wird mit diesem Gesetzentwurf umgesetzt. Sie dient dazu, auch die Arbeitsmarktpolitik durchgreifend zu reformieren, ihre vorwiegend reaktive Ausrichtung durch präventive Maßnahmen zu ersetzen und eine verbesserte Abstimmung mit anderen Politikbereichen zu ermöglichen sowie einen Beitrag zur Erreichung gesamtwirtschaftlicher Ziele zu leisten.

Das neu konzipierte Recht der Arbeitsförderung greift die derzeitigen beschäftigungspolitischen Leitlinien der Europäischen Union aktiv auf und bewegt sich damit im Rahmen der auf dem Europäischen Rat in Luxemburg 1997 begründeten gemeinsamen Europäischen Beschäftigungsstrategie.

Der Einsatz der arbeitsmarktpolitischen Instrumente wird flexibilisiert. Damit werden die Handlungsmöglichkeiten der Arbeitsmarktpolitik spürbar erweitert. Aktive Arbeitsmarktpolitik soll sich künftig an den individuellen Vermittlungserfordernissen des einzelnen Arbeitslosen ausrichten. Deshalb muss der Einsatz arbeitsmarktpolitischer Instrumente ermöglicht werden, bevor sich Vermittlungshemmnisse verfestigen.

In diesem Zusammenhang werden die Zielsetzungen der aktiven Arbeitsmarktpolitik neu bestimmt. Die Reform der Instrumente der aktiven Arbeitsmarktpolitik stellt diese stärker in den Kontext der Sozial-, Wirtschafts- und Finanzpolitik der Bundesregierung. Beim Übergang zur Wissensgesellschaft wird das berufliche Wissen und Können der Erwerbstätigen immer wichtiger, um sich im internationalen Wettbewerb behaupten zu können. Eine gute berufliche Erstausbildung reicht nicht mehr aus. Lebenslanges Lernen ist gefordert. Diese Lernprozesse zu implementieren und zu fördern, ist vorrangige Aufgabe von Wirtschaft und Gesellschaft. Aktive Arbeitsmarktpolitik soll diesen Prozess, insbesondere für die Personengruppen flankieren, die regelmä-ßig nicht in Maßnahmen der betrieblichen Weiterbildung einbezogen werden.

Um langfristig einen Ausgleich auf dem Arbeitsmarkt erreichen zu können, ist vor allem auch berufliche und regionale Mobilität der Arbeitskräfte gefordert. Ein aktivierender Staat muss sein Angebot an Maßnahmen der aktiven Arbeitsmarktpolitik zielgerichtet im Sinne einer sozialen Unterstützung, die den Bürgerinnen und Bürgern die erforderliche Sicherheit im Wandel der Erwerbsgesellschaft garantiert, ausrichten. Arbeitsmarktpolitik muss einerseits soweit wie möglich auf die Integration in den ersten Arbeitsmarkt abstellen, andererseits besitzt sie eine besondere Verantwortung gerade auch für die Menschen, denen es aus eigener Kraft nicht gelingt, an regulärer Beschäftigung teilzuhaben.

Die Zielsetzungen und Kerninhalte der vorliegenden Reform sind:

1. Arbeitsvermittlung modernisieren und passgenaue Vermittlung stärken

Die Arbeitsvermittlung ist das wichtigste, wirksamste und kostengünstigste Instrument der Arbeitsmarktpolitik. Eine möglichst schnelle und passgenaue Vermittlung trägt nicht nur dazu bei, dass der Fachkräftebedarf in den Unternehmen gedeckt und das Wachstumspotenzial der Wirtschaft ausgeschöpft wird. Sie kann auch Langzeitarbeitslosigkeit und damit die Entwertung bzw. den Verlust von sozialer Kompetenz und beruflicher Qualifikation der Arbeitslosen verhindern. Die Chancen von Arbeitslosen auf eine berufliche Wiedereingliederung sinken mit zunehmender Dauer der Arbeitslosigkeit. Die Bekämpfung der Arbeitslosigkeit ist umso schwieriger und umso teurer, je zögerlicher sie angegangen wird. Die zentrale Aufgabe einer aktivierenden Arbeitsmarktpolitik muss deshalb darin bestehen, Langzeitarbeitslosigkeit möglichst nicht entstehen zu lassen. Das bisherige Arbeitsförderungsrecht, das den Einsatz der meisten Maßnahmen erst dann vorsieht, wenn

Arbeitslosigkeit eingetreten ist und oft eine längere Zeit – häufig ein Jahr – angedauert hat, hat diese Aufgabe nur unzureichend erfüllt. Künftig soll die Vermittlungspraxis der Arbeitsämter als Dienstleistung für Arbeitslose und Arbeitgeber durchgreifend verbessert werden. Das Risiko drohender Langzeitarbeitslosigkeit soll schon frühzeitig durch Prognoseinstrumente zur Ermittlung von Beschäftigungsrisiken festgestellt und in Verbindung mit einer fördernden und aktivierenden Arbeitsvermittlung, die der Arbeitslosen/dem Arbeitslosen konkrete Angebote mit Aussicht auf wirksame Integration in den ersten Arbeitsmarkt unterbreitet, gezielt verringert werden. Eine vom Arbeitsamt und der/dem Arbeitslosen gemeinsam erarbeitete Eingliederungsvereinbarung stellt einerseits sicher, dass die Arbeitsämter Angebote bereit stellen, die den individuellen Interessen, Kenntnissen und Fähigkeiten der/des Arbeitslosen sowie den geschlechtsspezifischen Beschäftigungschancen entsprechen, soweit dies der jeweilige Arbeitsmarkt zulässt. Andererseits wird mit jeder/jedem Arbeitslosen vereinbart, welche Anstrengungen von ihr/ihm selbst bei der Stellensuche und der Teilnahme an arbeitsmarktpolitischen Maßnahmen erwartet werden. Der Grundsatz des »Förderns und Forderns« wird konsequent und für beide Seiten fair umgesetzt. Die arbeitsmarktpolitischen Instrumente werden so ausgerichtet, dass arbeitsmarktpolitische Hilfen frühzeitig, d. h. ohne die Einhaltung von schematischen Wartezeiten möglich sind, bevor sich die Arbeitslosigkeit verfestigt hat.

2. Aus- und Weiterbildung stärken und betriebsnäher ausgestalten

Berufliche Kompetenzen werden am effektivsten in und nicht außerhalb von Beschäftigungsverhältnissen erworben bzw. erhalten. Die Vermittlung in Beschäftigung vermeidet Brüche in der Erwerbsbiographie, wenn sie aus einem noch bestehenden Beschäftigungsverhältnis heraus erfolgt. Deshalb müssen die Prioritäten in der Arbeitsmarktpolitik neu gesetzt werden. Für die Flankierung des strukturellen Wandels ist insbesondere eine stärkere Ausrichtung der Arbeitsmarktpolitik auf präventive und wirtschaftsnahe Aus- und Weiterbildung unabdingbar. Die erhebliche Abnahme einfacher zugunsten der Zunahme höherqualifizierter Tätigkeiten erfordert gezielte Qualifizierungsanstrengungen bei Niedrigqualifizierten und Ungelernten. Aber auch die Kenntnisse von spezialisierten und hochqualifizierten Arbeitnehmerinnen und Arbeitnehmern bedürfen einer kontinuierlichen Weiterbildung, weil ihr Wissen immer schneller veraltet. Daher müssen aufeinander abgestimmte Übergänge zwischen Arbeitslosigkeit, Weiterbildung und Beschäftigung organisiert und (mit)finanziert werden.

Da der Erwerb von Sprachkenntnissen und Auslandserfahrungen zur Kompetenzerweiterung beiträgt und von Arbeitgebern immer stärker erwartet wird, müssen künftig Aus- und Weiterbildungsmaßnahmen auch im Ausland möglich sein. Damit wird dem Gedanken des Zusammenwachsens in Europa Rechnung getragen.

3. Arbeitslosigkeit durch Transfermaßnahmen verhindern

Das Arbeitsförderungsrecht ist bisher überwiegend darauf angelegt, bereits bestehende Arbeitslosigkeit zu beenden. Zu den Instrumenten der präventiven Arbeitsmarktpolitik, d. h. den Leistungen der Arbeitsförderung zur Verhinderung von Arbeitslosigkeit, gehören neben den spezifischen Leistungen für Bauarbeiterinnen und Bauarbeiter vor allem das sog. Struktur-Kurzarbeitergeld, das z. B. bei Transfersozialplänen eingesetzt wird. Auch die Förderung von Sozialplanmaßnahmen wird zunehmend genutzt, um im Rahmen von Transfersozialplänen Arbeitslosigkeit der von Personalabbaumaßnahmen betroffenen Beschäftigten gar nicht erst entstehen zu lassen.

Die positiven Erfahrungen mit diesen Instrumenten legen es nahe, den Transfergedanken noch weiter zu entwickeln. Hierzu müssen stärkere Anreize für Arbeitgeber und Arbeitnehmer bzw. Arbeitnehmerinnen geschaffen werden, betriebliche Mittel verstärkt für Qualifizierungs- und andere Eingliederungsmaßnahmen zugunsten der Betroffenen einzusetzen. Für die Arbeitslosenversicherung ist es sinnvoller und kostengünstiger, wenn es bereits im Vorfeld einer anstehenden Entlassung gelingt, für die betroffenen Arbeitnehmerinnen und Arbeitnehmer eine unmittelbare Anschlussbeschäftigung zu finden. Dies rechtfertigt es auch, Mittel der Arbeitsförderung ergänzend zu betrieblichen Mitteln zur Finanzierung von Transfermaßnahmen einzusetzen.

4. Öffentlich geförderte Beschäftigung weiterentwickeln

In den neuen Ländern kann – trotz umfangreicher Infrastruktur- und Wirtschaftsförderung – auch ein deutlich höheres gesamtwirtschaftliches Wachstum als heute die vorhandene schlechtere Wirtschaftsstruktur kurzfristig nicht ausgleichen; die in vielen Regionen schlechtere Wirtschafts- und Infrastruktur sowie die unterschiedlich hohe Erwerbsbeteiligung haben einen »gespaltenen Arbeitsmarkt« zwischen alten und neuen Ländern zur Folge. Hier ist es insbesondere Aufgabe der Wirtschafts- und Finanzpolitik, zusätzliche Impulse für den Arbeitsmarkt in Ostdeutschland zu setzen und die Schaffung neuer Arbeitsplätze zu fördern. Die aktive Arbeitsmarktpolitik kann diesen Prozess durch eine bessere Verzahnung von Arbeitsmarktpolitik und Infrastrukturpolitik unterstützen. Sie kann dazu beitragen, zusätzliche Anreize für mehr Aufträge zum Ausbau der kommunalen Infrastruktur zu geben und durch die Verknüpfung dieser Anreize mit beschäftigungspolitischen Zielen die Beschäftigungssituation in Ostdeutschland, aber auch in strukturschwachen Regionen der alten Länder, zu verbessern.

5. Die Instrumente vereinfachen und frühzeitig einsetzen

Wichtige arbeitsmarktpolitische Instrumente des SGB III werden weiterentwickelt: Zum einen werden die bisher sehr unterschiedlichen betrieblichen Lohnkostenzuschüsse an Arbeitgeber zusammengefasst. Damit soll die Transparenz für Arbeitgeber und Arbeitnehmer/Arbeitnehmerinnen erhöht, die Handhabung durch die Arbeitsämter vereinfacht sowie der heute teilweise bestehenden Förderkonkurrenz entgegengewirkt werden. Zum anderen wird die Förderung von Arbeitsbeschaffungsmaßnahmen neu ausgerichtet und erweitert, um ihre Wirksamkeit für die Arbeitnehmerinnen/Arbeitnehmer zu verbessern sowie den Verwaltungsaufwand für Träger, Wirtschaftsunternehmen und Arbeitsamt so weit wie möglich zu verringern.

6. Erfolgreiche Elemente aus dem Sofortprogramm zum Abbau der Jugendarbeitslosigkeit übernehmen

Arbeitslosigkeit trifft junge Menschen in einer entscheidenden Phase ihres persönlichen Entwicklungs- und Entfaltungsprozesses. Ein misslungener Einstieg in die Arbeitswelt birgt die Gefahr von Orientierungs- und Perspektivlosigkeit sowie von gesellschaftlicher Isolation. Jugendliche, die Wettbewerbsnachteile bei der beruflichen Eingliederung haben, sollen daher stärker als bisher gefördert werden können. Das Sofortprogramm zum Abbau der Jugendarbeitslosigkeit hat zum beschleunigten Abbau der Jugendarbeitslosigkeit beigetragen. Es wird deshalb bis 2003 fortgeführt. Seine erfolgreichen Elemente werden ab 2004 in das SGB III aufgenommen. Auch damit wird die beschäftigungspolitische Leitlinie 1 der Europäischen Union zur Bekämpfung der Jugendarbeitslosigkeit umgesetzt. Im Einzelnen werden ab 2004 übernommen:

– das Nachholen des Hauptschulabschlusses,
– die AQJ-Maßnahmen in modifizierter Form als stärker praxisorientiertes Element der Berufsvorbereitung, das ein sozialversicherungspflichtiges Betriebspraktikum mit einer berufsvorbereitenden Bildungsmaßnahme in Teilzeit kombiniert,
– der Lohnkostenzuschuss (Artikel 8) in modifizierter Form,
– die beschäftigungsbegleitenden Hilfen als Beschäftigung begleitende Eingliederungshilfen.
– die Maßnahmen der sozialen Betreuung zur Hinführung an Beschäftigungs- und Qualifizierungsmaßnahmen in modifizierter Form als Aktivierungshilfen, wenn Dritte sich mindestens zur Hälfte an der Finanzierung beteiligen.

7. Gender Mainstreaming und spezielle Frauenfördermaßnahmen ausbauen

Angesichts des raschen wirtschaftlichen, technologischen und strukturellen Wandels kann es sich kein Staat leisten, Fähigkeiten und Fertigkeiten seiner Bevölkerung ungenutzt zu lassen. Um in Zukunft auch das beschäftigungspolitische Potenzial von Frauen besser nutzen zu können, müssen Frauen und Männern gleiche Chancen auf dem Arbeitsmarkt eingeräumt werden. Das Arbeitsförderungsrecht wird hierzu einen Beitrag leisten, indem es den Gender-Mainstreaming- Ansatz mit speziellen Frauenfördermaßnahmen kombiniert, d. h. die Unterschiede zwischen den Geschlechtern werden bei allen arbeitsmarktpolitischen Programmen und Maßnahmen berücksichtigt. Es folgt damit den entsprechenden Ansätzen der Europäischen Union.

Das bisherige Recht regelt die Unterstützung der Berufsrückkehr von Frauen aus Zeiten der Kindererziehung uneinheitlich. Die derzeitige Regelung wird nicht der Lebenswirklichkeit von Familien gerecht. So hängt der Anspruch auf Lohnersatzleistungen derzeit von einer Vielzahl starrer Fristen ab, welche insbesondere die Belange von Müttern weitgehend außer Acht lassen. Im Ergebnis entscheiden in der jetzigen Praxis Zufälligkeiten in der zeitlichen Abfolge von Anwartschaften, Mutterschutz und Erziehungszeit über den Leistungsanspruch und damit die Förderung der beruflichen Eingliederung.

Auch angesichts enger finanzieller Spielräume sind wir daher aufgerufen, die Förderung der Berufsrückkehr von Frauen schrittweise so zu gestalten, dass diese zukünftig der Lebenswirklichkeit von Frauen und Familien stärker gerecht wird. Daher streben wir die Einbeziehung von Erziehungszeiten in die Arbeitslosenversicherung an.

8. Beschäftigung von älteren Arbeitnehmerinnen und Arbeitnehmern sichern und ihre Wiedereingliederung fördern

Bei der Beschäftigung älterer Arbeitnehmerinnen und Arbeitnehmer ist angesichts der absehbaren demographischen Entwicklung, im Interesse der älteren Arbeitnehmerinnen und Arbeitnehmer selbst sowie im Hinblick auf eine zu erwartende Arbeitskräfteknappheit in bestimmten regionalen und berufsfachlichen Teilarbeitsmärkten ein Umsteuern notwendig. Auch Arbeitsmarktpolitik soll stärker als bisher darauf hinwirken, älteren Arbeitnehmerinnen und Arbeitnehmern zukünftig eine längere Erwerbstätigkeit zu ermöglichen. Das Knowhow älterer Arbeitnehmerinnen und Arbeitnehmer, ihre soziale Kompetenz, ihre persönliche Zuverlässigkeit, ihr Verantwortungsbewusstsein und ihre langjährige Berufserfahrung müssen wieder stärker in den Arbeitsprozess eingebracht werden. Hierzu gehört vor allem auch, positive Anreize zum »lebenslangen Lernen« zu setzen, um die dauerhafte Beschäftigungsfähigkeit älterer Arbeitnehmerinnen und Arbeitnehmer zu sichern. Denn die Dynamik des Wandels in Wirtschaft und Gesellschaft erfordert die kontinuierliche Anpassung und Weiterentwicklung der beruflichen Kenntnisse und Fähigkeiten. Aufgrund der demographischen Entwicklung wird der sich beschleunigende Strukturwandel zunächst vor allem von Erwerbstätigen mittleren und höheren Alters zu bewältigen sein, die somit einem besonderen Qualifizierungsdruck ausgesetzt sind. Zwar ist die Weiterbildung der in Beschäftigung stehenden Arbeitnehmerinnen und Arbeitnehmer vorrangige Aufgabe der Unternehmen und der Beschäftigten selbst, eine aktivierende Arbeitsmarktpolitik muss jedoch als Impulsgeber gezielt die Weiterbildung älterer Arbeitnehmerinnen und Arbeitnehmer unterstützen.

9. Lücken in der sozialen Sicherung schließen

Arbeitnehmerinnen und Arbeitnehmer, die wegen Krankheit oder Behinderung zeitweise außerstande sind, eine Erwerbstätigkeit auszuüben, erhalten – unter bestimmten Voraussetzungen – eine Erwerbsminderungsrente, die regelmäßig zunächst nur befristet zuerkannt wird. Bessert sich die Leistungsfähigkeit der Betroffenen während des Leistungsbezugs, kehren diese auf den Arbeitsmarkt zurück. Für den Fall, dass es ihnen nicht sofort gelingt, eine neue Beschäftigung zu finden, muss eine Absicherung in der Arbeitslosenversicherung bestehen.

Für Bezieherinnen und Bezieher von Arbeitslosenhilfe gilt derzeit eine Regelung, nach der das Bemessungsentgelt der Leistung im Rahmen der jährlichen Anpassung (Dynamisierung) aufgrund des mit der Dauer der Arbeitslosigkeit einhergehenden Qualifikationsverlustes pauschal um drei Prozentpunkte vermindert wird. Die pauschale Kürzung soll dann nicht eintreten, wenn die/der Arbeitslose durch Beschäftigungen oder die Teilnahme an Weiterbildungsmaßnahmen der Verringerung ihrer/seiner Qualifikation entgegengewirkt hat.

Nach einer Entscheidung des Bundessozialgerichts liegt eine Beschäftigung zur Berufsausbildung nicht vor, wenn die Ausbildung nicht von einem Betrieb, sondern von verselbständigten, nicht einem Betrieb angegliederten Bildungseinrichtungen durchgeführt wird. Danach wären – entgegen der bisherigen Rechtsauffassung und Praxis – künftig auch benachteiligte Auszubildende, die nach dem SGB III in einer außerbetrieblichen Ausbildung gefördert werden, nicht mehr in den Arbeitslosen- und Rentenversicherungsschutz einbezogen. Es wird klargestellt, dass in diesen Fällen Versicherungspflicht in allen Zweigen der Sozialversicherung und zur Arbeitsförderung besteht.

10. Bürgerschaftliches Engagement fördern

Für Arbeitslose verbessert bürgerschaftliches Engagement die Wiedereingliederungschancen, weil es den Kontakt zur Arbeitswelt und soziale Kompetenzen erhält und damit eine Brücke in eine reguläre Beschäftigung sein kann. Eine inhaltlich dem Beruf nahestehende freiwillige Tätigkeit kann auch dazu beitragen, bestehende Qualifikationen zu erhalten oder zu verbessern und damit die Vermittlungsfähigkeit der/ des Arbeitslosen zu steigern. Die bestehenden gesetzlichen Grenzen des SGB III engen die Möglichkeiten für arbeitslose Leistungsbezieherinnen und Leistungsbezieher, bürgerschaftlich tätig zu sein, erheblich ein. Diese Grenzen sollen beseitigt werden, ohne dass das vorrangige Ziel, die/den Arbeitslosen in den ersten Arbeitsmarkt wieder einzugliedern, aufgegeben wird.

11. Eingliederungsbilanz verbessern, Wirkungsforschung ausbauen und zeitnah durchführen

Die Eingliederungsbilanz hat sich als wichtiges Controlling- Instrument der aktiven Arbeitsmarktpolitik bewährt. Ihre Aussagefähigkeit kann mit vertretbarem Aufwand spürbar verbessert werden. Dies gilt insbesondere für Aussagen über die Aufnahme einer sozialversicherungspflichtigen Beschäftigung.

In der öffentlichen Diskussion wird verstärkt kritisiert, dass es in Deutschland derzeit für die aktive Arbeitsmarktpolitik wenig aktuelle und belastbare Evaluationsarbeiten gibt. Dies gilt insbesondere dann, wenn strenge Evaluationsmaßstäbe angelegt werden. Evaluation soll das gesamte Zielspektrum der Arbeitsmarktpolitik berücksichtigen. Notwendig sind Aussagen zur Wirkung einer Maßnahme im Hinblick auf die Erwerbsbeteiligung der Teilnehmerin/ des Teilnehmers, zum (nachhaltigen) Erwerb von Kompetenzen durch geförderte Beschäftigung und Qualifizierung, zum Kosten-Nutzen-Verhältnis einer Maßnahme und zu den gesamtwirtschaftlichen Auswirkungen, einschließlich der Entlastung des Arbeitsmarktes. Die Wirkungsforschung im Bereich der aktiven Arbeitsmarktpolitik soll deshalb nachhaltig verbessert werden.

Der Bund hat für die Arbeitsförderung die Gesetzgebungszuständigkeit in dem Bereich der konkurrierenden Gesetzgebung (Artikel 74 Abs. 1 Nr. 7 und Nr. 12 GG). Dem Bund steht die Gesetzgebungsrecht für diesen Bereich zu, wenn und soweit die Herstellung gleichwertiger Lebensverhältnisse im Bundesgebiet oder die Wahrung der Rechts- oder Wirtschaftseinheit im gesamtstaatlichen Interesse eine bundesgesetzliche Regelung erforderlich macht (Artikel 72 Abs. 2 GG). Das Arbeitsförderungsrecht betrifft sowohl die Herstellung gleichwertiger Lebensverhältnisse als auch die Wahrung der Rechts- und Wirtschaftseinheit.

Für die Gleichwertigkeit der Lebensverhältnisse ist das Recht der sozialen Sicherheit von besonderem Gewicht. Die versicherungs- und leistungsrechtlichen Neuregelungen des Gesetzentwurfs müssen auf Bundesebene erfolgen, um die Einheitlichkeit der Versicherungspflicht und der Leistungsberechnung für das gesamte Bundesgebiet zu gewährleisten. Gerade hinsichtlich des Arbeitsmarktes und des Beschäftigungsstandes bestehen aber auch noch gravierende regionale Unterschiede. Würde die Arbeitsmarktpolitik und die Gesetzgebung auf dem Gebiet der Arbeitsförderung von den einzelnen Ländern wahrgenommen, bestünde die Gefahr, dass sich dieses Ungleichgewicht noch vergrößert. Die staatliche Verantwortung für die Arbeitsförderung muss daher vom Bundesgesetzgeber wahrgenommen werden, soll das Ziel, gleichwertige Lebensverhältnisse im Bundesgebiet herzustellen, mit Aussicht auf Erfolg angestrebt werden. Darüber hinaus betreffen arbeitsförderungsrechtliche Regelungen, insbesondere zum Zusammenwirken von Arbeitsverwaltung und Arbeitgebern, auch die Wirtschaft. Die arbeitsmarktpolitischen Regelungen des Entwurfs haben das übergreifende Ziel, den Ausgleich auf dem gesamten Arbeitsmarkt in der Bundesrepublik Deutschland unter Wahrung ihrer Wirtschaftseinheit zu verbessern. Auch würde es wegen der zahlreichen Berührungspunkte des Arbeitsförderungsrechts mit anderen Bereichen des bundeseinheitlichen Sozialversicherungsrechts zu einer der Rechtseinheit abträglichen Rechtszersplitterung führen, ginge man die Fortentwicklung des Arbeitsförderungsrechts auf der Ebene der Landesgesetzgebung an. Diese Ziele stehen im gesamtstaatlichen Interesse, nicht etwa nur im Interesse einzelner Länder. Damit ist zur Herstellung gleichwertiger Lebensverhältnisse und zur Wahrung der Wirtschaftseinheit im gesamtstaatlichen Interesse eine bundesgesetzliche Regelung erforderlich.

B. Besonderer Teil

Zu Artikel 1 (Drittes Buch Sozialgesetzbuch)

Zu Nummer 1 (Inhaltsübersicht)

Folgeänderungen zu Änderungen im SGB III.

Zu Nummer 2 (§§ 1 und 2)

Zu § 1

Die neue Fassung des § 1 verdeutlicht die Neuausrichtung der aktiven Arbeitsmarktpolitik. Kernpunkte sind der Übergang zu präventiven Maßnahmen und die Verankerung eines gesamtwirtschaftlichen Auftrags. Aktive Arbeitsmarktpolitik trägt vor allem zum Ausgleich von Angebot und Nachfrage auf dem Arbeitsmarkt bei. Dabei dient die Verbesserung des Vermittlungsprozesses der Verkürzung der Laufzeit offener Stellen und der möglichst umfassenden Nutzung der vorhandenen Beschäftigungsmöglichkeiten. Über die Qualifizierung und Mobilisierung des Erwerbspersonenpotenzials verfolgt sie weitere gesamtwirtschaftliche Zielsetzungen. Im Übrigen werden die Möglichkeiten der Verzahnung des Einsatzes arbeitsmarktpolitischer Instrumente mit Maßnahmen anderer Politikbereiche ausgebaut.

Zur Erreichung dieser Ziele setzt Arbeitsförderung auf unterschiedlichen Ebenen an. Die Leistungen der Arbeitsförderung knüpfen regelmäßig an der Person des Leistungsberechtigten an und zielen auch auf den Erhalt bzw. Ausbau der individuellen Beschäftigungsfähigkeit ab. Wichtige gesamtwirtschaftliche Zielsetzungen sind die Erreichung eines hohen Beschäftigungsstandes und – damit zusammenhängend – die kontinuierliche Verbesserung der Beschäftigungsstruktur. Eine Voraussetzung für das Erreichen eines hohen Beschäftigungsstandes und einer sich ständig verbessernden Beschäftigungsstruktur ist die Chancengleichheit von Frauen und Männern auf dem Arbeitsmarkt. Um die Chancengleichheit nachhaltig zu verwirklichen, muss die spezifische Gleichstellungspolitik, die bestehende Ungleichgewichte im Nachhinein korrigiert, um den präventiv wirkenden Ansatz des Gender-Mainstreamings ergänzt werden. Dementsprechend wird die Gleichstellung als Querschnittsaufgabe des SGB III in § 1 verankert. Die Maßnahmen nach diesem Gesetz werden auf das koordinierte Zusammenwirken der Sozial-, Wirtschafts- und Finanzpolitik ausgerichtet. Aktive Arbeitsmarktpolitik soll dabei zur Erreichung gesamtwirtschaftlicher Zielsetzungen beitragen und vorausschauend agieren können. Es wird verdeutlicht, dass es nicht primär Aufgabe der aktiven Arbeitsmarktpolitik ist, Beschäftigungsmöglichkeiten zu schaffen.

Aktive Arbeitsmarktpolitik verfolgt soziale Zielsetzungen, die sich nicht unmittelbar durch ihren Beitrag zur gesamtwirtschaftlichen Entwicklung messen lassen. Sie zielt ausdrücklich auch auf die Förderung der Beschäftigungsfähigkeit von Arbeitnehmern ab, die nicht kurzfristig aufgrund personenbezogener Defizite in reguläre Beschäftigung integriert werden können. Öffentlich geförderte Beschäftigung ist möglichst strukturverbessernd auszugestalten.

Zu § 2

Absatz 1 stellt heraus, dass die Arbeitsämter sich als Dienstleister verstehen, die Arbeitgeber und Arbeitnehmer als kompetenter Partner bei der Umsetzung der betrieblichen Personalpolitik und bei der Berufswahl und Arbeitsaufnahme unterstützen. Zugleich wird verdeutlicht, dass arbeitsmarktpolitische Hilfen zwar jeweils aus konkretem Anlass erfolgen, aber auf die Förderung der beruflichen Tätigkeit während des gesamten Erwerbslebens ausgerichtet sind. Die Leistungen sollen an den individuellen Fähigkeiten anknüpfen und diese im Sinne der Umsetzung des Anspruchs von lebenslangem Lernen sowie zur Erreichung gesamtwirtschaftlicher Ziele weiterentwickeln. Um einen effektiven und effizienten Einsatz der arbeitsmarktpolitischen Instrumente zu ermöglichen, bedarf es der frühzeitigen, initiativen und möglichst umfassenden Mitwirkung von Arbeitgebern und Arbeitnehmern.

Absatz 2 regelt die Aufgaben der Arbeitgeber im Zusammenwirken mit den Arbeitsämtern. Um eine wirksame Aufgabenerfüllung der Arbeitsverwaltung zu ermöglichen, sind die Arbeitgeber gefordert, die Arbeitsämter über betriebliche Veränderungen und den künftigen Fachkräftebedarf frühzeitig zu unterrichten. Das ist eine wichtige Voraussetzung, damit hochwertige Dienstleistungen zugunsten der Arbeitgeber erbracht werden können.

Absatz 3 macht deutlich, dass die Vermeidung oder Beendigung von Arbeitslosigkeit am ehesten zum Erfolg führt, wenn Arbeitnehmer und Arbeitsamt vertrauensvoll zusammenwirken. Unabdingbare Voraussetzung hierfür ist die Bereitschaft des Arbeitnehmers zur aktiven Mitarbeit. Eine möglichst rasche berufliche Eingliederung liegt im Eigeninteresse des Betroffenen. Die Zusammenarbeit der Beteiligten wird künftig durch die Eingliederungsvereinbarung bekräftigt, indem dort Rechte und Pflichten des Arbeitnehmers und die beabsichtigten Aktivitäten des Arbeitsamtes konkretisiert werden (vgl. §§ 6 und 35). Damit wird ein entscheidender Beitrag zur Umsetzung des Grundsatzes von Fördern und Fordern geleistet.

Zu Nummer 3 (§ 3)

Redaktionelle Klarstellungen sowie Folgeänderungen zur Änderung des § 48 und zur Einfügung der §§ 229 bis 232, 235b, 235c, § 241 Abs. 3a und 246 a.

Zu Nummer 4 (§§ 5, 6, 7 und 8)

Zu § 5

Die Neuregelung stellt klar, dass arbeitsmarktpolitische Hilfen an das Ergebnis der Beratungs- und Vermittlungsgespräche zu knüpfen sind.

Zu § 6

Die Vorschrift wird neu gestaltet. Nunmehr sind schon zu Beginn der Arbeitslosigkeit die für die Vermittlung notwendigen Merkmale festzustellen und, darauf fußend, das Risiko des Eintritts von Langzeitarbeitslosigkeit mit dem Ziel zu ermitteln, diese zu vermeiden. Zu diesem Zweck sollen umfassender als bisher die Stärken und Schwächen des Arbeitslosen festgestellt werden. Dazu wird eine obligatorische individuelle Chanceneinschätzung (Profiling) eingeführt, die das Arbeitsamt gemeinsam mit dem Arbeitslosen vorzunehmen hat. Zum Profiling gehört die Feststellung von beruflichen und persönlichen Merkmalen wie Kenntnisse, Qualifikation, Berufserfahrung, Aktualität der Qualifikation und Kenntnisse, Weiterbildungsfähigkeit und -bereitschaft. Ferner gehören die Gegebenheiten des Arbeitsmarktes dazu, auf den sich die Vermittlungsbemühungen für den Arbeitslosen erstrecken; dies kann auch der überregionale Arbeitsmarkt sein. Das Profiling ist auch dann vorzunehmen, wenn die Arbeitslosmeldung vor Eintritt der Arbeitslosigkeit erfolgt. Welche Daten zu ermitteln sind, richtet sich nach den geltenden Vorschriften. Neue Datenerhebungsbefugnisse werden durch die Vorschrift nicht begründet.

Die aus dem Profiling abzuleitende individuelle Vermittlungsstrategie ist in der Eingliederungsvereinbarung festzuhalten, die in § 35 näher umschrieben ist. Sie konkretisiert den Grundsatz des Förderns und Forderns. Sie hat die Aufgabe, die Aktivitäten des Arbeitslosen und des Arbeitsamtes zu verdeutlichen, zu dokumentieren und ihre zeitliche Abfolge festzulegen. Sie macht deutlich, dass es gemeinsames Ziel beider Seiten ist, die Arbeitslosigkeit zu beenden und dass der Arbeitslose mitverantwortlich ist, durch eigene Aktivitäten dieses Ziel zu erreichen. Auch bei Ausbildungsuchenden ist bei der Meldung stets ein Profiling durchzuführen. Eine Eingliederungsvereinbarung ist hingegen zwingend nur in den Fällen abzuschließen, in denen die Vermittlung einer Ausbildungsstelle auf Schwierigkeiten stößt. Die Zeitvorgabe (spätestens bis zum 30. September) berücksichtigt, dass anders als bei der Arbeitsvermittlung die Aufnahme einer Ausbildung an den Schuljahresrhythmus gekoppelt ist und eine Ausbildung im Regelfall am 1. August oder 1. September beginnt.

Zu § 7

Die Vorschrift stellt klar, dass Ermessensleistungen der aktiven Arbeitsförderung grundsätzlich unter Beachtung des Grundsatzes der Wirtschaftlichkeit und Sparsamkeit durch das Arbeitsamt erbracht werden. Für den Einsatz der arbeitsmarktpolitischen Instrumente heißt dies, dass der Eingliederung in Beschäftigung Priorität eingeräumt wird. Daneben sind andere Zielsetzungen, wie Erhalt und Ausbau von Qualifikation und soziale Stabilisierung sowie Beiträge zum Ausgleich auf dem Arbeitsmarkt, zu beachten. Effektive und effiziente Arbeitsförderung setzt deshalb bei der Auswahl der arbeitsmarktpolitischen Leistungen regelmäßig die Durchführung von Profiling im Sinne des § 6 voraus. Die im Rahmen der Beratungs- und Vermittlungsgespräche festgestellten Fähigkeiten und Fertigkeiten des Arbeitnehmers sind notwendige Voraussetzungen für gezielte Maßnahmen durch das Arbeitsamt. Eine Festlegung von Zielgruppen des Arbeitsmarktes wird damit entbehrlich. Bei der Auswahl der Instrumente ist neben dem personenbezogenen Handlungsbedarf auch die besondere Situation des jeweiligen Arbeitsmarktes zu berücksichtigen.

Zu § 8

Der erste Satz des bisherigen Absatzes 1 kann entfallen, denn die Gleichstellung von Frauen und Männern ist künftig bereits als Querschnittsaufgabe in § 1 verankert. Der neue § 8 beschränkt sich damit auf die zweite Säule der Gleichstellungspolitik: die speziellen Frauenfördermaßnahmen zum Ausgleich bestehender Benachteiligungen.

In Absatz 2 ist geregelt, in welchem Umfang Frauen an den Leistungen der aktiven Arbeitsförderung teilhaben sollen. Die bisherige alleinige Orientierung der Förderung an dem jeweiligen Anteil eines Geschlechts an den Arbeitslosen wird jedoch der unterschiedlichen Betroffenheit von Frauen und Männern durch Arbeitslosigkeit nicht gerecht (Frauen waren in der Vergangenheit zumeist stärker von Arbeitslosigkeit betroffen als Männer), da sie die unterschiedliche Erwerbsbeteiligung von Frauen und Männern nicht berücksichtigt. Um dem Auftrag »Frauenförderung« gerecht zu werden, müssen die Maßnahmen der aktiven Arbeitsmarktpolitik so verteilt werden, dass sie einen Beitrag zur Angleichung der Situation von Frauen und Männern auf dem Arbeitsmarkt leisten. Um dieses Ziel zu erreichen, ist es erforderlich, dass neben dem Anteil an den Arbeitslosen (der absoluten Größe einer Gruppe) auch die Arbeitslosenquote (die relative Betroffenheit einer Gruppe durch Arbeitslosigkeit) berücksichtigt wird.

Die für die Umsetzung relevante Formel, die neben dem Anteil an den Arbeitslosen (AanAL) auch die Arbeitslosenquote (ALQ) bei der Berechnung des Förderanteils (FA) eines Geschlechts berücksichtigt, lautet:

$$FA_F = \frac{AanAL_F \times ALQ_F}{AanAL_F \times ALQ_F + AanAL_M \times ALQ_M}$$

Der Vorteil dieser Formel ist ihre Flexibilität. Sie führt nur so lange zu einer überproportionalen Förderung eines Geschlechts, so lange dieses stärker durch Arbeitslosigkeit betroffen ist. Der bisherige Abs. 3 wird zu § 8 a.

Zu Nummer 5 (§ 8a)

Die Vorschrift entspricht dem bisherigen § 8 Abs. 3. Grund für die Aufspaltung des bisherigen § 8 in zwei Paragrafen ist, dass § 8 in der derzeitigen Fassung zwar mit »Frauenförderung« überschrieben ist, jedoch nicht nur Regelungen für Frauen enthält, sondern auch solche über die Vereinbarkeit von Familie und Beruf. Durch diese Vermischung wird das tradierte Rollenverständnis von Familienarbeit als Aufgabe der Frau verfestigt und der Prozess des gesellschaftlichen Umdenkens behindert.

Zu Nummer 6 (§ 11)

Zu Buchstabe a

Zu Doppelbuchstabe aa

Die nach geltender Rechtslage in § 7 Abs. 3 unter dem Begriff »besonders förderungsbedürftige Personengruppen« vorgenommene Zielgruppenfestlegung wird übernommen und um eine weitere arbeitsmarktpolitisch relevante Personengruppe, die Geringqualifizierten, ergänzt. Unter dem verwendeten Begriff Geringqualifizierte sind Personen nach § 77 Abs. 2 zu verstehen.

Zu Doppelbuchstabe bb

Folgeänderung zur Änderung des § 8.

Zu Doppelbuchstabe cc

Die Vorschrift trägt dazu bei, die Berichterstattung über die Ergebnisse der aktiven Arbeitsförderung weiter zu präzisieren. Sie resultiert aus Erfahrungen, die mit den bisherigen beiden vorliegenden Eingliederungsbilanzen gesammelt wurden. Die in der Eingliederungsbilanz ausgewiesene Verbleibsquote hat sich bewährt, weil sie die zeitnächsten Aussagen über die Wirkung einer Maßnahme liefert und für alle Instrumente erhoben werden kann. Die Verbleibsquote allein ist zur Beurteilung der aktiven Arbeitsmarktpolitik jedoch nicht ausreichend und wird deswegen um eine Eingliederungsquote ergänzt. Diese trifft Aussagen darüber, ob ehemalige Teilnehmer in angemessener Zeit nach Abschluss der Maßnahme in sozialversicherungspflichtige Beschäftigung eingemündet sind. Die Ermittlung, ob ehemalige Teilnehmer in sozialversicherungspflichtiger Beschäftigung sind oder nicht, ist datentechnisch erheblich aufwändiger als die Feststellung von Arbeitslosigkeit.

Für eine Übergangsphase ist hier mit Unwägbarkeiten zu rechnen. Die offene Formulierung »angemessener Zeitraum« lässt der Verwaltung hierbei mehr Spielräume.

Zu Doppelbuchstabe dd

Klarstellung

Zu Buchstabe b

Die Arbeitsämter sollen Rechenschaft darüber abgeben, inwieweit sie Dritte einschalten, um Arbeitslose in den Arbeitsmarkt einzugliedern.

Zu Nummer 7 (§ 21)

Es wird klargestellt, dass neben natürlichen und juristischen Personen auch Personengesellschaften, wie z. B. Gesellschaften des Bürgerlichen Rechts Träger von Maßnahmen der Arbeitsförderung sein können. Dies entspricht der geltenden Verwaltungspraxis.

Zu Nummer 8 (§ 22)

Redaktionelle Änderung sowie Anpassung an den Sprachgebrauch des SGB IX.

Zu Nummer 9 (§ 25)

Die Vorschrift stellt klar, dass Auszubildende, denen eine Ausbildungsstelle in einem Betrieb – auch mit ausbildungsbegleitenden Hilfen – nicht vermittelt werden kann und die allein wegen der in ihrer Person liegenden Gründe (Lernbeeinträchtigung oder soziale Benachteiligung) in einer außerbetrieblichen Einrichtung auf der Grundlage eines Berufsausbildungsvertrages nach § 1 Abs. 2 Berufsbildungsgesetz im Rahmen der Benachteiligtenförderung ausgebildet werden, zum Personenkreis der zur Berufsausbildung Beschäftigten gehören und damit in den Schutz der Arbeitslosenversicherung einbezogen sind. Damit werden Unklarheiten über den Status dieser Personen, die auf Grund der Entscheidung des Bundessozialgerichts vom 12. Oktober 2000 (B 12 KR 7/00 R) entstanden sind, beseitigt. Ziel ist es, die Betroffenen, deren außerbetriebliche Ausbildung nach diesem Buch gefördert wird, wie bei einer betrieblichen Berufsausbildung zu schützen. Dies gilt entsprechend für die außerbetriebliche Ausbildung nach Artikel 4 der Richtlinie zur Durchführung des Sofortprogramms zum Abbau der Jugendarbeitslosigkeit. Anders als bei Auszubildenden erfolgt die Förderung der beruflichen Weiterbildung nicht auf der Grundlage eines Berufsausbildungsvertrages. Abhängig vom Bildungsziel finden Weiterbildungsmaßnahmen teilweise bei freien Bildungsträgern oder auch in Schulen statt. Weiterbildungsteilnehmer werden daher von der Neuregelung nicht erfasst.

Zu Nummer 10 (§ 26)

Zu Buchstaben a und b

Mit der Einbeziehung von Zeiten des Bezuges von Mutterschaftsgeld, des Bezuges einer vollen Erwerbsminderungsrente und Zeiten der Erziehung eines Kindes unter drei Jahren in die Versicherungspflicht wird der Arbeitslosenversicherungsschutz für die betroffenen Personengruppen verbessert. Damit dienen diese Zeiten zur Begründung eines Anspruches auf Arbeitslosengeld und sonstige beitragsabhängige Leistungen der Arbeitsförderung. Versicherungspflicht wird begründet, wenn die Betroffenen unmittelbar vor Beginn des Versicherungstatbestandes zum Kreis der Arbeitnehmer gehörten. Davon geht die gesetzliche Regelung bei Personen aus, die zuvor in einem Versicherungspflichtverhältnis standen oder eine Entgeltersatzleistung nach dem Recht der Arbeitsförderung bezogen haben.

Zu Buchstabe c

Die Versicherungspflicht für Erziehende soll Nachteile im Arbeitslosenversicherungsschutz ausschließen, die den Betroffenen durch eine Unterbrechung ihrer versicherungspflichtigen Beschäftigung entstehen können. Derartige Nachteile können dann nicht eintreten, wenn neben der Betreuung und Erziehung eine versicherungspflichtige Beschäftigung ausgeübt wird. Die Vorschrift soll auch vermeiden, dass die Betreuung und Erziehung eines Kindes während des Bezuges einer Entgeltersatzleistung gleichzeitig wieder zur Begründung eines neuen Anspruches dienen.

Zu Nummer 11 (§ 28)

Anpassung der Regelung an die Neuregelung zur Einbeziehung der Bezieher einer Rente wegen voller Erwerbsminderung in die Versicherungspflicht (vgl. Änderung zu § 26).

Zu Nummer 12 (§ 33)

Die Förderung einer frühzeitigen Berufsorientierung und Eignungsfeststellung soll dazu führen, dass die Schüler sich frühzeitig und intensiver als bisher mit dem Berufswahlprozess auseinandersetzen, ihre Chancen bei der Berufswahl realistischer einschätzen können und Fehlentscheidungen, die z. B. zum Festhalten an einem unrealistischen Berufswunsch oder zu Ausbildungsabbrüchen führen können, möglichst vermieden werden. Gleichzeitig soll dies ihre Motivation für einen erfolgreichen Schulabschluss verbessern, den Einstieg in Ausbildung und Beschäftigung erleichtern sowie damit später eventuell notwendige Bildungsmaßnahmen vermeiden. Dies soll auch dazu beitragen, das betriebliche Ausbildungsstellenangebot besser ausschöpfen zu können. Diese Förderung vertieft die bereits bestehenden Regelangebote des Arbeitsamtes zur Berufsorientierung. Die Maßnahmen sollen insbesondere für Schüler in den Vorabgangsklassen durchgeführt werden. Sie können anstatt in einem Block auch in einzelnen Abschnitten durchgeführt werden.

Zu Nummer 13 (§ 35)

Zu Buchstabe a

Die Ergänzung der Überschrift ist Folgeänderung der Einfügung des neuen Absatzes 4.

Zu Buchstabe b

Der neueingefügte Absatz 3 schreibt die Durchführung von Assessment-Verfahren vor, wenn das Arbeitsamt nicht aufgrund seiner Beratungsgespräche mit dem Betroffenen beurteilen kann, für welche Ausbildung der Ausbildungsuchende oder für welche berufliche Tätigkeit der arbeitslose oder von Arbeitslosigkeit bedrohte Arbeitsuchende geeignet ist oder welche Maßnahmen der aktiven Arbeitsförderung in Frage kommen. Das Assessment-Verfahren ist in § 49 für arbeitslose oder von Arbeitslosigkeit bedrohte Arbeitsuchende geregelt. Für Ausbildungsuchende wird es im Rahmen einer berufsvorbereitenden Bildungsmaßnahme durchgeführt.

Der neue Absatz 4 trifft nähere Bestimmungen zur Eingliederungsvereinbarung, die nach § 6 zu treffen ist. Sie hat nicht die Funktion, ein neues Rechtsverhältnis zwischen Arbeitsamt und Arbeitslosen zu begründen.

Die Eingliederungsvereinbarung basiert auf dem Profiling des Arbeitslosen und seinen Vorstellungen über seine zukünftige berufliche Tätigkeit in Verbindung mit den Möglichkeiten des für ihn in Betracht kommenden Arbeitsmarktes. Sie wird in der Regel für einen Zeitraum zwischen drei und sechs Monaten abgeschlossen und ist gegebenenfalls fortzuschreiben. Die Bestimmung, wonach die Eingliederungsvereinbarung sich ändernden Verhältnissen anzupassen ist, berücksichtigt, dass der Prozess der Eingliederungsbemühungen von vielen Faktoren beeinflusst wird. Sie muss daher flexibel gehandhabt werden können.

Die Verpflichtung zur Überprüfung der Eingliederungsvereinbarung spätestens nach sechsmonatiger Arbeitslosigkeit berücksichtigt, dass das Profiling unmittelbar nach der Arbeitslosmeldung zunächst zum Ergebnis haben kann, dass kein Risiko des Eintritts der Langzeitarbeitslosigkeit besteht, jedoch gleichwohl die Vermittlung in eine Beschäftigung nicht gelingt. Die Ursache der Erfolglosigkeit ist daher spätestens dann zu ermitteln, damit die Eingliederungsvereinbarung gegebenenfalls angepasst werden kann.

Die Eingliederungsvereinbarung soll auch dazu dienen, die Eingliederungsstrategie nachprüfbar zu dokumentieren. Sie ist damit auch ein Instrument, das dem Arbeitsamt die Qualitätssicherung und Qualitätsprüfung seiner Arbeit erleichtert.

Die Eingliederungsvereinbarung wird vom zuständigen Mitarbeiter des Arbeitsamtes und dem Betroffenen gemeinsam erarbeitet. Bei Differenzen über die vorzusehenden Maßnahmen kann der Arbeitslose eine Beratung und eine Entscheidung des Vorgesetzten verlangen. Hierbei kann er zu seiner Unterstützung auch einen Berater seines Vertrauens hinzuziehen. Kann auch bei diesem Einigungsversuch kein Einvernehmen erzielt werden und kommt deshalb eine Eingliederungsvereinbarung nicht zustande, bleibt es dabei, dass das Arbeitsamt Vermittlungsvorschläge unterbreitet und über Maßnahmen der aktiven Arbeitsförderung entscheidet.

Zu Nummer 14   (§ 37)

Zu Buchstabe a

Durch die Änderung der Überschrift wird klargestellt, dass die Vorschrift zusätzliche vermittlerische Hilfen enthält, die eingesetzt werden können oder – unter den Voraussetzungen des neuen Absatzes 2 – eingesetzt werden sollen.

Zu Buchstabe b

Im neuen Absatz 2 wird für Angehörige von Problemgruppen des Arbeitsmarktes die Betreuungspflicht der Arbeitsämter verstärkt. Die Vorschrift unterstreicht die besondere Verantwortung des Arbeitsamtes gegenüber dem Arbeitslosen, für den das Profiling die Zugehörigkeit zu einer Problemgruppe des Arbeitsmarktes ergeben hat oder für den auf Grund erfolgloser Eingliederungsbemühungen Langzeitarbeitslosigkeit droht. Das Arbeitsamt hat dabei zu prüfen, ob zusätzliche Maßnahmen der Betreuung und zusätzliche vermittlerische Hilfen vorzusehen und hierzu die Dienste eines Dritten in Anspruch zu nehmen sind.

Zu Nummer 15   (§ 37a)

Die Vorschrift erweitert den bisherigen § 37 Abs. 2. Mit der Änderung des Absatzes 1 Satz 1 gegenüber dem bisherigen § 37 Abs. 2 wird klargestellt, dass Dritte nicht nur mit Teilaufgaben der Vermittlung, wie z. B. mit der Unterstützung der Bewerbung von Arbeitslosen oder mit der Akquisition freier Stellen, sondern auch mit der gesamten Vermittlungstätigkeit für die Personen betraut werden können, mit deren Betreuung sie beauftragt sind. Außerdem wird dem Grundsatz des Förderns und Forderns dadurch Rechnung getragen, dass die Betroffenen der Beauftragung eines Dritten nur aus wichtigem Grund widersprechen können. Ferner wird die Vorschrift dahingehend erweitert, dass Arbeitsuchende vom Arbeitsamt die Beteiligung eines Dritten verlangen können, wenn sie sechs Monate oder mehr arbeitslos sind. Damit wird ihnen der Zugang zu einer weiteren Vermittlungshilfe eröffnet. Die Beauftragung Dritter, Einrichtungen oder Personen, setzt voraus, dass sie die Gewähr für eine sachgerechte Erfüllung der Aufgaben bieten, die ihnen aufgrund des Vertrages mit dem Arbeitsamt obliegen, dass sie die Rechte und Interessen der zu vermittelnden Personen wahren (vgl. § 97 Abs. 1 SGB X) und das Arbeitsamt bei der Erfüllung des ihm obliegenden gesetzlichen Auftrags unterstützen. Dazu gehört, dass sie die Kenntnisse und die Zuverlässigkeit, die zur Ausführung der vermittlerischen

Aufgaben erforderlich sind, die sie durchführen sollen und die dazu notwendige personelle und sächliche Ausstattung besitzen. Die Einhaltung des Datenschutzes muss sichergestellt sein. Mit der Wahrnehmung hoheitlicher Befugnisse dürfen die Dritten nicht beauftragt werden.

Träger von Maßnahmen zur beruflichen Ausbildung werden künftig vertraglich, Träger von anerkannten Maßnahmen der Weiterbildung werden künftig gesetzlich (vgl. § 86 Abs. 2) zur Vermittlung ihrer Teilnehmer verpflichtet. Im Hinblick auf § 37 Abs. 2 kann es angebracht sein, dass sie für Teilnehmer, deren berufliche Eingliederung besonders erschwert ist und die deshalb verstärkt vermittlerischer Unterstützung bedürfen, zusätzlich einen Vermittlungsauftrag erhalten und hierfür vergütet werden.

Durch die Neuregelung in Absatz 2 sollen die Vermittlungsmöglichkeiten für Beschäftigte in Arbeitsbeschaffungs- und Strukturanpassungsmaßnahmen sowie für Arbeitnehmer in sog. struktureller Kurzarbeit nach § 175 verbessert werden. Das Arbeitsamt erhält hier die Möglichkeit, geeignete Träger mit der Vermittlung zu beauftragen. Auch im Falle des Kurzarbeitergeldes nach § 175 sollten die Kenntnisse des Arbeitgebers dazu genutzt werden, die Vermittlung des Arbeitnehmers zu intensivieren. Dies gilt insbesondere in Fällen, in denen die Kurzarbeiter durch sog. Transfergesellschaften betreut werden.

Absatz 3 ist zur Klarstellung gegenüber § 91 des Zehnten Buches erforderlich. Es wird klargestellt, dass auch ein Erfolgshonorar gezahlt werden kann und dass bei der Vergütung Pauschalierungen vorgenommen werden dürfen.

Zu Nummer 16 (§ 38)

Zu Buchstabe a

Durch die Ergänzung des Absatzes 2 wird dem Arbeitsamt die Möglichkeit gegeben, die Vermittlung auch dann einzustellen, wenn der Ausbildungsuchende oder Arbeitsuchende die ihm nach der Eingliederungsvereinbarung obliegenden Pflichten nicht erfüllt.

Zu Buchstabe b

Mit der Regelung, dass die Arbeitsvermittlung auch für Arbeitnehmer durchzuführen ist, die in einer Arbeitsbeschaffungs- oder Strukturanpassungsmaßnahme beschäftigt sind, sollen die Bemühungen für einen möglichst raschen Übergang der geförderten Arbeitnehmer in den so genannten ersten Arbeitsmarkt verstärkt und Arbeitslosigkeit nach Beendigung der befristeten Maßnahmen möglichst verhindert werden.

Zu Nummer 17 (§ 48)

Zu Buchstabe a

Der Begriff Trainingsmaßnahme ist eine nicht hinreichend deutliche Kennzeichnung der Maßnahmen, mit denen nach § 49 Abs. 1 die Eignung für eine berufliche Tätigkeit oder für eine Weiterbildungsmaßnahme festgestellt werden und die inzwischen auch mit dem Begriff Assessment-Verfahren bezeichnet werden. Zur Klarstellung wird daher zusätzlich der Begriff »Maßnahmen der Eignungsfeststellung« eingeführt.

Zu Buchstabe b

Die Vorschrift wird dahingehend erweitert, dass auch von Arbeitslosigkeit bedrohte Arbeitsuchende durch Trainingsmaßnahmen gefördert werden können. Das Arbeitsamt kann nunmehr Arbeitsuchenden, die bei absehbarer Arbeitslosigkeit, so etwa nach der Kündigung oder vor Ablauf eines befristeten Arbeitsverhältnisses seine Beratung in Anspruch nehmen, eine Trainingsmaßnahme bewilligen. Sie kann ggf. schon vor Beginn der Arbeitslosigkeit stattfinden, sei es, dass sie außerhalb der Beschäftigungszeit angeboten werden, sei es, dass der Arbeitsuchende dazu freigestellt wird. Die Arbeitsuche kann somit bereits vor

Beendigung des Beschäftigungsverhältnisses unterstützt werden, so dass Arbeitslosigkeit möglichst vermieden oder deren Dauer möglichst verkürzt wird. Diesem Ziel dienen beispielsweise ein Bewerbertraining oder Coaching bei der Stellensuche.

Zu Buchstabe c

Die Europäische Kommission fördert inzwischen Maßnahmen, die mit Maßnahmen nach Absatz 1 kombiniert werden können, auch in den mit der Europäischen Gemeinschaft assoziierten Staaten. Damit Maßnahmen auch in diesen Staaten gefördert werden können, wird die Vorschrift entsprechend erweitert. Außerdem eröffnet die erweiterte Vorschrift die Möglichkeit, weitere Maßnahmen nach Absatz 1 in den an die Bundesrepublik angrenzenden Staaten zu fördern. Da während der Maßnahmen die Teilnehmer weiterhin für die Vermittlung des Arbeitsamtes erreichbar sein müssen, wird der Förderbereich auf die grenznahen Regionen beschränkt. In den Grenzregionen arbeiten außerdem die Arbeitsverwaltungen der aneinandergrenzenden Staaten zusammen, so dass die Eignung einer angebotenen Maßnahme mit vertretbarem Aufwand überprüft werden kann.

Zu Buchstabe d

Folgeänderung aufgrund der Änderung von Absatz 1.

Zu Nummer 18 (§ 49)

Zu Buchstabe a

Die Fassung des bisherigen Absatzes 1 Nr. 1 als eigenständiger Absatz ist Folgeänderung zur Änderung von § 48. Im übrigen wird die Vorschrift, die die Durchführung der Assessment-Verfahren regelt, inhaltlich präzisiert. Es wird klargestellt, dass sich das Assessment auf alle Umstände beziehen soll, die für die berufliche Eingliederung bedeutsam sind.

Zu Buchstaben b und c

Folgeänderungen zur Änderung von § 48.

Zu Nummer 19 (§ 50)

Die Erhöhung der Kinderbetreuungskosten folgt der entsprechenden Regelung im Rahmen der Förderung der beruflichen Weiterbildung (Änderung des § 85).

Zu Nummer 20 (§ 51)

Folgeänderung aufgrund der Änderung des § 48 Abs. 1.

Zu Nummer 21 (§ 53)

Zu Buchstabe a

Die Erweiterung der Vorschrift gibt dem Arbeitsamt die Befugnis, eine Mobilitätshilfe für eine neue Arbeitsstelle schon vor der Beendigung des Arbeitsverhältnisses beim vorherigen Arbeitgeber zu bewilligen.

Zu Buchstabe b

Zu Doppelbuchstabe aa

Die Einfügung dieser Bestimmung ermöglicht es, für einen Arbeitnehmer die Reisekosten zum Antritt einer Arbeitsstelle beim neuen Arbeitgeber zu übernehmen, wenn er sie nicht selbst aufbringen kann.

Zu Doppelbuchstabe bb

Folgeänderung aufgrund der Einfügung des neuen Buchstaben a.

Zu Buchstabe c

Die Einfügung dieser Vorschrift ermöglicht die Leistung von Mobilitätshilfen bei einer Arbeitsaufnahme im Ausland. Gefördert werden nur Bezieher von Arbeitslosengeld oder Arbeitslosenhilfe, weil nur in diesen Fällen Einsparungen bei diesen Leistungen gegenüber stehen.

Zu Buchstabe d

Es handelt sich um eine Folgeänderung aufgrund der Einfügung des neuen Absatzes 3 und des neuen Buchstaben a in Absatz 2. Außerdem wird der Leistungskatalog um die Förderung der Reisekosten zum Antritt einer Ausbildungsstelle erweitert.

Zu Buchstabe e

Folgeänderung.

Zu Nummer 22 (§ 54)

Zu Buchstabe a

Durch die Bestimmung wird der Umfang der Förderung der Reisekosten festgelegt.

Zu Buchstabe b

Folgeänderung aufgrund der Einfügung des neuen Absatzes 3.

Zu Nummer 23 (§ 57)

Zu Buchstabe a

Zu Doppelbuchstabe aa

Mit dem Verzicht auf die bisherige Fördervoraussetzung einer mindestens vierwöchigen Arbeitslosigkeit vor Aufnahme der selbständigen Tätigkeit soll der unmittelbare Zugang von einer versicherungspflichtigen Beschäftigung in eine selbständige Tätigkeit unterstützt werden. Durch den Wegfall dieser Vorfrist wird auch die Anwendung der Regelung wesentlich vereinfacht. Zeiten der Arbeitslosigkeit könnten entfallen oder verkürzt werden.

Zu Doppelbuchstabe bb

Folgeänderung zum Wegfall der Vorfrist.

Zu Buchstabe b

Diese Vorschrift stellt sicher, dass Personen so lange von der Förderung ausgeschlossen sind, so lange sie von Ruhenstatbeständen nach den §§ 142 bis 145 (z. B. Sperrzeit) betroffen sind. Es kann so sichergestellt werden, dass die Sanktionsabsicht dieser Vorschriften nicht umgangen werden können.

Zu Nummer 24 (§ 61)

Zu Buchstabe a

Im Rahmen einer berufsvorbereitenden Bildungsmaßnahme kann – nach Absatz 2 Nr. 2 – der Hauptschulabschluss wieder isoliert – wie bereits bis Ende 1992 nach § 40b des Arbeitsförderungsgesetzes nachträglich erworben werden. Ohne einen allgemeinbildenden Schulabschluss fehlt es an grundlegenden Voraussetzungen, den Herausforderungen des Arbeitslebens begegnen zu können. Angesichts der sich rasch verändernden Anforderungen in der Arbeitswelt muss der Anteil arbeitsloser Jugendlicher ohne Hauptschulabschluss deutlicher gesenkt werden. Damit werden die Bemühungen der vorrangig verantwortlichen Länder unterstützt.

Zu Buchstabe b

Hiermit wird entsprechend der Gesetzessystematik das Element der Berufsvorbereitung der Maßnahme Arbeit und Qualifizierung für (noch) nicht ausbildungsgeeignete Jugendliche (AQJ) nach Artikel 6 des Jugendsofortprogramms, die als erfolgreiches Instrument übernommen wird, eingefügt. Damit soll der Übergang von Jugendlichen ohne oder mit schwachem Schulabschluss in eine betriebliche oder sonstige Ausbildung oder Arbeit verbessert werden. Die vermittelten Inhalte und erworbenen Teilqualifizierungen sollen von Träger und Betrieb bescheinigt werden. Zu den Regelungen, die den Teil des betrieblichen Praktikums betreffen, vgl. Begründung zu § 235b.

Zu Nummer 25 (§ 62)

Die Förderfähigkeit einer beruflichen Ausbildung, die vollständig im Ausland absolviert wird, wird auf das angrenzende Ausland und die übrigen Mitgliedstaaten der Europäischen Union erweitert. Damit wird insbesondere dem Gedanken des Zusammenwachsens in Europa Rechnung getragen, wie er auch bei der Erweiterung der Auslandsförderung für Studierende nach dem BAföG durch das Ausbildungsförderungsreformgesetz vom 9. März 2001 und dem im Rahmen der deutschen EU-Ratspräsidentschaft 1999 verabschiedeten Memorandum »Jugend und Europa« zum Ausdruck kommt. Die stärkere Förderung der grenzüberschreitenden Mobilität ist auch bei beruflicher Ausbildung erforderlich, weil der Erwerb von Sprachkenntnissen und Auslandserfahrungen zur Kompetenzerweiterung beiträgt, die Beschäftigungsfähigkeit erhöht und von Arbeitgebern immer stärker im Rahmen der geforderten Schlüsselqualifikationen erwartet wird.

Zu Nummer 26 (§ 65)

Entsprechend der Regelung im BAföG (§ 12 Abs. 4, § 13 Abs. 4 BAföG in Verbindung mit der BAföG AuslandszuschlagsV) werden bei höheren Lebenshaltungs- und Ausbildungskosten im Ausland bei beruflicher Ausbildung die dort gültigen Auslandszuschläge beim Bedarf für den Lebensunterhalt berücksichtigt.

Zu Nummer 27 (§ 67)

Bei einer Förderung im Ausland tritt bei der Berücksichtigung von Fahrkosten an die Stelle einer monatlichen Familienheimfahrt oder der monatlichen Fahrt eines Angehörigen zum Aufenthaltsort die entsprechende Regelung in § 4 der Verordnung über die Zuschläge zu dem Bedarf nach dem Bundesausbildungsförderungsgesetz.

Zu Nummer 28 (§ 68)

Die Erhöhung der Kinderbetreuungskosten folgt der entsprechenden Regelung im Rahmen der Förderung der beruflichen Weiterbildung (Änderung des § 85).

Zu Nummer 29 (§ 69)

Zu Buchstabe a

Die Möglichkeit, die Kosten einer angemessenen trägerübergreifenden Fortbildung des Fachpersonals zu übernehmen, wird von der Benachteiligtenförderung (vgl. § 246) auf berufsvorbereitende Bildungsmaßnahmen erstreckt. Die Notwendigkeit folgt daraus, dass es sich im Wesentlichen um den gleichen Personenkreis, nämlich lernbeeinträchtigte und sozial benachteiligte Jugendliche, handelt, die erst in eine außerbetriebliche Ausbildung aufgenommen werden können, wenn sie zuvor durch eine berufsvorbereitende Bildungsmaßnahme gefördert worden sind. Angesichts steigender Anforderungen in allen Berufen, insbesondere in den neuen und neu geordneten Berufen, ist es unabdingbar, das Fachpersonal, das Jugendliche auf eine Berufsausbildung vorbereiten soll, zu schulen.

Damit soll auch die in den Beschlüssen des Bündnisses für Arbeit angestrebte engere Verzahnung von Berufsvorbereitung und betrieblicher Ausbildung sowie der Benachteiligtenförderung, insbesondere die Forcierung frühzeitiger Übergänge in betriebliche Ausbildung, unterstützt werden.

Zu Buchstabe b

In Fällen vorzeitiger Vermittlung in Ausbildung wird die im Weiterbildungsrecht eingeführte Möglichkeit der Weiterzahlung der Lehrgangskosten bis zum geplanten Maßnahmeende auf die Berufsvorbreitung übertragen (vgl. Begründung zu § 82).

Zu Nummer 30 (§ 71)

Zu Buchstabe a

Redaktionelle Folgeänderung zum Verzicht auf die Einkommensanrechnung bei Teilnehmern an berufsvorbereitenden Bildungsmaßnahmen durch das Ausbildungsförderungsreformgesetz (§ 71 Abs. 4).

Zu Buchstabe b

Hierdurch werden bei Kombination einer berufsvorbereitenden Bildungsmaßnahme mit einer weiteren nach diesem Buch geförderten Maßnahme Doppelförderungen ausgeschlossen.

Zu Nummer 31 (§ 74)

Vgl. Begründung zur Änderung des § 71 Abs. 2 Satz 2 Nr. 2.

Zu Nummer 32 (§ 82)

Die Übernahme der Weiterbildungskosten erfolgt teilnehmerbezogen, d. h. Lehrgangsgebühren werden nach geltendem Recht grundsätzlich für die Zeit der Teilnahme jedes einzelnen Weiterbildungsteilnehmers übernommen. Bei vorzeitigem Ausscheiden eines Maßnahmeteilnehmers erhält der Bildungsträger nach der geltenden Verwaltungspraxis Kostenerstattung für längstens drei weitere Monate. Bestehen bereits während der Weiterbildung Vermittlungsmöglichkeiten, entstehen dem Bildungsträger bei vorzeitiger Arbeitsaufnahme des Teilnehmers dadurch wirtschaftliche Nachteile. Um sinnvolle Vermittlungsmöglichkeiten auch im Interesse der Weiterbildungsteilnehmer tatsächlich zu nutzen, soll bei vorzeitiger Arbeitsaufnahme, die durch Vermittlung des Bildungsträgers zustande gekommen ist, eine Lehrgangskostenerstattung bis zum planmäßigen Ende der Maßnahme erfolgen.

Diese weitere Lehrgangskostenerstattung kommt allerdings nur dann in Betracht, wenn eine Nachbesetzung des freigewordenen Weiterbildungsplatzes in der Maßnahme mit einem anderen Arbeitnehmer nicht möglich ist.

Zu Nummer 33 (§ 84)

Berufliche Weiterbildung erfolgt im Regelfall wohnortnah. Gleichwohl ist in einer vergleichsweise geringen Anzahl von Förderungsfällen während der Weiterbildung eine auswärtige Unterkunft erforderlich. Dies gilt z. B. für Bildungsangebote, die lediglich an wenigen Standorten in Deutsch-land überregional angeboten werden. Da in diesen Fällen der Weiterbildungsteilnehmer seine bisherige Wohnung beibehält und für die Zeit der auswärtigen Weiterbildung einer weiteren Unterkunft bedarf, werden nach geltendem Recht anfallende Verpflegungs- und Unterkunftskosten maximal bis zu 665 DM (341 Euro) monatlich übernommen. Dieser Maximalbetrag ist unter Berücksichtigung der Mietkosten für angemessene Unterkünfte wie z. B. ein möbliertes Zimmer im Regelfall nicht kostendeckend. Der monatliche maximale Gesamtbetrag für Unterkunft und Verpflegung soll daher auf insgesamt 476 Euro angehoben werden, indem die Kostenübernahme für eine auswärtige Unterkunft von 205 Euro auf 340 Euro monatlich angehoben wird. Dadurch wird auch die regionale Mobilität gefördert.

Die Erhöhung betrifft lediglich die Kostenerstattung für Unterkunftskosten für volle Monate. Hinsichtlich der Verpflegungspauschalen sowie der Kostenübernahme bei lediglich tageweiser auswärtiger Weiterbildungsteilnahme erfolgt keine Erhöhung.

Zu Nummer 34 (§ 85)

Der Erstattungsbetrag für wegen einer Weiterbildungsteilnahme anfallende Kinderbetreuungskosten wird auf 130 Euro monatlich angehoben. Der nach geltendem Recht in Regelfällen mögliche Betrag von 120 DM bzw. 62 Euro ist selbst unter Berücksichtigung der Betreuungskosten in Kindergärten und -tagesstätten nicht mehr ausreichend.

Zu Nummer 35 (§ 86)

Zu Buchstabe a

Eigene Eingliederungsbemühungen der Bildungsträger für die in ihren Bildungsmaßnahmen geförderten Teilnehmer sollen durch dieses Gesetz verstärkt werden. Künftig können nur noch solche Maßnahmen für die Weiterbildungsförderung anerkannt werden, deren Träger sich verpflichten, eigene Vermittlungsbemühungen zu ergreifen. Bildungsträger gewinnen während der Durchführung ihrer Weiterbildungsmaßnahmen besondere Erkenntnisse über die Kenntnisse, Fertigkeiten und Fähigkeiten der Maßnahmeteilnehmer. Diese Erkenntnisse sowie die Kontakte der Bildungsträger zur Wirtschaft sollen im Interesse der beruflichen Eingliederung von Weiterbildungsabsolventen durch eigene gezielte Vermittlungsbemühungen der Bildungsträger genutzt werden.

Zu Buchstabe b

Der Erfolg geförderter beruflicher Weiterbildung ist insbesondere am Umfang der Eingliederung von Maßnahmeteilnehmern in den Arbeitsmarkt zu messen. Die Anerkennung von Weiterbildungsmaßnahmen für die Weiterbildungsförderung erfordert nach geltendem Recht in jedem Falle ein aufwändiges Erhebungsverfahren. Zur Entlastung erfolgreich arbeitender Bildungsträger und der Arbeitsämter soll die Prüfung maßnahmebezogener Voraussetzungen künftig nach einem vereinfachten Verfahren erfolgen können, wenn derselbe Bildungsträger in der Vergangenheit bereits mindestens eine Bildungsmaßnahme mit gleichen Bildungsziel erfolgreich, d. h. mit hohen Eingliederungserfolgen, durchgeführt hat und nach arbeitsmarktlicher Beurteilung auch bei der geplanten Maßnahme ähnliche Erfolge zu erwarten sind.

Zu Nummer 36 (§ 88)

Die Weiterbildungsförderung muss den insbesondere durch das Zusammenwachsen Europas bedingten Entwicklungen in der Arbeitswelt Rechnung tragen. Für qualifizierte Tätigkeiten wird bereits heute in verschiedenen Berufen Auslandserfahrung vorausgesetzt. Durch eine Erweiterung der Weiterbildungsförderung im Ausland auf solche Maßnahmen, deren Bildungsziel im Ausland besser erreicht werden kann als in Deutschland, kann die Weiterbildungsförderung in bestimmten Bereichen noch effizienter gestaltet werden. Nicht gefördert werden wie bisher solche Weiterbildungen, die insbesondere wegen des Erwerbs von Fremdsprachenkenntnissen im Ausland durchgeführt werden. Die Sicherstellung der Maßnahmeüberprüfung durch eine geeignete ausländische Stelle oder durch einen Sitz des Maßnahmeträgers in Deutschland und die Begrenzung der Kosten auf vergleichbare inländische Maßnahmen tragen zur Qualitätssicherung und Wirtschaftlichkeit der Förderung bei.

Zu Nummer 37 (§ 92)

Nach geltendem Recht können Weiterbildungsmaßnahmen, die zu einem Abschluss in einem anerkannten Ausbildungsberuf führen, nur dann für die Weiterbildungsförderung anerkannt werden, wenn die Weiterbildungsdauer im Vergleich zur Dauer einer beruflichen Erstausbildung um mindestens ein Drittel der Ausbildungszeit verkürzt ist; Berufe, die im Rahmen der beruflichen Erstausbildung in drei Jahren erlernt werden, sind dementsprechend bei beruflicher Weiterbildung innerhalb von zwei Jahren zu erlernen.

Insbesondere in den Gesundheitsfachberufen ist jedoch eine Verkürzung der Ausbildungszeit auf Grund bestehender Bundes- und Landesgesetze, teilweise auch auf Grund von EU-Richtlinien nicht zulässig. Durch den bisherigen § 417 ist für diese Berufe eine Sonderregelung geschaffen worden, die eine Weiterbildungsförderung für die Dauer von drei Jahren ermöglicht. Diese Vorschrift gilt für bis zum 31. Dezember 2001 neu beginnende Maßnahmen.

Die mit der befristeten Sonderregelung des bisherigen § 417 verbundene Erwartung, dass in den Berufsgesetzen Verkürzungsmöglichkeiten der Ausbildung bei Umschulungen geschaffen werden, ist nicht eingetreten. Betroffen sind insbesondere die Gesundheitsfachberufe. Die Arbeitsämter sollen wegen der arbeitsmarktpolitischen Bedeutung solche Weiterbildungen trotzdem weiterhin fördern können. Die Förderung ist jedoch künftig längstens für die Dauer möglich, auf die die Weiterbildung bei bestehenden Verkürzungsmöglichkeiten zu verkürzen wäre, d. h. bei dreijähriger Weiterbildung für zwei Jahre. Um zu vermeiden, dass solche Weiterbildungen bei Beendigung der Förderung durch die Bundesanstalt aus finanziellen Gründen abgebrochen werden, ist eine Förderung außerdem nur dann zulässig, wenn bereits zu Beginn der Weiterbildung die Finanzierung für die gesamte Dauer gesichert ist. Die Finanzierung kann z. B. durch Leistungen Dritter gesichert sein. Da die Finanzierungsstrukturen für eine Teilfinanzierung durch Dritte noch geschaffen werden müssen, wird für eine dreijährige Übergangszeit eine Vollförderung durch die Bundesanstalt für Arbeit gewährleistet (s. Begründung zu § 434d).

Zu Nummer 38 (§ 93)

Zu Buchstabe a

Zur Sicherung und weiteren Steigerung der Effizienz und Effektivität der beruflichen Weiterbildungsförderung werden Maßnahmebegleitung und Erfolgsbeobachtung jeder einzelnen Maßnahme für die Arbeitsämter verpflichtend festgelegt.

Zu Buchstabe b

Im Rahmen der Maßnahmen der Arbeitsverwaltung zur Qualitätssicherung der beruflichen Weiterbildungsförderung werden auch Maßnahmeprüfungen vor Ort, teilweise durch überregionale Prüfgruppen durchgeführt. Werden bei solchen Prüfungen Mängel bei der Weiterbildung festgestellt, wird im Regelfall Nachbesserung, d. h. die Behebung der festgestellten Mängel verlangt. In einzelnen Maßnahmen werden allerdings derart gravierende Mängel festgestellt, dass eine Nachbesserung ausscheidet. In solchen Fällen soll künftig die Anerkennung der Maßnahme für die Weiterbildungsförderung mit sofortiger Wirkung widerrufen werden.

Zu Buchstabe c

Ein wesentlicher Indikator für den Erfolg beruflicher Weiterbildung ist die arbeitsmarktliche Verwertbarkeit der vermittelten Qualifikationen. Auch eine hochwertige Weiterbildung führt letztlich zur Demotivation der Teilnehmer, wenn sie am Arbeitsmarkt vorbei geht. Ebenso hat die Solidargemeinschaft der Beitragszahler ein berechtigtes Interesse daran, dass mit den verwendeten Haushaltsmitteln zielgerichtet qualifiziert wird. Der neue § 93 Abs. 3 verpflichtet Arbeitsämter und Bildungsträger, nach Ablauf der Weiterbildungsmaßnahme gemeinsam eine maßnahmebezogene Bilanz zu erstellen, aus der der Eingliederungserfolg ersichtlich ist. Diese Verpflichtung wird durch eine Auskunftspflicht für Weiterbildungsteilnehmer flankiert.

Zu Nummer 39 (§ 103)

Redaktionelle Änderung. § 163 wurde durch Artikel 3 des Gesetzes vom 19. Juni 2001 (BGBl. I S. 1046) aufgehoben.

Zu Nummer 40 (§ 118a)

Ohne bürgerschaftliches Engagement wäre ein Großteil der Aufgaben, die in den zahlreichen Verbänden, Organisationen und Selbsthilfegruppen wahrgenommen werden, nicht (mehr) oder nur eingeschränkt durchführbar. Bezieher von Arbeitslosengeld oder Arbeitslosenhilfe, die sich ehrenamtlich betätigen wollen, verlieren nach geltendem Recht ihren Leistungsanspruch, wenn durch diese Betätigung die Voraussetzungen der Beschäftigungslosigkeit und Beschäftigungssuche im Sinne des Gesetzes ausgeschlossen sind. Die Neuregelung ermöglicht es den Betroffenen, eine ehrenamtliche Tätigkeit auch in einem Umfang von 15 und mehr Wochenstunden auszuüben, ohne dass der Leistungsanspruch entfällt. Voraussetzung hierfür ist jedoch, dass die berufliche Eingliederung nicht behindert wird. Arbeitslose können sich damit grundsätzlich wie beschäftigte Arbeitnehmer ehrenamtlich betätigen. Die Regelung trägt insoweit dem gesellschaftspolitischen Anliegen, das ehrenamtliche Engagement von Mitbürgerinnen und Mitbürgern stärker zu fördern, Rechnung und berücksichtigt zugleich, dass ehrenamtliche Betätigungen auch Chancen für Arbeitslose bieten, weil sie den Kontakt zur Arbeitswelt erhalten und eine Brücke in eine neue reguläre Beschäftigung sein können.

Zu Nummer 41 (§ 120)

Folgeänderung zur Änderung des § 48.

Zu Nummer 42 (§ 124)

Zu Buchstabe a

Folgeänderung zur Änderung des § 26 Abs. 2 a. Durch die Einbeziehung von Zeiten der Betreuung und Erziehung eines Kindes bis zum dritten Lebensjahr in die Versicherungspflicht bedarf es der leistungsrechtlichen Sonderregelung zu der für das Arbeitslosengeld maßgeblichen Rahmenfrist nicht mehr.

Zu Buchstabe b

Folgeänderung zur Einfügung des § 92 Abs. 2 Satz 2.

Zu Nummer 43 (§ 131)

Zu Buchstaben a bis c

Folgeregelung zur Änderung des § 26 Abs. 2. Zeiten eines Versicherungspflichtverhältnisses aufgrund des Bezuges von Mutterschaftsgeld sollen zur Vermeidung leistungs-rechtlicher Nachteile bei der Ermittlung des für das Arbeitslosengeld maßgeblichen Bemessungszeitraumes außer Betracht bleiben.

Zu Buchstabe d

Arbeitnehmer, die mit ihrem Arbeitgeber eine Teilzeitvereinbarung nach dem Altersteilzeitgesetz getroffen haben, sind bei Arbeitslosigkeit für Zeiten vor dem frühestmöglichen Rentenbeginn durch die Sonderregelung des § 10 Abs. 1 des Altersteilzeitgesetzes vor Nachteilen bei der Bemessung des Arbeitslosengeldes geschützt. Sie erhalten Arbeitslosengeld auf der Grundlage des Arbeitsentgelts, das sie erzielt hätten, wenn sie ihre Arbeitszeit nicht im Rahmen der Altersteilzeit vermindert hätten. Insoweit bedarf es der Sonderregelung des § 131 Abs. 2 Nr. 2 nicht. Arbeitnehmer, die sich entschließen, nach Ablauf der Altersteilzeitvereinbarung – entgegen dem Grundgedanken des Altersteilzeitgesetzes und der Altersteilzeitförderung – keine Rente wegen Alters in Anspruch nehmen, sondern Arbeitslosengeld zu beantragen, sollen bei der Bemessung der Leistung für Zeiten nach einem möglichen Rentenbeginn jedoch nicht privilegiert werden.

Zu Nummer 44 (§ 135)

Folgeänderungen zur Änderung des § 26. In den neu geregelten Fällen der Versicherungspflicht für Zeiten der Betreuung und Erziehung eines Kindes sowie für Zeiten des Bezuges einer Erwerbsminderungsrente soll für die Bemessung des Arbeitslosengeldes grundsätzlich das (fiktive) Entgelt der Beschäftigung maßgebend sein, auf die sich die Vermittlungsbemühungen des Arbeitsamtes vorrangig erstrecken. Die Regelung vermeidet damit, dass in derartigen Fällen für die Leistungsbemessung auf die – regelmäßig – länger zurückliegenden Zeiten der versicherungspflichtigen Beschäftigung zurückgegriffen werden muss.

Zu Nummer 45 (§ 144)

Zu Buchstabe a

Die Vorschriften über das Ruhen des Arbeitslosengeldes bei Eintritt einer Sperrzeit dienen der Abgrenzung des Risikos, dass die Gemeinschaft der Beitragszahler zur Arbeitslosenversicherung zu tragen hat, von dem Risiko, für das der Arbeitslose aufgrund seines Verhaltens einzustehen hat. Die Neuregelung stellt klar, dass auch bereits das Verhalten des Arbeitslosen im Vorfeld einer möglichen Arbeitsaufnahme bei einem potenziellen Arbeitgeber für die angemessene Risikoabwägung zwischen Versichertengemeinschaft und Arbeitslosen von erheblicher Bedeutung ist. Arbeitslose, die bei einem Arbeitsangebot durch das Arbeitsamt nicht unverzüglich einen Vorstellungstermin mit dem potenziellen

Arbeitgeber vereinbaren, einen vereinbarten Termin versäumen oder durch ihr Verhalten im Vorstellungsgespräch eine Arbeitsaufnahme verhindern, ohne dafür einen wichtigen Grund zu haben, sollen für die Dauer einer Sperrzeit von regelmäßig zwölf Wochen kein Arbeitslosengeld oder keine Arbeitslosenhilfe erhalten.

Zu Buchstabe b

Folgeänderung zur Änderung des § 48.

Zu Nummer 46 (§ 147a)

Die Regelung entspricht der bisherigen Auffassung der Bundesanstalt und der Bundesregierung, dass sich juristische Personen des öffentlichen Rechts nicht auf die Härteregelung des § 147a Abs. 2 Nr. 2, 2. Alternative berufen können, wenn das Insolvenzverfahren über sie unzulässig ist. Das Bundessozialgericht hat sich in einer Entscheidung vom 22. März 2001 (B 11 AL 50/00 R) dieser Rechtsauffassung nicht angeschlossen. Die Neuregelung stellt klar, dass die Befreiung von der Erstattungspflicht auf Grund Gefährdung weiterer Arbeitsplätze im Zusammenhang mit der Befreiung wegen Existenzgefährdung zu sehen ist und daher eine Vorstufe zur Existenzgefährdung darstellt. Bei Insolvenzunfähigkeit kann jedoch eine Existenzgefährdung nicht bestehen.

Zu Nummer 47 (§ 151)

Die Vorschrift ermächtigt das Bundesministerium für Arbeit und Sozialordnung, in einer Rechtsverordnung Näheres zu den Voraussetzungen und Grenzen der ehrenamtlichen Betätigung von Arbeitslosen zu regeln.

Zu Nummer 48 (§ 152)

Folgeänderung zur Einführung des § 118 a. Die bisherige Anordnungsermächtigung der Bundesanstalt, Näheres zur Erreichbarkeit des Arbeitslosen für das Arbeitsamt zu bestimmen, wird klarstellend ergänzt. Damit ist die Bundesanstalt auch ermächtigt, im Rahmen der geltenden Erreichbarkeits- Anordnung Sonderregelungen für Arbeitslose zu treffen, die eine ehrenamtliche Betätigung ausüben.

Zu Nummer 49 (§ 154)

Bei der beruflichen Weiterbildungsförderung haben Vollzeitmaßnahmen, soweit sie möglich sind, einen deutlichen Vorrang vor Teilzeitmaßnahmen. Dementsprechend begrenzt § 154 in der geltenden Fassung den Zugang zu Teilzeitbildung auf einige Fallkonstellationen.

Seit dem In-Kraft-Treten dieses Buches zum 1. Januar 1998 ist den Arbeitsämtern zunehmend eigene Verantwortung übertragen worden. So verpflichtet § 7 die Arbeitsämter, die im Einzelfall am besten geeignete Leistung oder Kombination von Leistungen zu wählen. Unter Berücksichtigung dieser generellen Vorgabe zur Auswahl der optimalen Leistung ist eine Detailregelung möglicher Teilzeitbildungsmaßnahmen nicht mehr zeitgemäß, zumal jede Einzelregelung stets die Gefahr birgt, sinnvolle Maßnahmen von einer Förderung auszuschließen.

Die Neufassung des § 154 gewährleistet die Förderung von Teilzeitweiterbildung künftig dann, wenn eine Vollzeitmaßnahme aus den unterschiedlichsten Gründen nicht in Betracht kommt. Mit der Öffnung der Vorschrift werden auch neue Qualifizierungsmöglichkeiten, z. B. für zuvor langzeitarbeitslose Arbeitnehmer geschaffen, die sich ggf. neben einer Teilzeitbeschäftigung qualifizieren. Die Kombination von Beschäftigung und notwendiger Weiterbildung und eine arbeitsmarktnahe Qualifizierung werden dadurch erweitert.

Zu Nummer 50 (§ 155)

Unterhaltsgeld wird bei Arbeitsunfähigkeit für bis zu sechs Wochen weiter geleistet, längstens jedoch bis zur Beendigung der Weiterbildungsmaßnahme. Eine Beendigung der Maßnahme ist auch ein Abbruch der Teilnahme wegen länger andauernder Arbeitsunfähigkeit in Fällen, in denen das Bildungsziel nicht mehr erreicht werden kann. Bei der Änderung handelt es sich um eine gesetzliche Klarstellung, die der Verwaltungspraxis der Arbeitsverwaltung entspricht. Unterhaltsgeld wird bei Maßnahmeabbruch und Arbeitsunfähigkeit bis zur individuellen Maßnahmebeendigung geleistet.

Zu Nummer 51 (§ 156)

Zielsetzung des Anschlussunterhaltsgeldes ist es in erster Linie, Absolventen beruflicher Weiterbildungsmaßnahmen im Falle der Arbeitslosigkeit für eine Übergangszeit finanziell abzusichern. Die Änderung stellt klar, dass der Anspruch auf Anschlussunterhaltsgeld auch dann noch entsteht, wenn der Weiterbildungsabsolvent im unmittelbaren Anschluss an die Weiterbildung z. B. eine befristete Beschäftigung ausübt, sich deshalb nicht arbeitslos melden kann und die Beschäftigung kurzfristig wieder verliert. Darüber hinaus stellt die Änderung sicher, dass insbesondere bei Aufnahme einer befristeten Beschäftigung nach Entstehen des Anspruchs auf Anschlussunterhaltsgeld dieser nicht endgültig erlischt. Nimmt ein Weiterbildungsabsolvent nach Entstehung des Anspruchs auf Anschlussunterhaltsgeld eine Beschäftigung auf, die er bereits kurz danach wieder verliert, kann er – innerhalb der maximalen Anspruchsdauer von drei Monaten – den Anspruch erneut geltend machen. Eine Arbeitsaufnahme vor und während des Bezugs von Anschlussunterhaltsgeld soll indes nicht anspruchsverlängernd wirken, da die Lebensunterhaltssicherung über das Anschlussunterhaltsgeld für die Dauer von drei Kalendermonaten als ausreichend angesehen werden kann. Die Anspruchsdauer mindert sich daher auch um Tage, an denen die Anspruchsvoraussetzungen wegen fehlender Arbeitslosigkeit nicht vorgelegen haben.

Zu Nummer 52 (§ 159)

Leistungen, die ein Bezieher von Unterhaltsgeld von seinem Arbeitgeber wegen der Teilnahme an der Maßnahme erhält oder zu beanspruchen hat, werden auf das Unterhaltsgeld angerechnet, soweit diese Leistungen zusammen mit dem Unterhaltsgeld das dem Unterhaltsgeld zu Grunde liegende pauschalierte Nettoarbeitsentgelt übersteigen. Solche Leistungen werden jedoch nicht nur von Arbeitgebern, sondern auch von verschiedenen Maßnahmeträgern, die nicht Arbeitgeber der Weiterbildungsteilnehmer sind, erbracht (z. B. Krankenpflegeschulen). Entsprechend der geltenden Verwaltungspraxis wird klargestellt, dass auch Leistungen solcher Träger wie die Leistungen der Arbeitgeber anzurechnen sind; die Änderung dient der Rechtssicherheit.

Zu Nummer 53 (§ 172)

Die Regelung dient der Klarstellung. Sie lehnt sich an die Bestimmungen des Arbeitsrechts zur Fortzahlung des Arbeitsentgelts im Krankheitsfalle an. Erkrankt ein Arbeitnehmer mit Anspruch auf Kurzarbeitergeld während des Anspruchszeitraumes, so erhält er zunächst nicht Krankengeld von der Krankenkasse, vielmehr zahlt ihm das Arbeitsamt das Kurzarbeitergeld solange fort, wie er Anspruch auf Fortzahlung des Arbeitsentgelts im Krankheitsfalle hat oder ohne Arbeitsausfall hätte. Die Vorschrift regelt somit entsprechend der bisherigen Praxis die Risikoverteilung zwischen der Bundesanstalt und den Trägern der gesetzlichen Krankenversicherung und schafft damit Rechtssicherheit.

Zu Nummer 54 (§ 175)

Der Anspruch auf Kurzarbeitergeld in einer betriebsorganisatorisch eigenständigen Einheit setzt voraus, dass von dem Arbeitsausfall, der zu Strukturveränderungen für einen Betrieb und damit einhergehenden Personalanpassungsmaßnahmen in erheblichem Umfang führt, eine erhebliche Anzahl von Arbeitnehmern des Betriebes betroffen ist. Die Verweisung auf § 17 Abs. 1 des Kündigungsschutzgesetzes führt daher dazu, dass Struktur-Kurzarbeitergeld bislang nicht in Betrieben gezahlt werden kann, die in der Regel nicht mehr als 20 Arbeitnehmer beschäftigen. Mit der Einfügung des Satzes 2 wird die bisherige Regelung um eine Regelung für Kleinbetriebe ergänzt. Künftig können die Arbeitnehmer, die Strukturkurzarbeitergeld in einem kleineren Betrieb beziehen, ebenfalls die Ausfallzeiten nutzen, um sich auf eine neue Beschäftigung, z. B. durch Qualifizierungsmaßnahmen, vorzubereiten.

Da betriebsorganisatorisch eigenständige Einheiten in immer stärkerem Maße nicht mehr beim bisherigen Arbeitgeber, sondern bei externen Gesellschaften organisiert werden, die – zum Teil für mehrere Betriebe – in vollem Umfange in die Arbeitgeberrechte und -pflichten eintreten, sind die organisatorischen Voraussetzungen für die Nutzung des Struktur-Kurzarbeitergeldes auch für kleinere Betriebe erfüllbar. Die Möglichkeit des Einsatzes von ESF-Mitteln des Bundes zur Finanzierung von Kosten für Qualifizierungsmaßnahmen und zum Teil auch für Arbeitgeberkosten bei Struktur- Kurzarbeit kann im Einzelfall gerade bei kleineren Betrieben dabei helfen, finanzielle Hürden für die Nutzung dieser Leistung zu überwinden. Die mit der Neuregelung des neuen Satzes 2 in Absatz 1 verbundenen Erleichterungen gegenüber Satz 1 ersetzen aber nicht das Erfordernis, dass die Arbeitnehmer zur Vermeidung von Entlassungen in einer betriebsorganisatorisch eigenständigen Einheit zusammengefasst werden müssen und damit aus dem Produktionsprozess des bisherigen Betriebes ausgegliedert sind. Auch die Befristung des Satzes 1 gilt ebenfalls für Betriebe mit regelmäßig mehr als 20 Arbeitnehmern.

Zu Nummer 55 (§ 192)

Die Änderungen des Satzes 2 Nr. 3 und des Satzes 4 sind Folgeänderungen zur Änderung des § 26. Die Einfügung der neuen Regelung nach Satz 2 beruht auf Änderungen der §§ 92 und 417; in den Fällen des § 92 Abs. 2 sollen sich längere Ausbildungszeiten nicht nachteilig auf den Anspruch auf Arbeitslosenhilfe auswirken; dies gilt auch für die Übergangszeit nach § 434d Abs. 1.

Zu Nummer 56 (§ 196)

Die Änderungen des Satzes 2 Nr. 3 und des Satzes 4 sind Folgeänderungen zur Änderung des § 26. Die Ausweitung der Erlöschensfrist durch den nach Satz 2 eingefügten Satz ist eine Folgeänderung zur Änderung der §§ 92 und 417; die Ausweitung der Erlöschensfrist gilt auch für die Übergangszeit nach § 434d Abs. 1.

Zu Nummer 57 (§ 201)

Die jährliche Anpassung des Bemessungsentgelts für die Arbeitslosenhilfe mit einem um 0,03 (entspricht drei Prozentpunkten) abgesenkten Anpassungsfaktor berücksichtigt – den Bedürfnissen einer Massenverwaltung entsprechend – pauschal den mit der Dauer der Arbeitslosigkeit einhergehenden Verlust an beruflicher Qualifikation. Die bestehende Regelung ist allerdings ergänzungsbedürftig für typische Fallgestaltungen, in denen ein Qualifikationsverlust nachweislich nicht eingetreten ist.

Die Minderung des Anpassungsfaktors soll daher bei der Zahlung der Arbeitslosenhilfe unterbleiben, wenn der Arbeitslose innerhalb des letzten Jahres

– an einer vom Arbeitsamt geförderten, mindestens sechs Monate dauernden Maßnahme der Berufsausbildung oder der beruflichen Weiterbildung oder an einer von einem Rehabilitationsträger geförderten Leistung zur Teilhabe behinderter Menschen am Arbeitsleben erfolgreich teilgenommen oder diese Maßnahme erfolgreich abgeschlossen hat oder

- eine mindestens sechs Monate dauernde versicherungspflichtige, mindestens 15 Stunden wöchentlich umfassende Beschäftigung ununterbrochen ausgeübt hat.

Die Anpassung unterbleibt daher an dem nächsten auf die erneute Bewilligung folgenden Anpassungstag oder, falls das Bemessungsentgelt an dem Tag anzupassen ist, für den die Leistung erneut bewilligt wird, zu diesem Anpassungstag. Ist das Bemessungsentgelt bei der Entscheidung über die erneute Bewilligung auch zu einem Zeitpunkt anzupassen, der vor dem Tag liegt, für den die Arbeitslosenhilfe erneut bewilligt wird, unterbleibt die Minderung des Anpassungsfaktors auch zu diesem Anpassungstag.

Zu Nummer 58 (§ 202)

Die Arbeitslosenhilfe ist eine staatliche Fürsorgeleistung. Dem Grundsatz der Nachrangigkeit gegenüber Versicherungsleistungen entsprechend verpflichtet das geltende Recht Arbeitslose, einen Antrag auf eine abschlagsfreie Altersrente zu stellen.

Die Aufforderung, eine Rente zu beantragen, ist eine Anordnung, die einen Verwaltungsakt vorbereitet. Der Arbeitslose muss klar erkennen können, welches Verhalten von ihm erwartet wird. Die Anordnung kann deshalb nicht bedingt, d. h. insbesondere nicht von der Höhe der zu beantragenden Rente abhängig sein. Die Regelung geht – wie § 142 – typisierend davon aus, dass die Altersrente den Lebensunterhalt von Arbeitslosen sicherstellt. Die Höhe der zu erwartenden Altersrente wäre als alleiniger Maßstab für die Frage, ob der Arbeitslose verpflichtet ist, einen Antrag auf eine abschlagsfreie Altersrente zu stellen, nicht sachgerecht. Denn während des Rentenbezuges steht dem ehemaligen Bezieher von Arbeitslosenhilfe auch Vermögen zur Bestreitung des Lebensunterhalts zur Verfügung, das zu Zeiten des Bezuges von Arbeitslosenhilfe aus Gründen der Aufrechterhaltung einer angemessenen Alterssicherung nicht bei der Prüfung der Bedürftigkeit berücksichtigt worden ist.

Die Klarstellung ist wegen des Urteils des Bundessozialgerichts vom 27. Juli 2000 – B 7 AL 42/99 R – erforderlich.

Zu Nummer 59 (§ 214)

Die Ergänzung ist eine notwendige Folgeänderung zu der Regelung in § 172 Abs. 1a, um die Gleichbehandlung der Bezieher von Winterausfallgeld mit den Beziehern von Kurzarbeitergeld im Krankheitsfalle herbeizuführen.

Zu Nummer 60 (§ 218)

Zu Buchstabe a

Zu Doppelbuchstabe aa

Redaktionelle Änderung.

Zu Doppelbuchstabe bb

Die Vorschrift beinhaltet die Abschaffung der Mindestdauer der Arbeitslosigkeit beim Eingliederungszuschuss für ältere Arbeitnehmer. Im Hinblick auf die Einführung der obligatorischen individuellen Chanceneinschätzung (Profiling) und der daraus zu erstellenden Eingliederungsvereinbarung durch die Arbeitsämter wird diesen die Handlungskompetenz zugewiesen, den Eingliederungszuschuss für ältere Arbeitnehmer sofort erbringen zu können, wenn dies erforderlich ist und nicht erst nach einer bestimmten Mindestdauer der Arbeitslosigkeit. Im Sinne einer präventiven Arbeitsmarktpolitik kann so langfristige Arbeitslosigkeit verhindert und den beschäftigungspolitischen Leitlinien der Europäischen Union Rechnung getragen werden.

Zu Doppelbuchstabe cc

Durch die Vorschrift werden Elemente des im befristeten Jugendsofortprogramm enthaltenen Lohnkostenzuschusses für Jugendliche als erfolgreiches Instrument zur betrieblichen Eingliederung arbeitsloser Jugendlicher übernommen. Durch diese Maßnahme soll das Förderungsrecht vereinheitlicht und mehr Transparenz geschaffen werden. Auch hier ist die Bewilligung der Förderleistung nicht mehr von einer Mindestdauer der Arbeitslosigkeit abhängig, wie das bislang bei den im Sofortprogramm geregelten Lohnkostenzuschüssen der Fall war. Im Hinblick auf die Einführung der obligatorischen individuellen Chanceneinschätzung (Profiling) und der daraus zu erstellenden Eingliederungsvereinbarung durch die Arbeitsämter wird diesen die Handlungskompetenz zugewiesen, den Eingliederungszuschuss für Jugendliche sofort gewähren zu können, wenn dies erforderlich ist und nicht erst nach einer bestimmten Mindestdauer der Arbeitslosigkeit. Mit dieser Maßnahme soll – im Sinne einer präventiven Arbeitsmarktpolitik – langfristige Arbeitslosigkeit verhindert und den Beschäftigungspolitischen Leitlinien der Europäischen Union Rechnung getragen werden. Dabei ist allerdings in besonderem Maße darauf zu achten, dass Mitnahmeeffekte bei Arbeitgebern weitestgehend reduziert werden.

Zu Buchstabe b

Nach der geltenden Rechtslage müssen die Arbeitsämter den jeweils zutreffenden individuellen Anteil des Arbeitgebers am Gesamtsozialversicherungsbeitrag feststellen. Dies ist in der Praxis häufig schwierig und zeitaufwändig. Selbst geringfügige Beitragsreduzierungen führen zur Notwendigkeit der Neufestsetzung. Die Vorschrift sieht vor, nicht mehr den individuellen, sondern einen pauschalierten Anteil des Arbeitgebers am Gesamtsozialversicherungsbeitrag bei der Berechnung der Eingliederungszuschüsse zu berücksichtigen. Die Pauschalierung soll zur Verwaltungsvereinfachung beitragen sowie zu einer höheren Transparenz in der Leistungsgewährung führen.

Zu Nummer 61 (§ 219)

Mit der Ergänzung, die aus dem Jugendsofortprogramm als Ermessensregelung übernommen wird, soll die Suche eines Arbeitsplatzes durch den Jugendlichen selbst stärker gefördert werden. Der sog. Vermittlungsscheck wurde bereits im Rahmen des mit Bundesmitteln unterstützten Berliner Programms 501/301 und im Rahmen der freien Förderung erprobt.

Zu Nummer 62 (§ 220)

Folgeänderungen zur Änderung des § 218.

Zu Nummer 63 (§ 222a)

Redaktionelle Änderung sowie Anpassung an den Sprachgebrauch des SGB IX.

Zu Nummer 64 (§ 223)

Folgeänderungen zur Änderung des § 218.

Zu Nummer 65 (§ 226)

Redaktionelle Änderung.

Zu Nummer 66 (Änderung der Überschrift des Dritten Unterabschnitts)

Das bisher in diesem Unterabschnitt geregelte Instrument des Eingliederungsvertrages wird aufgegeben. Es hat sich nicht bewährt. Seit seiner Einführung 1997 wurde es von Jahr zu Jahr in immer geringerem Umfang in Anspruch genommen, auch in den Arbeitsamtsbezirken, in denen seine Einführung, um es bekannt zu machen, mit besonderem Aufwand betrieben wurde. Im Jahr 1999 wurden 989 Eingliederungsverträge abgeschlossen, im Jahre 2000 waren es noch 731 Eingliederungsverträge, in diesem Jahr beläuft sich die Zahl der Eingliederungsverträge bis Ende Juni auf 118. Zudem war die Handhabung dieses Förderungsinstrumentes insbesondere auch für die leistungsberechtigten Betriebe kompliziert und verwaltungsaufwändig. Der Dritte Unterabschnitt enthält künftig die Regelungen zur Förderung der beruflichen Weiterbildung durch Vertretung.

Zu Nummer 67 (§§ 229, 230, 231, 232 und 233)

Zu § 229

Im Rahmen von Modellprojekten ist die allgemein als »Jobrotation« bezeichnete Beschäftigung eines Vertreters für einen anderen Arbeitnehmer, der sich beruflich weiterbildet, bereits seit einigen Jahren erprobt worden. Es handelt sich dabei um ein Instrument, das strukturpolitische und arbeitsmarktpolitische Elemente miteinander verbindet. Durch Jobrotation wird einerseits die Freistellung des Beschäftigten zur beruflichen Weiterbildung ermöglicht und andererseits einem Arbeitslosen eine Chance geboten, seine Wiedereingliederungschancen zu verbessern, wenn er als Vertreter für den in beruflicher Weiterbildung befindlichen Arbeitnehmer eingesetzt wird. Mit diesem Instrument werden daher zwei wesentliche Zielsetzungen verfolgt:

- Steigerung der Bereitschaft von Arbeitgebern, ihre Beschäftigten beruflich weiterzubilden;
- Verbesserung der Reintegrationschancen von Arbeitslosen, die durch die Vertretungstätigkeit im Unternehmen nicht nur praktische Arbeitserfahrung erwerben, sondern auch ein »Probebeschäftigungsverhältnis« erhalten.

Dieses Instrument soll dergestalt mit Mitteln des Arbeitsförderungsrechts unterstützt werden, dass für die zusätzliche Einstellung eines zuvor Arbeitslosen ein Zuschuss gewährt wird, wenn die Einstellung dazu dient, einen anderen Arbeitnehmer während einer beruflichen Weiterbildungsmaßnahme zu vertreten. Es ist nicht erforderlich, dass diese neue Einstellung synchron zur weiterbildungsbedingten Abwesenheit des Stammarbeitnehmers erfolgt. So kann es sinnvoll sein, den Vertreter bereits einige Zeit vor Beginn der Weitbildungsmaßnahme einzustellen, damit der Stammarbeitnehmer die Einarbeitung des Vertreters übernehmen kann. Die Förderung kommt auch in Frage, wenn der Stammarbeitnehmer normalerweise teilzeitbeschäftigt ist oder die berufliche Weiterbildungsmaßnahme in Teilzeit besucht. Unabhängig davon, wie der Stammarbeitnehmer beschäftigt ist, kann die Vertretung auch in Form einer Teilzeitbeschäftigung erfolgen oder es kann eine Stelle mit mehreren teilzeitbeschäftigten Vertretern besetzt werden. Für die Förderung wird nicht vorausgesetzt, dass der Arbeitslose unmittelbar den Arbeitnehmer ersetzt, der sich in beruflicher Weiterbildung befindet. Auch wenn dieser betriebsintern vertreten wird, aber für den betriebsinternen Vertreter ein Arbeitsloser eingestellt wird, kann eine Förderung erfolgen. Schließlich kann der Vertreter auch durch einen (gewerbsmäßigen) Verleiher gestellt werden, vorausgesetzt der Verleiher hat einen zuvor Arbeitslosen eingestellt, um ihn im Rahmen von Jobrotation zu verleihen. Der Arbeitgeber ist nicht verpflichtet, den Vertreter dauerhaft einzustellen, wenn jedoch eine Übernahme sowohl vom Arbeitgeber als auch vom Vertreter gewünscht wird, soll diese jederzeit erfolgen können. Auch hängt die Förderung nicht davon ab, dass der Stammarbeitnehmer nach Beendigung der beruflichen Weiterbildungsmaßnahme über einen bestimmten Zeitraum bei dem Arbeitgeber weiterbeschäftigt wird, der die Förderung erhalten hat. So kann der Arbeitnehmer die berufliche Weiterbildungsmaßnahme gerade zur Vorbereitung seiner eigenen Selbständigkeit nutzen wollen. Eine Verbindung mit anderen Förderungsmaßnahmen, insbesondere mit Maßnahmen zur Förderung der beruflichen Weiterbildung selbst, ist zulässig.

Zu § 230

Bei der Höhe des Zuschusses soll unter anderem die Höhe der Aufwendungen, die der Arbeitgeber für die berufliche Weiterbildung des Stammarbeitnehmers tätigt, berücksichtigt werden. Dabei wird davon ausgegangen, dass der Arbeitgeber im Regelfall das Gehalt des Stammarbeitnehmers weiter bezahlt oder Freizeitkonten eingesetzt werden. Allerdings schließt die bloße Freistellung ohne Gehaltszahlung die Förderung nicht grundsätzlich aus. Dies gilt insbesondere dann, wenn die Weiterbildung der Vorbereitung der Selbständigkeit des Stammarbeitnehmers dient. In diesem Fällen sollte die Förderung in der Regel 50 Prozent nicht überschreiten. Im Übrigen sind Kriterien für die Höhe des Zuschusses die Qualifikation des Vertreters und seine Förderungsbedürftigkeit. Von der Möglichkeit einer 100-prozentigen Förderung sollte nur in Ausnahmefällen Gebrauch gemacht werden, wenn besondere Umstände dies rechtfertigen. Die Dauer der Förderung ist auf ein Jahr maximal begrenzt. Dabei ist auf die Zeit abzustellen, die der Vertreter ununterbrochen bei ein und dem selben Arbeitgeber beschäftigt wird, unabhängig davon, ob er einen oder mehrere Stammarbeitnehmer vertritt.

Im Fall des Verleihs wird die maximale Dauer der Förderung durch die Vorschriften des Arbeitnehmerüberlassungsgesetzes bestimmt. In diesem Fall wird kein Zuschuss an den Verleiher gezahlt, da er keinen Arbeitnehmer zur beruflichen Weiterbildung freistellt. Allerdings kann der Entleiher stets nur einen Zuschuss in Höhe von 50 Prozent des Entgelts erhalten, das er dem Verleiher für den Vertreter zahlt. Die Begrenzung ergibt sich aus dem Umstand, dass das dem Verleiher zu zahlende Entgelt in der Regel nicht nur das berücksichtigungsfähige Arbeitsentgelt im Sinne des § 218 Abs. 3 erfasst.

Zu § 231

Durch diese Regelung wird klargestellt, dass die Einstellung eines Vertreters für einen anderen Arbeitnehmer, der sich beruflich weiterbildet, einen sachlichen Grund für den Abschluss eines befristeten Arbeitsverhältnisses darstellt. Ist der Vertreter ein Leiharbeitnehmer, gilt diese Vorschrift nicht, da kein Arbeitsverhältnis zwischen dem Arbeitgeber (Entleiher) und dem Vertreter (Leiharbeitnehmer) besteht. Für das Arbeitsverhältnis zwischen Verleiher und Leiharbeitnehmer gelten die Regelungen des Arbeitnehmerüberlassungsgesetzes.

Bei Einstellung eines Vertreters für einen anderen Arbeitnehmer, der sich beruflich weiterbildet, wird – analog zu § 21 Abs. 7 des Bundeserziehungsgeldgesetzes – sichergestellt, dass hinsichtlich der arbeitsrechtlichen und arbeitsschutzrechtlichen Schwellenwerte zur Vermeidung einer Doppelzählung nur der Vertretene (Stammarbeitnehmer), nicht aber der Vertreter gezählt wird. Auch diese Regelung soll die Bereitschaft von Arbeitgebern erhöhen, an dem neuen Förderungsinstrument teilzunehmen.

Zu § 232

Die Erfahrungen im Rahmen der Modellprojekte mit Jobrotation haben gezeigt, dass es notwendig sein kann, die Planung und Durchführung sowohl der beruflichen Weiterbildungsmaßnahme als auch die Auswahl des Vertreters sowie seine unter Umständen erforderliche Vorbereitung aus einer Hand zu organisieren. Auch kann es zweckmäßig sein, Arbeitgeber umfassend über die Förderung der beruflichen Weiterbildung durch Vertretung zu informieren und Verbindungen mit anderen Förderinstrumenten herzustellen. Zur Vorbereitung der Vertretung kann es auch erforderlich sein, eine Vorqualifizierung des Vertreters durchzuführen. Aus diesem Grund soll die Bundesanstalt die Möglichkeit haben, Dritte mit der Beratung, Vorbereitung und Abwicklung entgeltpflichtig zu beauftragen. Die Zuschüsse, die Dritten im Zusammenhang mit der Vorbereitung und Gestaltung der beruflichen Weiterbildung durch Vertretung gewährt werden können, werden durch die Regelung präzisiert.

Zu § 233

Die Anordnungsermächtigung ermöglicht der Bundesanstalt die nähere Ausgestaltung dieses neuen Instruments der aktiven Arbeitsmarktpolitik.

Zu Nummer 68   (§ 234)

Folgeänderung zur Neufassung des Dritten Unterabschnitts des Ersten Abschnitts des Fünften Kapitels.

Zu Nummern 69 und 70   (Überschrift des Fünften Kapitels, Zweiter Abschnitt sowie des Ersten Unterabschnitts)

Folgeänderung zu § 235c.

Zu Nummer 71   (§ 235b)

Hiermit wird das betriebliche Praktikum der AQJ-Maßnahmen des Jugendsofortprogramms übernommen (vgl. Änderung zu § 61). Der Anteil des betrieblichen Praktikums an der Gesamtmaßnahme soll entsprechend der bisherigen Praxis mindestens 50 Prozent betragen. Die vermittelten Inhalte und erworbenen Teilqualifizierungen sollen vom Betrieb und Träger bescheinigt werden. Das Betriebspraktikum soll entsprechend dem Beschluss des Bündnisses für Arbeit, Ausbildung und Wettbewerbsfähigkeit vom 6. Oktober 1999 bei nachgewiesenem erfolgreichen Erwerb ausbildungsbezogener Qualifikationen eine anschließende Berufsausbildung auf Antrag angemessen verkürzen.

Die Erstattung der Praktikumsvergütung wird aus Gründen der Vereinheitlichung der Förderung bei Berufsvorbereitung auf höchstens 192 Euro im Regelfall begrenzt. Dies entspricht dem Bedarf für zu Hause wohnende Teilnehmer an berufsvorbereitenden Bildungsmaßnahmen. Ist der Auszubildende auswärts untergebracht, kann aufstockend Berufsausbildungsbeihilfe nach dem Bedarf für auswärts untergebrachte Teilnehmer gezahlt werden (§ 12 Abs. 1 Nr. 1 BAföG i. V. m. § 66 Abs. 1 SGB III).

Die Regelung zur Auszahlung in Absatz 5 ermöglicht dem Arbeitsamt bei verschiedenen Praktikabetrieben die Abwicklung der Förderung über den Träger (§ 12 Abs. 2 Nr. 1 BAföG i. V. m. § 66 Abs. 3 SGB III).

Zu Nummer 72   (§ 235c)

Die Nachqualifizierung von formal nicht qualifizierten Arbeitnehmern unterbleibt häufig, weil das Nachholen eines Berufsabschlusses die Aufgabe des bestehenden Arbeitsverhältnisses voraussetzt. Das Arbeitsförderungsrecht hält bereits verschiedene Möglichkeiten für Arbeitnehmer ohne Berufsabschluss vor, einen Berufsabschluss im Rahmen einer geförderten Weiterbildung nachzuholen. § 235c eröffnet alternativ zu den bestehenden Modellen zusätzliche Möglichkeiten, das Nachholen eines Berufsabschlusses gezielt zu fördern, indem dem Arbeitgeber Anreize gegeben werden, den weiterbildungswilligen Arbeitnehmer für die Weiterbildung freizustellen. Arbeitgebern, die Beschäftigten ohne Berufsabschluss im Rahmen des bestehenden Arbeitsverhältnisses das Nachholen eines Abschlusses ermöglichen, können die auf die Zeit ohne Arbeitsleistung entfallenden Lohnkosten ganz oder teilweise erstattet werden. Die Wahrscheinlichkeit einer dauerhaften Beschäftigung wird dadurch erhöht. Bei der Bemessung der Zuschusshöhe ist das Interesse des Arbeitgebers an der Nachqualifizierung des Arbeitnehmers zu berücksichtigen.

Zu Nummer 73 (Überschrift zum Ersten Abschnitt des Sechsten Kapitels)

Folgeänderung zur Einfügung der §§ 246a bis 246d.

Zu Nummer 74 (§ 240)

Die Zielgruppe der Benachteiligtenförderung wird in Absatz 1 Nr. 2 um Jugendliche erweitert, die vorhandene Angebote zu Ausbildung, Qualifizierung und Beschäftigung nicht, noch nicht oder nicht mehr annehmen und erst mit niedrigschwelligen Angeboten an die berufliche Eingliederung herangeführt werden müssen. Hiermit werden die Maßnahmen der sozialen Betreuung zur Hinführung an Beschäftigungs- und Qualifizierungsmaßnahmen nach Artikel 11 des Jugendsofortprogramms unter der Bezeichnung »Aktivierungshilfen« übernommen. Die Förderung wird an die Voraussetzung geknüpft, dass sich ein Dritter mit mindestens 50 Prozent an der Finanzierung beteiligt. Dies dürften im Regelfall die Träger der öffentlichen Jugendhilfe sein.

Zu Nummer 75 (§ 241)

Zu Buchstabe a

Die Phasen betrieblicher Praktika während der Ausbildung in einer außerbetrieblichen Einrichtung werden auf ein Drittel je Ausbildungsjahr begrenzt, um den Charakter der außerbetrieblichen Ausbildung zu wahren und der Gefahr zu begegnen, dass Betriebe nicht selbst ausbilden, sondern die außerbetrieblich Auszubildenden als »billige« Hilfskräfte nutzen.

Außerdem wird die Möglichkeit eröffnet, die außerbetriebliche Ausbildung fortzusetzen, wenn der vorzeitige Übergang in eine betriebliche Ausbildung innerhalb von drei Monaten – dies entspricht der üblichen Probezeit – nicht gelingt. Die Regelung ist notwendig, weil grundsätzlich nur das erste Jahr einer außerbetrieblichen Ausbildung gefördert werden kann.

Zu Buchstabe b

Der neu eingefügte Absatz 3a beschreibt die Aktivierungshilfen, indem er weitgehend die Zielgruppenbeschreibung aus den Richtlinien zu Artikel 11 des Jugendsofortprogramms übernimmt. Die Aktivierung Jugendlicher, die derzeit von den Arbeitsämtern im Rahmen des § 10 gefördert wird, erhält damit eine eigenständige rechtliche Grundlage. Mit den Aktivierungshilfen sollen Jugendliche insbesondere an den Treffpunkten angesprochen werden, an denen sie sich in der Regel aufhalten, um sie für eine berufliche Qualifizierung zu motivieren. Die Förderung wird an die Voraussetzung geknüpft, dass sich ein Dritter mindestens zur Hälfte an der Finanzierung beteiligt. Dies dürften im Regelfall die Träger der öffentlichen Jugendhilfe sein. Damit soll die Notwendigkeit einer Zusammenarbeit zwischen Arbeitsamt und Jugendhilfeträger, die bereits in § 9 Abs. 3 sowie in den §§ 13 und 81 des Achten Buches verankert ist, zugunsten der dort genannten Personengruppen noch stärker betont werden.

Zu Nummer 76 (§ 242)

In der neuen Nummer 4 wird der förderungsbedürftige Personenkreis, der mit den Aktivierungshilfen nach § 240 Nr. 2 gefördert werden kann, beschrieben. Hierzu gehören unter anderem ehemalige Sonderschüler und Hauptschüler ohne qualifizierten Abschluss sowie Jugendliche aus einem schwierigen sozialen Umfeld.

Zu Nummer 77 (§ 243)

Bei den neu eingefügten Aktivierungshilfen (vgl. Änderung zu § 240) wird die Förderung auf eine Höhe von bis zu 50 Prozent der Gesamtkosten beschränkt. Eine Begrenzung der Gesamtkosten ergibt sich auch aus der Verpflichtung, die Maßnahmen nach dem Grundsatz der Wirtschaftlichkeit und Sparsamkeit gemäß der Verdingungsordnung für Leistungen (VOL/A) in der Regel öffentlich ausschreiben zu müssen.

Zu Nummer 78 (§ 246)

Mit der Einführung einer Pauschale soll der vorzeitige Übergang benachteiligter Auszubildender aus der außerbetrieblichen Ausbildung in eine betriebliche Ausbildung verstärkt werden. In der Praxis ist die Förderung bis zum Abschluss der Ausbildung der Regelfall, obwohl das Gesetz lediglich die Förderung des ersten Ausbildungsjahres in außerbetrieblicher Einrichtung als Grundsatz vorsieht. Hiermit wird die Regelung bei der außerbetrieblichen Ausbildung in Artikel 4 § 3 Abs. 4 der Richtlinien zum Jugendsofortprogramm in das Regelinstrumentarium übernommen.

Zu Nummer 79 (§ 246a bis § 246d)

Hiermit werden die beschäftigungsbegleitenden Hilfen nach Artikel 10 des Jugendsofortprogramms übernommen. Um zu verdeutlichen, dass die Anfangszeit im Betrieb unterstützt werden soll, wurde der Begriff präzisiert als »Beschäftigung begleitende Eingliederungshilfen«. Nach geltendem Recht setzt eine entsprechende Förderung voraus, dass vorher während einer betrieblichen Ausbildung ausbildungsbegleitende Hilfen gewährt worden sind (sog. Übergangshilfen nach § 241 Abs. 3). Durch Wegfall dieser Voraussetzung und die Ausweitung des förderungsfähigen Personenkreises wird dieses bestehende Instrument ausgebaut.

Zu Nummer 80 (§ 248)

Redaktionelle Änderung.

Zu Nummer 81 (§ 254)

Die Änderung trägt dem Anliegen Rechnung, die Rechtsanwendung zu vereinfachen und den Einsatz des Instrumentes weiter zu flexibilisieren. Auf die bisherige Voraussetzung, dass anstelle der im Sozialplan vorgesehenen Maßnahmen Leistungen der aktiven Arbeitsförderung zu erbringen sein müssen, soll verzichtet werden. Die Ergebnisse der Begleitforschung, die zu den Zuschüssen zu Sozialplanmaßnahmen durchgeführt worden ist, haben gezeigt, dass die Prognose über die mögliche Bewilligung von Leistungen der aktiven Arbeitsförderung in der zur Verfügung stehenden Zeit nicht getroffen werden kann. Damit lässt sich das Instrument noch flexibler als bisher einsetzen, z. B. zur Durchführung kurzfristiger betrieblicher Weiterbildungsmaßnahmen (unter Umständen verbunden mit der Übernahme von Lohnkosten).

Nennenswerte finanzielle Mehrbelastungen sind nicht zu erwarten: Es kann im Regelfall davon ausgegangen werden, dass bei wesentlichen Betriebsänderungen die betroffenen Arbeitnehmer Leistungen der Arbeitsförderung beanspruchen könnten. Außerdem haben die bisherigen Erfahrungen gezeigt, dass die Förderung sich in erster Linie auf kurzfristige Maßnahmen bis zum Zeitpunkt der Beendigung des Beschäftigungsverhältnisses konzentriert, für die nur relativ geringe Aufwendungen erforderlich sind, die andererseits den Wechsel auf einen anderen Arbeitsplatz des ersten Arbeitsmarktes positiv beeinflussen und damit zur Einsparung von Entgeltersatzleistungen führen.

Im Übrigen ist davon auszugehen, dass von Betriebsänderungen betroffene Beschäftigte zunehmend die Bedeutung von Eingliederungsmaßnahmen für ihren weiteren beruflichen

Werdegang erkennen und damit verstärkt in den Sozialplänen Abfindungsmittel zugunsten der Finanzierung von Eingliederungsmaßnahmen umgewidmet werden.

Zu Nummer 82 (§ 255)

Nach den bisherigen Erfahrungen mit dem Einsatz des Instruments haben sich die Eingliederungsmaßnahmen, die bezuschusst worden sind, bei der Vermeidung von Arbeitslosigkeit bewährt (vgl. Begründung zur Änderung des § 254). Ausschlaggebend dafür war auch, dass die in den Maßnahmen betreuten Arbeitnehmer und die betrieblichen Interessenvertretungen den besonderen Stellenwert der angebotenen Hilfen erkannt und deren Verankerung im Sozialplan unterstützt haben.

Der präventive Einsatz der Sozialplanmaßnahmen und die Bezuschussung durch die Arbeitsverwaltung müssen auch möglich sein, wenn im Sozialplan ein Wahlrecht zwischen Abfindungen und Eingliederungsmaßnahmen vorgesehen ist. Andernfalls könnte die Durchführung von Eingliederungsmaßnahmen in den Betrieben, die diese Maßnahmen nicht mehr allein finanzieren können, gefährdet sein. Arbeitnehmern, die sich für die Teilnahme an den Maßnahmen entscheiden, bliebe die erforderliche präventive und betriebsnahe Unterstützung bei der Suche eines neuen Arbeitsplatzes vorenthalten.

Zu Nummer 83 (§ 257)

Zu Buchstabe a

Um die Zuschüsse zu Sozialplanmaßnahmen effektiver einsetzen und dem Gedanken der Prävention stärker Rechnung tragen zu können, soll die Anwendung des Instruments vereinfacht werden. Auf die in Absatz 1 der Vorschrift bisher vorgesehenen Beschränkungen wird deshalb verzichtet, zumal sie sich teilweise als nicht praktikabel erwiesen haben.

Mit der weiterhin gültigen Beschränkung der Förderhöhe im bisherigen zweiten Absatz der Vorschrift wird Missbräuchen ausreichend vorgebeugt.

Zu Buchstabe b

Redaktionelle Anpassung.

Zu Nummer 84 (§ 260)

Nach derzeitigem Recht sollen Arbeitsbeschaffungsmaßnahmen u. a. strukturverbessernde Wirkungen entfalten. Gleichzeitig müssen sie aber zusätzlich sein und dürfen überdies nicht die Wirtschaft beeinträchtigen. Diese Ziele sind nur schwer gleichzeitig zu erreichen. Mit der Vorschrift soll erreicht werden, dass im Einzelfall die Arbeiten in Arbeitsbeschaffungsmaßnahmen nicht zusätzlich im Sinne von § 261 Abs. 2 sein müssen, wenn sie von Wirtschaftsunternehmen durchgeführt werden. Um eventuellen Störungen des Arbeitsmarktes vorzubeugen, muss der Verwaltungsausschuss des zuständigen Arbeitsamtes der Maßnahme zustimmen. Um jedoch zu vermeiden, dass der Träger im Hinblick auf die Förderung durch das Arbeitsamt den Einsatz eigener Mittel beschränkt, ist außerdem die Zusätzlichkeit des Mitteleinsatzes festzustellen. Der Träger hat in geeigneter Weise darzulegen, dass die Förderung im Rahmen von Arbeitsbeschaffungsmaßnahmen den eigenen Mitteleinsatz ergänzt und dass die Eigenmittel nicht im Hinblick auf die Förderung reduziert werden. Diese Öffnung der Fördervoraussetzungen bei Arbeitsbeschaffungsmaßnahmen trägt vielfach erhobenen Forderungen aus der Praxis Rechnung.

Zu Nummer 85 (§ 261)

Zu Buchstabe a

Mit der Regelung werden Qualifizierungs- und Praktikumsanteile in Arbeitsbeschaffungsmaßnahmen verpflichtend vorgeschrieben, soweit die Maßnahme in Eigenregie des Trägers durchgeführt wird. Damit wird die Verantwortung der Träger gestärkt, zur beruflichen Entwicklung der geförderten Arbeitnehmer beizutragen. Praktika sind vielfach eine Brücke in den ersten Arbeitsmarkt. Für Arbeiten, die der Arbeitnehmer in Wirtschaftsunternehmen durchführt, besteht wie bisher eine Option, aber keine Pflicht zu Qualifizierung oder Praktikum, um die Wirtschaftsunternehmen nicht zusätzlich zu belasten. Durch die Verweisung in § 278 gilt die Verpflichtung auch für Strukturanpassungsmaßnahmen in Eigenregie des Trägers.

Zu Buchstabe b

Mit der Verpflichtung des Trägers bzw. des durchführenden Unternehmens, spätestens nach Beendigung der Beschäftigung Teilnehmerbeurteilungen auszustellen, sollen anschließende Arbeitsvermittlungen der Arbeitsämter erleichtert und damit die beruflichen Perspektiven der geförderten Arbeitnehmer verbessert werden. Die Träger haben die Arbeitnehmer über einen längeren Zeitraum in der Arbeitsbeschaffungsmaßnahme kennen gelernt und sind daher regelmäßig in der Lage, Hinweise zu geben, die die Beurteilung der Vermittler ergänzen. Die Teilnehmerbeurteilung enthält personenbezogene Daten. Daher hat der Arbeitnehmer ein Recht darauf, vom Träger bzw. durchführenden Unternehmen oder vom Arbeitsamt, eine Kopie der Teilnehmerbeurteilung zu erhalten. Dem Sinn der Teilnehmerbeurteilung entsprechend ist auf deren Ausstellung zu verzichten, wenn der Arbeitnehmer der Vermittlung anschließend nicht mehr zur Verfügung steht, insbesondere wenn er anschließend aus dem Erwerbsleben ausscheidet (z. B. bei älteren Arbeitnehmern in Strukturanpassungsmaßnahmen für ältere Arbeitnehmer).

Zu Nummer 86 (§ 262)

Bisher können Arbeitsbeschaffungsmaßnahmen im gewerblichen Bereich in Eigenregie des Trägers durchgeführt werden und sie müssen nicht an Wirtschaftsunternehmen vergeben werden, wenn die Maßnahmen Qualifizierungs- oder Praktikumsanteile von mindestens 20 Prozent der Zuweisungsdauer des Arbeitnehmers enthalten. Diese Ausnahmeregelung muss entfallen, weil solche Qualifizierungs- und Praktikumsanteile für jede Regiemaßnahme verpflichtend vorgeschrieben werden (vgl. § 261).

Zu Nummer 87 (§ 263)

Zu Buchstabe a

Die Förderungsbedürftigkeit in Arbeitsbeschaffungsmaßnahmen soll sich in Zukunft nicht mehr an einer bestimmten Dauer der Arbeitslosigkeit orientieren, sondern von der individuellen Notwendigkeit oder Zweckmäßigkeit für den Arbeitnehmer abhängig gemacht werden. Daher können alle formalen Einschränkungen entfallen, die einem individuellen Ansatz entgegenstehen. Maßgebend ist, ob die arbeitslosen Arbeitnehmer allein durch eine Förderung in einer Arbeitsbeschaffungs- oder Strukturanpassungsmaßnahme eine Beschäftigung aufnehmen können. Hierfür sind regelmäßig in der Eingliederungsvereinbarung Festlegungen zu treffen.

Zu Buchstabe b

Zu Doppelbuchstabe aa

Die Ausnahmeregelung in Absatz 2, bei der von den Förderungsvoraussetzungen des Absatzes 1 in bestimmten Fällen abgewichen wird, wird modifiziert. Keine Ausnahme wird von dem Grundsatz zugelassen, dass die unter einen Ausnahmetatbestand in Absatz 2 fallenden Arbeitnehmer arbeitslos sein müssen und nicht auf andere Weise eine Beschäftigung aufnehmen können.

Zu Doppelbuchstabe bb

Erweitert wird die Ausnahmeregelung in Absatz 2 Nr. 1, wonach das Arbeitsamt derzeit die Möglichkeit hat, bis zu fünf Prozent der Zahl aller in dem Haushaltsjahr zugewiesenen Teilnehmer in eine Arbeitsbeschaffungsmaßnahme unabhängig davon zuzuweisen, ob z. B. Langzeitarbeitslosigkeit oder die Voraussetzungen für Entgeltersatzleistungen vorliegen (Absatz 1). Die hiermit verbundene Flexibilität des Instrumentes wird erhöht, indem bis zu zehn Prozent der Teilnehmer nicht Leistungsbezieher sein müssen. Hierbei besteht die Erwartung, dass diese Erweiterung nicht in jedem Arbeitsamtsbezirk ausgeschöpft wird, sondern z. B. im Rahmen einer verbesserten Zusammenarbeit von Arbeits- und Sozialamt genutzt wird.

Zu Doppelbuchstaben cc bis ee

Eindeutiger als bisher (vgl. § 263 Abs. 1 Nr. 2 i. V. m. § 78 Satz 1 Nr. 1 und Satz 2) wird geregelt, dass Berufsrückkehrer und Berufsrückkehrerinnen in Arbeitsbeschaffungsmaßnahmen beschäftigt werden können, wenn sie im Laufe ihres Arbeitslebens zwölf Monate versicherungspflichtig beschäftigt waren. Die Regelung trägt daher zu einer besseren Wiedereingliederung insbesondere von Frauen in das Erwerbsleben bei.

Zu Nummer 88 (§ 265a)

Zu Absatz 1

Die Vorschrift hat zum Ziel, neben das bisherige Zuschusssystem bei Arbeitsbeschaffungsmaßnahmen eine einfachere Zuschussregelung zu stellen. Das bisherige Recht wird insoweit sowohl von vielen Trägern als auch von der Arbeitsverwaltung als zu kompliziert angesehen. Der Vorteil dieser Lohnkostenförderung liegt allerdings darin, dass Grundlage für die Förderung das konkret gezahlte Arbeitsentgelt des geförderten Arbeitnehmers ist, was finanzschwachen Trägern entgegenkommt, die vielfach nicht in der Lage sind, die Restfinanzierung sicherzustellen. Deshalb wird diese Förderart grundsätzlich beibehalten. Es wird nunmehr aber in die Entscheidungsfreiheit des Trägers und des Arbeitsamtes gestellt, auf die neue Zuschussbemessung umzustellen.

Zu Absatz 2

Für die Höhe der Pauschale ist die Tätigkeit des Arbeitnehmers in der Arbeitsbeschaffungsmaßnahme maßgebend und nicht die bisherige Tätigkeit oder Qualifikation. Die Tätigkeit des Arbeitnehmers wird einer bestimmten Qualifikationsstufe zugeordnet.
Insgesamt gibt es vier Qualifikationsstufen. Die Pauschalen, die auf der jeweiligen Stufe gezahlt werden können, orientieren sich an Erfahrungswerten und dem Grundsatz, dass Eigenbeteiligungen der Träger zu wirtschaftlichen Maßnahmen führen. Wegen der Bandbreite des bestehenden Lohn- und Gehaltsgefüges ist es ohne weitere umfangreiche Differenzierungen nicht möglich, durch gesetzlich festgelegte Beträge eine für jede Tätigkeit in einer bestimmten Region gleichermaßen »gerechte« Pauschale festzusetzen. Die Arbeitsämter erhalten deshalb die Möglichkeit, im Einzelfall regionale Besonderheiten und Besonderheiten, die in der jeweiligen Tätigkeit liegen, auszugleichen. Sie können hierzu

die Pauschalen pro Qualifikationsstufe um bis zu zehn Prozent erhöhen. Insoweit können die Arbeitsämter bei der Förderung von Arbeitsbeschaffungsmaßnahmen stärker als bei der Förderung von Strukturanpassungsmaßnahmen differenzieren.

Grundsätzlich können die Träger davon ausgehen, dass der gesetzlich festgelegte Pauschalbetrag gezahlt wird. Gleichwohl handelt es sich um eine Höchstförderung, um eine Anpassung z. B. bei nicht angemessener Förderhöhe vornehmen zu können. Gesetzlich wird zudem festgelegt, dass der Zuschuss bei Jugendlichen so zu bemessen ist, dass die Aufnahme einer Ausbildung nicht behindert wird. Die Förderung von Arbeitsbeschaffungsmaßnahmen soll nämlich nicht dazu beitragen, Jugendliche ohne abgeschlossene Berufsausbildung von einer Ausbildungsaufnahme abzuhalten. Dementsprechend sollte insbesondere in Fällen des § 263 Abs. 2 Nr. 3 die Höhe des Arbeitsentgelts in der Arbeitsbeschaffungsmaßnahme in einem angemessenen Verhältnis zur Höhe einer erzielbaren Ausbildungsvergütung stehen. In diesen Fällen sollte das Arbeitsamt den pauschalierten Zuschuss nach unten anpassen. Bei Arbeitnehmern ab Vollendung des 25. Lebensjahres wird zwar auf eine gesonderte gesetzliche Regelung verzichtet. Hier haben die Arbeitsämter den ABM-Zuschuss aber auch bei einer Pauschalierung so zu bemessen, dass die Aufnahme von Arbeit nicht behindert wird. Allerdings besteht grundsätzlich die Erwartung, dass bei einer pauschalierten ABM-Förderung die Entgelte der geförderten Arbeitnehmer so vereinbart werden, dass ein wirtschaftlicher Anreiz für die ABM-Beschäftigten besteht, auf eine verfügbare Arbeitsstelle auf dem ersten Arbeitsmarkt zu wechseln. Die Bundesregierung wird aufgefordert, zu gegebener Zeit dies zu überprüfen.

Zu Absatz 3

Um Überzahlungen zu vermeiden, wird der pauschalierte Zuschuss höchstens bis zur Höhe des monatlich ausgezahlten Arbeitsentgelts gezahlt. Es handelt sich dabei um das Brutto-Arbeitsentgelt des geförderten Arbeitnehmers. Die Regelung über die Absenkung der Zuschüsse bei Teilzeitbeschäftigung entspricht § 275 Abs. 2 Satz 2 bei Strukturanpassungsmaßnahmen.

Zu Absatz 4

Die Förderung von Arbeitsbeschaffungsmaßnahmen wird von dem Grundsatz geleitet, dass Einnahmen bei der Festsetzung der Zuschusshöhe angemessen berücksichtigt werden. Dies ist insoweit sinnvoll, als der Beitragszahler nicht unnötig mit Förderkosten belastet werden soll, die der Träger selbst aufbringen kann. Nachteilig wirkt sich aber aus, dass der Träger kaum in der Lage ist, aus den Einnahmen Eigenanteile aufzubringen oder im Einzelfall Rücklagen zu bilden. Dies führt nicht selten dazu, dass Träger anerkannte Maßnahmen bereits bei kleineren Unterbrechungen wegen fehlender Fördermittel nicht mehr weiter führen können und auch Sachwerte, die mit hohem Aufwand gefördert wurden, nutzlos werden. Um dies zu verhindern und als Anreiz, die für das Arbeitsamt in der Durchführung wesentlich einfachere Pauschalförderung in Anspruch zu nehmen, werden Einnahmen aus der Maßnahme beim Zuschuss nicht berücksichtigt. Hierbei wird davon ausgegangen, dass im Einzelfall erzielte Überschüsse vom Träger für vergleichbare Zwecke eingesetzt werden.

Zu Nummer 89 (§ 266)

Zu Buchstabe a

Die Vorschrift stellt die Kofinanzierung von Arbeitsbeschaffungsmaßnahmen auf eine breitere Basis. Bisher kann das Arbeitsamt eine Arbeitsbeschaffungsmaßnahme nur verstärkt fördern, wenn u. a. das Land, in dem die Maßnahme durchgeführt wird, Darlehen und Zuschüsse in gleicher Höhe und zu vergleichbar günstigen Bedingungen erbringt. In Zukunft kann sich jeder Dritte entsprechend beteiligen, also z. B. Kommunen oder Stiftungen. Da sich solche Mitfinanzierungen regelmäßig auf einzelne Maßnahmen beziehen oder regional eng begrenzt sind, ist nicht zu erwarten, dass die Länder ihre Kofinanzierungsprogramme für Arbeitsbeschaffungsmaßnahmen einschränken.

Zu Buchstabe b

In den Fällen, in denen Arbeitnehmer in Arbeitsbeschaffungsmaßnahmen nach dem neuen Zuschusssystem mit Pauschbeträgen gefördert werden (§ 265a), sollen bei Inanspruchnahme der verstärkten Förderung Einnahmen des Trägers nicht angerechnet werden, um die Vorteile der pauschalen Förderung auch bei verstärkter Förderung zu erhalten.

Zu Nummer 90 (§ 269)

Nach bisherigem Recht sind Arbeitnehmer in Arbeitsbeschaffungsmaßnahmen förderungsbedürftig, wenn sie langzeitarbeitslos sind oder innerhalb der letzten zwölf Monate vor der Zuweisung mindestens sechs Monate beim Arbeitsamt arbeitslos gemeldet waren (vgl. § 263 Abs. 1 Nr. 1). In Zukunft reicht es aus, wenn der Arbeitnehmer arbeitslos ist und nach der Eingliederungsvereinbarung oder anderen Erkenntnissen des Arbeitsamtes einer Förderung bedarf (vgl. Änderung des § 263). Eine gesetzliche »Wartezeit« besteht nicht mehr.

Durch die Regelungen in dem neuen Absatz 1a sollen Förderketten verhindert werden und die Arbeitsbeschaffungsmaßnahmen möglichst vielen förderungsbedürftigen Arbeitnehmern zu Gute kommen. Deshalb wird grundsätzlich eine Zuweisung in Arbeitsbeschaffungsmaßnahmen ausgeschlossen, soweit der geförderte Arbeitnehmer innerhalb der letzten drei Jahre vor Beginn der Zuweisung in einer Arbeitsbeschaffungs- oder Strukturanpassungsmaßnahme beschäftigt war.
Die Arbeitsämter können dabei im Einzelfall Ausnahmen zulassen. So kann es z. B. sinnvoll sein, die Erfahrungen und Kenntnisse von Anleitern und Betreuern zu nutzen, die bereits in einer Arbeitsbeschaffungsmaßnahme diese Funktion inne hatten und die anderweitig nicht zu vermitteln sind. Auch kann z. B. die Zahlungsunfähigkeit des Trägers, die eine Weiterbeschäftigung unzumutbar macht, es sinnvoll erscheinen lassen, eine Anschlussbeschäftigung in einer anderen Arbeitsbeschaffungsmaßnahme zu ermöglichen. Die Ausnahmen sollen aber nur in engen Grenzen möglich sein.

Zu Nummer 91 (§ 272)

Die bislang bis zum 31. Dezember 2006 befristete Förderung von Strukturanpassungsmaßnahmen wird um zwei Jahre bis zum Jahresende 2008 verlängert. Die Strukturanpassungsmaßnahmen haben sich als sinnvolles Instrument der Arbeitsförderung bewährt. Sie ermöglichen z. B. längere Förderzeiten als bei Arbeitsbeschaffungsmaßnahmen; für ältere Arbeitnehmer über 55 Jahre sind sogar Förderzeiten von bis zu fünf Jahren möglich.

Zu Nummer 92 (§ 273)

Mit dem Zweiten Gesetz zur Änderung des Dritten Buches Sozialgesetzbuch, das am 1. August 1999 in Kraft getreten ist, wurden die Einsatzfelder in Strukturanpassungsmaßnahmen um das Einsatzfeld »Verbesserung der wirtschaftsnahen Infrastruktur einschließlich der touristischen Infrastruktur« erweitert. Maßnahmen der Verbesserung der wirtschaftsnahen Infrastruktur sind nur förderbar, wenn sie an Wirtschaftsunternehmen vergeben werden. Im Hinblick darauf, dass durch die bisherige Fassung des Gesetzes manche sinnvolle Infrastrukturmaßnahmen nicht förderbar sind und daher in den Maßnahmen bisher verhältnismäßig wenig Arbeitnehmer gefördert wurden, wird das Einsatzfeld auf alle Arbeiten ausgeweitet, die der Verbesserung der Infrastruktur dienen. Damit sollen Anreize für Kommunen und andere öffentlich-rechtliche Träger geschaffen werden, bislang unerledigt gebliebene Projekte anzugehen. Satz 2 des § 273 soll unverändert bleiben, so dass Maßnahmen zur Verbesserung der touristischen Infrastruktur auch weiterhin in Eigenregie von Trägern gefördert werden können.

Zu Nummer 93 (§ 274)

Dem individuell ausgerichteten Förderansatz bei Arbeitsbeschaffungsmaßnahmen (§ 263) entsprechend ist für eine Förderung in einer Strukturanpassungsmaßnahme entscheidend, ob der arbeitslose oder von Arbeitslosigkeit bedrohte Arbeitnehmer – in der Regel nach der Eingliederungsvereinbarung – allein durch eine Förderung in einer Strukturanpassungs- oder Arbeitsbeschaffungsmaßnahme eine (neue) Beschäftigung aufnehmen kann.

Zu Nummer 94 (§ 275)

Zu Buchstabe a

Der bisher in Deutsche Mark ausgewiesene Förderhöchstbetrag bei Strukturanpassungsmaßnahmen in Höhe von 2100 Deutsche Mark wird in Euro umgewandelt und beträgt 1075 Euro.

Zu Buchstabe b

Obwohl mit dem pauschalierten Zuschuss bei Strukturanpassungsmaßnahmen auch eine Verwaltungsvereinfachung bezweckt ist, sieht § 275 Abs. 2 Satz 1 bisher vor, dass der Zuschuss die bei der Förderung von Arbeitsbeschaffungsmaßnahmen für die zugewiesenen Arbeitnehmer berücksichtigungsfähigen Arbeitsentgelte nicht übersteigen darf. Diese Regelung war sinnvoll für die Fälle, in denen so niedrige Arbeitsentgelte gezahlt wurden, dass der Arbeitgeber unter Berücksichtigung aller lohnbezogenen Belastungen, wie Lohn, Gesamtsozialversicherungsbeitrag sowie Beiträgen zu Ausgleichssystemen, mit der Höchstförderung einen Überschuss erzielt. Bei einer Höchstförderung von 1 075 Euro dürften diese Fälle in der Realität kaum vorkommen. Die Vorschrift kann daher entfallen, so dass Vergleichsberechnungen der Arbeitsämter, mit denen der Förderbetrag dem fiktiven Arbeitsentgelt nach Arbeitsbeschaffungsmaßnahmen gegenüber gestellt werden, nicht mehr notwendig sind. Wie bei der pauschalierten ABM-Förderung hat das Arbeitsamt auch hier so zu bemessen, dass die Aufnahme von Arbeit auf dem ersten Arbeitsmarkt nicht erschwert wird. Bei der Überprüfung der Annahme, dass auch bei einer Pauschalierung der Förderung ein Lohnabstand zum ersten Arbeitsmarkt besteht, wird auch der Förderbereich der Strukturanpassungsmaßnahmen einbezogen werden.

Anstelle der bisherigen Regelung wird geregelt, dass der gezahlte Zuschuss nicht höher sein darf als das Bruttoarbeitsentgelt für den geförderten Arbeitnehmer. Dies ist für das Arbeitsamt leicht feststellbar.

Zu Buchstabe c

Neu in das Gesetz aufgenommen ist eine verstärkte Förderung bei Strukturanpassungsmaßnahmen für ältere Arbeitnehmer ab Vollendung des 55. Lebensjahres. Sind in einer Maßnahme auch jüngere geförderte Arbeitnehmer beschäftigt, ist die verstärkte Förderung auf die älteren Arbeitnehmer begrenzt. Durch diese neue Förderung sollen zusätzliche Anreize geschaffen werden, durch Strukturanpassungsmaßnahmen die Arbeitslosigkeit älterer Arbeitnehmer zu beenden. Nach den bisherigen Erfahrungen sind die Kofinanzierungen, auf die aber weiterhin nicht verzichtet werden soll, nicht ausreichend. Die Förderung durch die Arbeitsämter setzt immer eine entsprechende Mitfinanzierung durch einen Dritten voraus. Daher beträgt bei einer Höchstförderung der Arbeitsämter von 200 Euro die Gesamthöhe der Förderung mindestens 400 Euro.

Zu Nummer 95 (§ 276)

Die Förderung von Strukturanpassungsmaßnahmen für Arbeitnehmer, die das 55. Lebensjahr vollendet haben, wird nunmehr im neuen Absatz 3 geregelt; die bisherige Regelung in § 415 Abs. 1 entfällt.

Mit der Übernahme der bisherigen Sonderregelung in die normalen Förderbestimmungen für Strukturanpassungsmaßnahmen sind folgende inhaltliche Änderungen verbunden:
- Die Begrenzung auf Arbeitsamtsbezirke mit besonders hoher Arbeitslosigkeit (vgl. § 415 Abs. 1 Nr. 2) entfällt. Die Förderung ist somit in ganz Deutschland möglich. Diese Ausweitung entspricht dem Grundsatz, die arbeitsmarktlichen Förderungen an den Notwendigkeiten für den Einzelnen auszurichten. Angesichts der weiterhin hohen Arbeitslosigkeit älterer Arbeitnehmer in ganz Deutschland ist dies arbeitsmarktpolitisch erforderlich.
- In dieselbe Maßnahme dürfen nunmehr auch Arbeitnehmer unter 55 Jahre zugewiesen werden, soweit die Zahl der über 55-jährigen Arbeitnehmer überwiegt. Damit soll erreicht werden, dass die Maßnahmen für die Träger attraktiver werden. Durch die Änderung des § 277 ist sichergestellt, dass die Zuweisungsdauer für die jüngeren Arbeitnehmer unabhängig von der Zuweisungsdauer älterer Arbeitnehmer und deshalb kürzer ist. Die Förderdauer der Maßnahme verkürzt sich aber nicht, wenn in ihrem Verlauf ältere Arbeitnehmer ausscheiden und deshalb die Zahl jüngerer Arbeitnehmer überwiegt.

Die Erweiterungen bei dieser Förderung sollen nicht dazu dienen, den Personalabbauprozess zu Lasten älterer Arbeitnehmer zu erleichtern, sondern bestehende und länger andauernde Arbeitslosigkeit älterer Arbeitnehmer zu beseitigen. In Arbeitsamtsbezirken mit verhältnismäßig guter Arbeitsmarktlage ist die Förderung von Strukturanpassungsmaßnahmen für ältere Arbeitnehmer erst nach einer sehr gründlichen Prüfung fehlender Alternativen von Vermittlung und anderen Maßnahmen der Arbeitsförderung zu gewähren.

Mit dem neuen Absatz 4 werden die Erfahrungen über die unbegrenzte Dauer von Arbeitsbeschaffungsmaßnahmen auf die Strukturanpassungsmaßnahmen übertragen. Es ist auch für das Arbeitsamt von Vorteil, wenn Träger in Arbeitsbeschaffungs- und Strukturanpassungsmaßnahmen während einer längeren Dauer Arbeitsplätze für wechselnde besonders förderungsbedürftige Arbeitnehmer schaffen. Deshalb sollen in diesen Fällen Strukturanpassungsmaßnahmen ohne zeitliche Unterbrechung wiederholt gefördert werden können. Damit können sinnvolle und mit hohem Aufwand aufgebaute Projekte auf längere Sicht durchgeführt werden.

Zu Nummer 96 (§ 277)

Zu Absatz 1

Nach dem bisherigen § 277 entspricht die Höchstförderdauer eines Arbeitnehmers in Strukturanpassungsmaßnahmen der Höchstförderdauer der Maßnahme. Wegen der Erweiterung der Maßnahmedauer in § 276 wird die Höchstförderdauer des Arbeitnehmers getrennt geregelt, weil sich die Förderdauer der bereits geförderten Arbeitnehmer nicht entsprechend verlängern soll.

Zu Absatz 2

Die bisherige Regelung in § 277 Satz 2 bestimmt, dass ein Arbeitnehmer nur einmal in eine Strukturanpassungsmaßnahme oder vergleichbare Maßnahme (§§ 249h, 242 s des Arbeitsförderungsgesetzes) zugewiesen werden darf, es sei denn, die an sich mögliche Zuweisungsdauer ist noch nicht ausgeschöpft. Mit der Regelung sollten Dauerförderungen einzelner Arbeitnehmer verhindert werden und Strukturanpassungsmaßnahmen möglichst vielen förderungsbedürftigen Arbeitnehmern zu Gute kommen. An diesem Grundsatz wird festgehalten. Wie bei Arbeitsbeschaffungsmaßnahmen (§ 269 Abs. 1a) wird die Zuweisung grundsätzlich ausgeschlossen, wenn der geförderte Arbeitnehmer innerhalb der letzten drei Jahre vor Beginn der Zuweisung bereits in einer Strukturanpassungs- oder Arbeitsbeschaffungsmaßnahme beschäftigt war. Diese Einschränkung gilt nicht für arbeitslose Arbeitnehmer über 55 Jahre, damit diese Personengruppe mit zumeist schlechten Arbeitsmarktchancen die volle Förderungsdauer von fünf Jahren in Anspruch nehmen kann. Auch für diese Personen gilt aber, dass sie das Arbeitsamt aus der Förderung abberufen kann, wenn z. B. die Vermittlung auf einen zumutbaren anderen Arbeitsplatz möglich ist, und der Arbeitnehmer besondere Kündigungsrechte hat, wenn er z. B. eine andere Arbeit aufnehmen kann (vgl. § 278 i. V. m. §§ 269, 270).

Zu Nummer 97 (§ 278)

Durch eine Verweisung auf die neue Regelung in § 261 Abs. 5 wird sichergestellt, dass die Träger oder durchführenden Unternehmen von Strukturanpassungsmaßnahmen Teilnehmerbeurteilungen für das Arbeitsamt auszustellen haben.

Zu Nummer 98 (Einfügung eines Siebten Abschnitts)

Zu § 279a

Mit der neuen Vorschrift wird eine bessere Verzahnung der Infrastrukturpolitik mit der Arbeitsmarktpolitik bezweckt. Den Arbeitsämtern wird es ermöglicht, sich an den Kosten von Arbeiten zu beteiligen, die öffentlich-rechtliche Träger an Wirtschaftsunternehmen vergeben. Voraussetzung ist insbesondere, dass die Arbeiten zur Verbesserung der Infrastruktur beitragen und die Unternehmen vom Arbeitsamt vermittelte Arbeitnehmer einstellen. Als Arbeiten zur Verbesserung der Infrastruktur sind dabei auch substanzerhaltende Arbeiten anzusehen. Damit werden unmittelbar und mittelbar Arbeitsplätze geschaffen oder erhalten. Mit der Förderung werden auch Probleme vermieden, die bei Vergabe-Arbeitsbeschaffungsmaßnahmen bestehen. Der Verwaltungsaufwand für die öffentlich-rechtlichen Träger, Arbeitsämter und Wirtschaftsunternehmen wird gegenüber Vergabe-Arbeitsbeschaffungsmaßnahmen deutlich reduziert. Mit der Weiterentwicklung des Rechts kann das Ziel, strukturelle Defizite in einer Region auszugleichen, schneller und besser als bisher bei der Förderung von Arbeitsbeschaffungs- und Strukturanpassungsmaßnahmen – auch in Vergabe – erreicht werden.

Zu Absatz 1

Das Arbeitsamt kann öffentlich-rechtlichen Trägern für bestimmte Vergabe-Arbeiten, die zu zusätzlichen Vermittlungen von Arbeitnehmern in Wirtschaftsunternehmen führen, Fördermittel aus dem Eingliederungstitel zur Verfügung stellen. Öffentlich-rechtliche Träger sind insbesondere Gebietskörperschaften (z. B. Städte, Landkreise und Gemeinden) sowie Anstalten des öffentlichen Rechts. Es ist davon auszugehen, dass die neue Förderung insbesondere für Infrastrukturmaßnahmen der Kommunen in Betracht kommt. Das neue Instrument soll die Grundlage für die Finanzierung von wichtigen Infrastrukturprojekten sein, bei denen Eigenmittel vor allem der Kommunen, Mittel der Wirtschaftsförderung sowie Mittel der Arbeitsförderung kombiniert eingesetzt werden. Durch die Verbreiterung der Finanzierungsbasis können mehr Aufträge als bisher im Infrastrukturbereich vergeben, der Auf- und Ausbau der Infrastruktur insbesondere in den neuen Bundesländern beschleunigt und damit die Schaffung neuer Arbeitsplätze früher als ohne die Förderung ermöglicht werden.

Die Förderung orientiert sich in der Zielsetzung an der bisherigen Förderung bei Vergabe-Arbeitsbeschaffungsmaßnahmen. Sie entwickelt dieses Instrumentarium fort und ist vor allem für alle Beteiligten wesentlich verlässlicher. Bisherige Nachteile bei Vergabe-Arbeitsbeschaffungsmaßnahmen werden vermieden, indem die bisherige strikte Abhängigkeit der Förderung von der Geschwindigkeit der Auftragserledigung und dem so genannten maßnahmegerechten Einsatz stark gelockert wird. Die Höhe der Förderung soll grundsätzlich von der Geschwindigkeit der Auftragserledigung unabhängig sein. Der Verwaltungsaufwand ist damit für alle Beteiligten deutlich geringer als bei den bisherigen Vergabe-Maßnahmen. Die Höhe des Zuschusses soll je nach Besonderheiten des Einzelfalles, Eigeninteresse des Trägers, Lage des Arbeitsmarkts und strukturpolitischer Bedeutung zwischen Träger und Arbeitsamt ausgehandelt werden. Dabei besteht grundsätzlich ein weiter Gestaltungsspielraum. Der Begriff der Angemessenheit des Zuschusses wird nicht näher präzisiert, um den unterschiedlichen regionalen Bedürfnissen gerecht zu werden. Allerdings konkretisiert Satz 2 die Förderhöhe in zweifacher Hinsicht: Zum einen ist die Förderhöhe in der Regel auf maximal 25 Prozent der voraussichtlichen, d. h. der nach der Planung sich voraussichtlich insgesamt ergebenden Kosten begrenzt; im Einzelfall kann der Anteil des Arbeitsamtes auch höher als 25 Prozent der voraussichtlichen Gesamtkosten betragen. Zum anderen muss die Förderhöhe in einem angemessenen Verhältnis zu den zugewiesenen Arbeitnehmern stehen. Maßgeblich sind hier Förderzahl, Förderdauer und Entgelthöhe der geförderten Arbeitnehmer.

Nach Satz 1 müssen insgesamt sechs Voraussetzungen erfüllt sein:

Nach **Nummer 1** muss der Träger ein Wirtschaftsunternehmen mit den Arbeiten beauftragen. Hinsichtlich der Auftragsvergabe gelten die allgemeinen Vorschriften (z. B. §§ 97 ff. des Gesetzes gegen Wettbewerbsbeschränkungen, Vergabeverordnung, Verdingungsordnung für Bauleistungen – VOB), die der öffentlich-rechtliche Träger zu beachten hat. So hat der Träger im Rahmen der Ausschreibung des Auftrages auch darauf hinzuweisen, dass das Wirtschaftsunternehmen befristet Arbeitnehmer zu beschäftigen hat, die vom Arbeitsamt vermittelt werden. Das Unternehmen kann daraufhin sein Angebot abgeben.

Nach **Nummer 2** müssen die vom Arbeitsamt vermittelten Arbeitnehmer die Voraussetzungen für Entgeltersatzleistungen, z. B. Arbeitslosengeld, erfüllen. Die Regelung entspricht der Vorschrift bei Arbeitsbeschaffungsmaßnahmen.

Nummer 3 berücksichtigt die Erfahrungen bei Vergabe-Arbeitsbeschaffungsmaßnahmen. Dort hängt die Höhe des Lohnkostenzuschusses bei Arbeitsbeschaffungsmaßnahmen davon ab, inwieweit der geförderte Arbeitnehmer maßnahmegerecht eingesetzt wird. Die neue Förderung soll insoweit Flexibilisierungen ermöglichen und damit letztlich auch die Beschäftigung der geförderten Arbeitnehmer in Wirtschaftsunternehmen verbessern. Das Wirtschaftsunternehmen soll die Arbeitnehmer zwar grundsätzlich zu den Arbeiten einsetzen, die der Träger an das Wirtschaftsunternehmen vergeben hat; geringfügige Abweichungen stehen der Förderung aber nicht entgegen. Damit ist es förderungs-rechtlich unschädlich, wenn z. B. aus witterungsbedingten Gründen die Arbeiten nicht begonnen oder fortgesetzt werden können und der Arbeitnehmer deshalb andere Arbeiten im Wirtschaftsunternehmen leistet. Ein Einsatz des Arbeitnehmers außerhalb der Auftragsarbeiten kann auch im Einzelfall sinnvoll sein, z. B. wenn nur so eine Qualifizierung erfolgen kann. Auch wird das bewusste Verzögern der Arbeiten verhindert, damit die Förderung nicht zum Teil verloren geht. Als geringfügig sind Abweichungen von bis zu 20 Prozent der Zeit anzusehen, zu der sich das Unternehmen zu einer Beschäftigung des förderungsbedürftigen Arbeitnehmers verpflichtet hat.

Nummer 4 begrenzt den Anteil der zugewiesenen Arbeitnehmer an den insgesamt bei der Durchführung beschäftigten Arbeitnehmer auf maximal 35 Prozent. Damit sollen die Beschäftigungsverhältnisse der bereits beschäftigten Arbeitnehmer des durchführenden Unternehmens zusätzlich vor einer Gefährdung bewahrt werden. Außerdem ist durch die Begrenzung des Anteils der zugewiesenen Arbeitnehmer sichergestellt, dass diese unter den Bedingungen des ersten Arbeitsmarktes beschäftigt werden. Hierdurch dürften die Vermittlungschancen dieser Arbeitnehmer verbessert werden.

Mit der Regelung zu **Nummer 5** soll vermieden werden, dass der öffentlich-rechtliche Träger durch die Förderung des Arbeitsamtes eigene Haushaltsmittel einsparen kann, die er ansonsten einsetzen würde. Deshalb muss er darlegen, dass die Förderung des Arbeitsamtes ihn entweder erst in die Lage versetzt (mangels ausreichender eigener Mittel), Arbeiten auszuschreiben und an ein Wirtschaftsunternehmen zu vergeben, oder ihm ermöglicht, den

Auftrag zu erweitern, da durch die Fördermittel des Arbeitsamtes insgesamt mehr Mittel zur Verfügung stehen.

Nach **Nummer 6** hat der Verwaltungsausschuss des Arbeitsamtes der Förderung zuzustimmen. Der Verwaltungsausschuss, der sich zu gleichen Teilen aus Vertretern der Arbeitgeber, Arbeitnehmer und der öffentlichen Körperschaften zusammensetzt, hat damit die Möglichkeit, in jedem Einzelfall Einfluss auf die Förderung zu nehmen. Er hat aber hiervon abweichend auch die Möglichkeit – z. B., um den Verwaltungsaufwand zu verringern –, ganz oder in von ihm bestimmten Fällen auf seine Mitwirkung zu verzichten, etwa wenn die Förderung eine bestimmte Finanzierungssumme nicht überschreitet.

Zu Absatz 2

Absatz 2 erklärt die Regelung in § 262 Abs. 2 für entsprechend anwendbar. Danach kann bei der Vergabe eines öffentlichen Auftrags an ein Wirtschaftsunternehmen die Zuweisung geförderter Arbeitnehmer nicht diskriminierend für alle Bewerber als vertragliche Nebenbedingung aufgenommen werden.

Da § 269 entsprechend anwendbar ist, können die Arbeitnehmer wie bei Arbeitsbeschaffungsmaßnahmen in die Maßnahme zugewiesen, aber auch abberufen werden, etwa wenn dem Arbeitnehmer ein zumutbarer Ausbildungsplatz vermittelt werden kann. Die Regelung über die »Wartezeit« nach Beschäftigung in der Maßnahme gilt nicht, weil die Arbeitnehmer in Wirtschaftsunternehmen eingesetzt werden. Dementsprechend müssen sowohl dem Arbeitnehmer als auch dem Arbeitgeber besondere Kündigungsrechte zustehen, weshalb auch § 270 entsprechend anwendbar ist. Mit der entsprechenden Anwendbarkeit des § 271 Satz 1 wird die Bundesanstalt ermächtigt, durch Anordnung das Nähere über Voraussetzungen, Art, Umfang und Verfahren der Förderung zu bestimmen.

Im Übrigen bleibt bei der Förderung von Arbeitsbeschaffungsmaßnahmen die Regelung über die Vergabe von Arbeiten (§ 262) weiter anwendbar. Dies ist notwendig, weil der Trägerbegriff bei der neuen Förderung enger ist als nach § 21, wonach auch andere als öffentlich-rechtliche Träger Arbeitsbeschaffungsmaßnahmen beantragen und durchführen können oder von Dritten durchführen lassen können. § 262 regelt auch, in welchen Fällen Träger Arbeiten im gewerblichen Bereich ausnahmsweise in Eigenregie durchführen können. Diese Abgrenzung muss erhalten bleiben, weil sonst die Träger alle gewerblichen Arbeiten in Eigenregie durchführen könnten. Auch ist nicht auszuschließen, dass Träger nach wie vor die Förderung einer Arbeitsbeschaffungsmaßnahme, z. B. aus finanziellen Gründen, in Anspruch nehmen wollen.

Zu Nummer 99 (§ 282)

Zu Buchstabe a

Redaktionelle Berichtigung.

Zu Buchstaben b bis d

Die Regelung konkretisiert einen Aspekt des bisherigen Auftrags der Arbeitsmarktforschung, die Wirkungsforschung. Über deren Notwendigkeit besteht Einvernehmen innerhalb der Bundesregierung, der Selbstverwaltung der Bundesanstalt und im Bündnis für Arbeit, Ausbildung und Wettbewerbsfähigkeit. Wirkungsforschung hat besondere Bedeutung für die Weiterentwicklung sowie den effizienten und effektiven Einsatz des arbeitsmarktpolitischen Instrumentariums. Dabei soll Wettbewerb in der wissenschaftlichen Arbeitsmarktforschung grundsätzlich möglich sein.

Neben der primären Zielsetzung, der Integration in reguläre Beschäftigung, sind auch andere Zielsetzungen der jeweiligen arbeitsmarktpolitischen Instrumente, wie z. B. Erhöhung der individuellen Chance auf Erwerbsbeteiligung, soziale Stabilisierung, Beitrag zur Wertschöpfung in den Regionen und Entlastungseffekte der unterschiedlichen staatlichen

Ebenen zu beachten. Dabei ist die jeweilige Situation (Aufnahmefähigkeit) auf den regionalen Arbeitsmärkten zu berücksichtigen.

Zur Qualitätssicherung werden Mindestanforderungen für die Wirkungsforschung festgeschrieben, die sich an alle Arbeitsmarktforscher richten. Sie reichen von den Auswirkungen auf die individuelle Beschäftigungsfähigkeit über das Kosten-Nutzen-Verhältnis bis zu gesamtwirtschaftlichen Effekten. Mit der Analyse von Erwerbsverläufen gilt es einerseits, die Wirkung von arbeitsmarktpolitischen Hilfen bezogen auf individuelle Erwerbstätigkeit und Erwerbschancen und damit die langfristigen Auswirkungen zu analysieren. Andererseits sollen insbesondere im Hinblick auf die Abnahme der Erwerbsbevölkerung und die Veränderung ihrer Altersstruktur Vergleiche von Alterskohorten ermöglicht werden. Schließlich soll der Beitrag der arbeitsmarktpolitischen Instrumente zur Herstellung der Chancengleichheit von Frauen und Männern auf dem Arbeitsmarkt untersucht werden.

Die Wirkungsforschung umfasst nicht nur die unmittelbaren Aktivitäten der Bundesanstalt selbst, sondern auch die von Dritten in ihrem Auftrag durchgeführten Maßnahmen. Einerseits ist sie als Begleitforschung zeitnah und kontinuierlich zu betreiben. Andererseits sollen langfristige, über unterschiedliche Konjunkturverläufe reichende Forschungsergebnisse zum Einsatz der arbeitsmarktpolitischen Instrumente präsentiert werden, um einen umfassenden Vergleich einzelner Instrumente sowie der aktiven Arbeitsmarktpolitik insgesamt zu ermöglichen. Wirkungsforschung soll auf die Person des einzelnen Arbeitnehmers, regionale Arbeitsmärkte und die volkswirtschaftliche Ebene abstellen.

Entsprechend der Dezentralisierung der aktiven Arbeitsförderung hat die Wirkungsforschung auch Ergebnisse für die regionale Ebene zu erarbeiten, um auch hier die Steuerung des Einsatzes des arbeitsmarktpolitischen Instrumentariums wissenschaftlich abzusichern.

Wirkungsforschung ist neben Grundlagen- sowie z. B. Berufs- und Qualifikationsforschung ein Schwerpunkt der Tätigkeiten des Instituts für Arbeitsmarkt- und Berufsforschung. Sie bedarf der Einbettung in ein breites Spektrum analytischer Arbeiten. Qualitativ hochwertige Forschungsarbeiten sind nur im Kontext einer abgerundeten Gesamtkonzeption der Arbeitsmarkt- und Berufsforschung durchführbar.

Die Wirkungsforschung zum arbeitsmarktpolitischen Instrumentarium soll auch ausgebaut und verbessert werden, um belastbare Ergebnisse zur Erreichung der unterschiedlichen Zielsetzungen der Arbeitsmarktpolitik zu gewinnen und den Steuerungsprozess auf eine empirisch besser abgesicherte Grundlage zu stellen.

Datenübermittlungen an wissenschaftliche Einrichtungen außerhalb der Bundesanstalt sind unerlässlich, um diesen eine eigenständige Wirkungsforschung zu ermöglichen und damit den Wettbewerb in der Arbeitsmarktforschung zu unterstützen. Wirkungsforschung in diesem Bereich setzt die Verwendung von Daten der Bundesanstalt voraus, um belastbare Ergebnisse erzielen zu können. Forschungsarbeiten im Bereich der Arbeitsmarkt- und Berufsforschung können sich nur begrenzt auf Daten der statistischen Ämter stützen. Die letzte Totalerhebung zur Erwerbstätigkeit fand im Rahmen der Volkszählung 1987 statt. Der jährliche Mikrozensus lässt nur bis zu einer bestimmten Ebene eine regionale Aufgliederung zu. Insbesondere mit der Beschäftigtenstatistik und der Beschäftigtenstichprobe der Bundesanstalt kann diese Informationslücke für einen erheblichen Teil der Erwerbsbevölkerung – die sozialversicherungspflichtig Beschäftigten – geschlossen werden. Zeitnahe Arbeiten zum Erwerbsverhalten der Bevölkerung, zu strukturellen Veränderungen im Bereich der Beschäftigung und zu vielen anderen Bereichen der Erwerbstätigkeit machen einen Zugriff auf Daten der Bundesanstalt erforderlich.

Entsprechende Forschungsvorhaben können mit faktisch anonymisierten Daten durchgeführt werden. Damit ist es möglich, tief gegliederte, einzelfallbasierte – aber nicht personenbezogene – Analysen durchzuführen.

Eine vollständige Anonymisierung der Daten wäre nicht angemessen. Gängige Verfahren der absoluten Anonymisierung würden insbesondere im Bereich der amtlichen Statistik eine Verkürzung von Informationen bewirken, die in vielen Fällen zur Unbrauchbarkeit der entsprechend aufbereiteten Datensätze für Forschungszwecke führen würde. Die absolute Anonymisierung ist zudem mit hohen Kosten verbunden. Ziel der Regelung ist es aber gerade, der Wissenschaft kostengünstig Zugang zu Daten zu eröffnen, die öffentlich finanziert wurden. Eine Implementation neuer Anonymisierungsverfahren würde wegen der Erprobung der Geeignetheit für die in Frage stehenden Daten, der erheblichen zusätzlichen Kosten und des erforderlichen Zeitaufwands voraussichtlich dazu führen, dass für einen mehrjährigen Zeitraum die von Politik und Wissenschaft angemahnte, jetzt mögliche Verbesserung der Datenübermittlung nicht erfolgt.

Eine Begrenzung des Personenkreises, der mit diesen Daten arbeiten darf, auf Amtsträger, für den öffentlichen Dienst besonders Verpflichtete und gemäß dem Verpflichtungsgesetz Verpflichtete, wie sie z. B. § 16 Abs. 6 Bundesstatistikgesetz für die Übermittlung lediglich faktisch anonymisierter Daten zu Forschungszwecken vornimmt, wäre nicht praktikabel. Sie würde zu einer erheblichen Einschränkung des Forschungsbetriebs oder zu sehr aufwendigen Verpflichtungen der Personen, die Zugang zu den übermittelten Daten erhalten sollen, führen. Bei den durchzuführenden Forschungsarbeiten handelt es sich in erheblichem Umfang um ökonometrische Arbeiten, bei denen es auch um die Messung fiskalischer Effekte geht. Deren methodische Ansätze werden kontinuierlich weiterentwickelt. Um die kontinuierlichen Veränderungen in die Forschungsarbeiten integrieren zu können, ist davon auszugehen, dass wechselnde Mitarbeiter einzubeziehen sind. Die Anwendung ökonometrischer Verfahren setzt eine geeignete Datenbasis voraus, die durch die Datenübermittlung zur Verfügung gestellt wird.

Es wird daneben weiterhin Forschungsvorhaben geben, für die ein Rückgriff auf nicht anonymisierte Daten unverzichtbar ist, um die Forschungsziele zu erreichen. In diesen Fällen ist das Verfahren nach § 75 des Zehnten Buches anzuwenden (Absatz 7 Satz 3).

Ist die Datenübermittlung mit einem erheblichen zusätzlichen Aufbereitungsaufwand verbunden, kann die Bundesanstalt mit dem Datenempfänger eine Vereinbarung zur Erstattung der Kosten treffen (Absatz 7 Satz 2). Damit soll dem Grundsatz einer sparsamen und sachgerechten Verwendung der Beitragsmittel Rechnung getragen werden. Insgesamt soll der Datenfluss zwischen der Bundesanstalt und der Wissenschaft verbessert werden.

Zu Nummer 100 (§ 291)

Zu Buchstabe a

Zu Doppelbuchstabe aa

Folgeänderung aufgrund der Einfügung der Nummer 6.

Zu Doppelbuchstabe bb

Träger, die mit der Durchführung von Maßnahmen zur Förderung der Berufsausbildung beauftragt sind und Träger von anerkannten Weiterbildungsmaßnahmen sollen verstärkt um die berufliche Eingliederung der Teilnehmer dieser Maßnahmen in den ersten Arbeitsmarkt bemüht sein und deren Eigenbemühungen unterstützen. Um dieser Aufgabe nachkommen zu können, müssen sie auch selbst vermittlerisch tätig sein. Die Träger von Maßnahmen zur Förderung der Berufsausbildung werden im Rahmen der Ausschreibung zu Vermittlungsbemühungen verpflichtet. Die Anerkennung von Weiterbildungsmaßnahmen setzt die Verpflichtung des Trägers zu Vermittlungsbemühungen voraus (vgl. § 86 Abs. 1 Nr. 3). Im Zusammenhang mit der Ausschreibung der Berufsausbildungsmaßnahme und mit der Anerkennung der Weiterbildungsmaßnahme kann geprüft werden, ob die Voraussetzungen für die Durchführung der Vermittlung gegeben sind. Ein Verfahren der Erlaubniserteilung ist daher nicht erforderlich. Die Zulassung zur erlaubnisfreien Vermittlung ist in ihrem Umfang und ihrer Dauer begrenzt. Sie gilt für den Personenkreis der Teilnehmer an Maßnahmen zur Förderung der Berufsausbildung und für alle Teilnehmer an der anerkannten Weiterbildungsmaßnahme.

Zu Buchstabe b

Folgeänderungen aufgrund der Anfügung der Nummer 6.

Zu Buchstabe c

Folgeänderung aufgrund der Anfügung der Nummer 6.

Zu Nummer 101   (§ 318)

Durch die Änderung in § 93 wird die Qualitätssicherung der beruflichen Weiterbildungsförderung fortgesetzt und eine gesetzliche Verpflichtung für Arbeitsämter und Bildungsträger eingeführt, den Erfolg von Weiterbildungsmaßnahmen zu dokumentieren. Die Ergänzung des § 318 flankiert diese Weiterentwicklung und verpflichtet Aus- und Weiterbildungsabsolventen, Bildungsträgern die Auskünfte zu erteilen, die diese für die Erstellung der Bilanz benötigen.

Zu Nummer 102   (§ 330)

Mit dieser Änderung soll sichergestellt werden, dass Änderungen des Bemessungsentgelts durch die jährliche Anpassung der Arbeitslosenhilfe gemäß § 201 auch im Falle einer Verminderung für alle Leistungsbezieher ab dem Anpassungstag wirksam werden. Die Abweichung von § 48 Abs. 1 Satz 1 des Zehnten Buches ist gerechtfertigt, weil mit diesen Änderungen des Bemessungsentgelts jährlich zu rechnen ist.

Zu Nummer 103   (§ 333)

Die Regelung stellt sicher, dass die Bundesanstalt mit ihren Ansprüchen auf Zahlung der Winterbau-Umlage gegen Ansprüche auf Kurzarbeitergeld, Winterausfallgeld, Zuschuss-Wintergeld und Mehraufwands-Wintergeld, die vom Arbeitgeber verauslagt sind, aufrechnen kann. Die bisherige Rechtslage ließ die Aufrechnung der gegenseitigen Ansprüche nicht zu: Entsprechend der Gesetzessystematik handelt es sich bei Kurzarbeitergeld, Winterausfallgeld und Wintergeld um Leistungen an Arbeitnehmer (Kapitel 4). Nach der Rechtsprechung des Bundessozialgerichts ist der Arbeitgeber dementsprechend zwar Schuldner der Winterbau-Umlage, jedoch nicht Anspruchsberechtigter der Sozialleistungen (BSGE 82, 183 bis 197). Bei der Erbringung der genannten Sozialleistungen wird der Arbeitgeber nach bisherigem Recht als Treuhänder tätig. Er ist somit nicht Gläubiger der Hauptforderung. Gläubiger sind vielmehr die betroffenen Arbeitnehmer. Die Bundesanstalt kann somit nach bisheriger Rechtslage Umlageforderungen gegenüber dem Arbeitgeber nicht gegen diesen aufrechnen. Dies hat zur Folge, dass die Bundesanstalt in beträchtlichem Umfang Forderungen gegen den Arbeitgeber auf Entrichtung der Winterbau- Umlage nicht durchsetzen kann und ein finanzieller Schaden entsteht. Mit der nunmehr geschaffenen Fiktion der Anspruchsberechtigung des Arbeitgebers wird erreicht, dass die Bundesanstalt ihre Winterbau-Umlageforderungen aufrechnen kann und somit erhebliche finanzielle Verluste der Solidargemeinschaft vermieden werden.

Zu Nummer 104   (§ 338)

Folgeänderung zur Änderung des § 132 durch das 4. Euro-Einführungsgesetz.

Zu Nummer 105 (§ 345)

Die Regelung bestimmt die Höhe der beitragspflichtigen Einnahmen in Fällen der Versicherungspflicht wegen des Bezuges von Mutterschaftsgeld.

Zu Nummer 106 (§ 345a)

Zu Absatz 1

Die Vorschrift regelt ausschließlich die Höhe der Beiträge zur Arbeitsförderung für Personen, die als Bezieher einer Erwerbsminderungsrente versicherungspflichtig sind. Die Regelungen zur Versicherungspflicht erstrecken sich aus Gründen des sozialen Schutzes auf alle Bezieher einer Erwerbsminderungsrente. Eine entsprechende beitragsrechtliche Regelung, die alle Rentenbezieher einschließt, wäre jedoch sachlich nicht gerechtfertigt, da die weit überwiegende Zahl der Betroffenen aufgrund ihrer gesundheitlichen Einschränkungen dauerhaft auf Leistungen der gesetzlichen Rentenversicherung verwiesen sind und somit typischerweise nicht zu dem durch die Arbeitslosenversicherung geschützten Personenkreis gehören. Nach derzeitigen Erkenntnissen liegt der Anteil der Personen, die nach einem Wegfall der Rente wegen Wiederherstellung ihrer Gesundheit auf den Arbeitsmarkt zurückkehren, deutlich unter einem Prozent aller Rentenbezieher. Aufgrund dieser Besonderheiten ist es gerechtfertigt, die Beiträge zur Arbeitsförderung für den versicherten Personenkreis pauschal zu bemessen.

Zuverlässige Daten zu dem maßgeblichen Personenpotenzial liegen jedoch – auch wegen der zum 1. Januar 2001 in Kraft getretenen Reform der Renten wegen verminderter Erwerbsfähigkeit – erst im Jahr 2005 vor. Bis dahin wird die Beitragshöhe auf der Grundlage von Schätzungen festgesetzt, die auf den derzeit verfügbaren Strukturdaten der gesetzlichen Rentenversicherung beruhen. Für Zeiten ab 2006 soll auf der Grundlage der erhobenen Daten eine Neufestsetzung der Beiträge erfolgen.

Zu Absatz 2

Die Höhe der Beiträge zur Arbeitsförderung für Personen, die als Erziehende versicherungspflichtig sind, wird pauschaliert festgesetzt. Zuverlässige Daten zum versicherten und leistungsberechtigten Personenkreis werden erst nach einem Übergangszeitraum von fünf Jahren vorliegen. Bis dahin wird die Beitragshöhe auf der Grundlage von Schätzungen festgesetzt, die auf den derzeit verfügbaren Strukturdaten zum Personenkreis der Erziehenden beruhen. Für Zeiten ab dem Jahr 2008 soll eine Neufestsetzung der Beträge erfolgen. Bis zu einer gesetzlichen Neuregelung soll der für das Jahr 2007 bestimmte Pauschalbeitrag als Abschlag gezahlt werden.

Zu Nummer 107 (§ 346)

Folgeänderung zur Änderung des § 25.

Zu Nummer 108 (§ 347)

Folgeänderungen zur Änderung des § 26. Die Vorschrift trifft Regelungen zur Beitragstragung für die in die Versicherungspflicht neu einbezogenen Personengruppen.

Zu Nummer 109 (§ 349)

Folgeänderungen zur Änderung des § 26. Die Vorschrift trifft Regelungen zur Beitragszahlung für die in die Versicherungspflicht neu einbezogenen Personengruppen. Die Beiträge für Erziehende sind vom Bund an die Bundesanstalt zu zahlen.

Zu Nummer 110 (§ 397)

Zu Buchstaben a, b und c

Die neue Funktionsbezeichnung »Beauftragte für Chancengleichheit am Arbeitsmarkt« wird der Zweigleisigkeit des Aufgabenspektrums der Beauftragten gerechter, zu dem im Sinne des Doppelansatzes die Gleichstellung von Frauen und Männern als Querschnittsaufgabe einerseits und spezielle Frauenfördermaßnahmen andererseits gehören. Die Bezeichnung vermeidet zudem Verwechselungen mit der Gleichstellungsbeauftragten.

Zu Buchstabe d

Zu Doppelbuchstabe aa

Vgl. Begründung zu Buchstaben a, b und c.

Zu Doppelbuchstabe bb

Die bisherige Regelung sieht vor, dass den Beauftragten für Chancengleichheit weitere Aufgaben übertragen werden können, soweit die Aufgabenerledigung als Beauftragte für Chancengleichheit dies zulässt. Kommt es diesbezüglich zwischen den Vorgesetzten und den Beauftragten für Chancengleichheit zu keiner einvernehmlichen Regelung, soll die Entscheidung über die Beauftragung mit weiteren Aufgaben dem Verwaltungsausschuss übertragen werden.

Zu Nummer 111 (§ 404)

Redaktionelle Folgeänderung zur Änderung des § 318.

Zu Nummer 112 (§ 415)

Zu Buchstabe a

Die Aufhebung des Absatzes 1 ist eine Folgeänderung zu § 276 Abs. 3.

Die Regelung in Absatz 2 über Ausnahmen bei der Berechnung von Anteilen der Arbeitslosenhilfeempfänger an den zugewiesenen Arbeitnehmern in Strukturanpassungsmaßnahmen ist nach der Aufhebung des § 274 Abs. 2 durch das Einmalzahlungs-Neuregelungsgesetz entbehrlich geworden. Nach § 274 Abs. 2 war es notwendig, einen bestimmten Anteil von Arbeitnehmern, der Arbeitslosenhilfe bezog, in Strukturanpassungsmaßnahmen zu beschäftigen.

Die Aufhebung der Absätze 1 und 2 soll nach Maßgabe des Artikels 7 Abs. 1 am 1. Januar 2002 in Kraft treten.

Zu Buchstabe b

Die Aufhebung der nur in den neuen Bundesländern und Berlin anwendbaren Vorschrift steht in Zusammenhang mit der Erweiterung der Eingliederungszuschüsse, die Arbeitgebern in ganz Deutschland zur Förderung bestimmter Arbeitsloser gewährt werden können. Die in der Vergangenheit stark rückläufigen Förderzahlen rechtfertigen es nicht, an dem bisherigen Nebeneinander anderer Förderinstrumente festzuhalten. Die Konzentration auf eine einheitliche Förderung führt zu größerer Übersichtlichkeit und bei den Unternehmen wegen des geringeren Beratungsbedarfs zu Vereinfachungen in der Planung und Entscheidung über zusätzliche Einstellungen.

Absatz 3 soll nach Artikel 7 Abs. 2 zum 1. Januar 2003 aufgehoben werden.

III. Gesetzesmaterialien (BT-Drs. 14/6944)

Zu Nummer 113 (§ 416)

Die Ausnahmevorschriften in Bezug auf die Zuschussregelung für Arbeitsbeschaffungsmaßnahmen werden nochmals um ein weiteres Jahr bis zum 31. Dezember 2003 verlängert. Die Ausnahmeregelung gilt in Arbeitsamtsbezirken mit besonders hoher Arbeitslosigkeit (vgl. § 416 Abs. 1 Nr. 2) und insbesondere für Träger, die Maßnahmen aus dem Bereich der Kinder- und Jugendhilfe oder sozialen Dienste durchführen (Absatz 3 Nr. 1) sowie für Arbeitsverhältnisse mit reduzierter Arbeitszeit (Absatz 3 Nr. 2). Die Träger sollen die Übergangszeit bis zum Auslaufen der Regelung nutzen können, um sich auf die neuen Förderbedingungen einzustellen.

Zu Nummer 114 (§ 417)

Zu Absatz 1

Der bisherige § 417 wird wegen der Schaffung einer dauerhaften Regelung hinsichtlich der zulässigen Dauer beruflicher Weiterbildung in § 92 sowie in den §§ 192 und 196 aufgehoben.

Ältere Arbeitnehmer sind nach wie vor stärker als andere Arbeitnehmer von Arbeitslosigkeit betroffen, wenngleich die Arbeitslosigkeit dieser Personengruppe stärker zurückgegangen ist als die der anderen Arbeitslosen. Im Interesse der älteren Arbeitnehmerinnen und Arbeitnehmer selbst sowie in Anbetracht der zu erwartenden demographischen Entwicklung und im Hinblick auf eine zunehmende Arbeitskräfteknappheit in bestimmten regionalen und berufsfachlichen Teilarbeitsmärkten wird die Förderung der beruflichen Weiterbildung älterer Arbeitnehmer in kleineren und mittleren Unternehmen ermöglicht, damit ältere Menschen länger erwerbstätig bleiben.

Die Weiterbildung der in Beschäftigung stehenden Arbeitnehmerinnen und Arbeitnehmer ist grundsätzlich Aufgabe der Unternehmen und der Beschäftigten selbst. Tarifverträge und Betriebsvereinbarungen können hierzu wesentliche Beiträge leisten, wobei dies auch im Rahmen der Arbeitsorganisation und der Arbeitszeitgestaltung erfolgen kann. Angesichts des steigenden Qualifikationsbedarfs und der geringen bisherigen Beteiligung älterer Arbeitnehmer an Weiterbildungsmaßnahmen soll jedoch auch die Bundesanstalt Schrittmacherdienste für eine stärkere Qualifizierung gerade älterer Arbeitnehmer leisten. Sie soll sich daher für einen befristeten Zeitraum von vier Jahren an der Finanzierung der Weiterbildung von Arbeitnehmern über 50 Jahre beteiligen, indem sie die vollen Weiterbildungskosten trägt. Voraussetzung für die Förderung ist das Fortbestehen des Beschäftigungsverhältnisses, die Weiterzahlung des bisherigen Entgelts und die Teilnahme an einer Weiterbildung, bei der es sich nicht lediglich um eine reine arbeitsplatzbezogene und interne Qualifizierung handelt. Solche nicht förderungsfähigen arbeitsplatzbezogenen Qualifizierungen sind z. B. kurzfristige Einweisungsschulungen aufgrund technischer Änderungen im Betrieb. Die Förderung ist auf ältere Arbeitnehmer in kleinen und mittleren Unternehmen mit in der Regel nicht mehr als 100 Beschäftigten begrenzt.

Zu Absatz 2

Im Rahmen einer präventiven Arbeitsmarktpolitik soll gekündigten Arbeitnehmern über die nach geltendem Recht bestehenden Möglichkeiten hinaus die Gelegenheit gegeben werden, bereits vor Eintritt der Arbeitslosigkeit noch während des bestehenden, jedoch bereits gekündigten Arbeitsverhältnisses an Maßnahmen teilzunehmen, die notwendig sind, um eine Anschlussbeschäftigung eingehen zu können. Hierzu zählen kurzfristig einsetzbare Trainingsmaßnahmen einschließlich Bewerbungstraining und Weiterbildungsmaßnahmen, insbesondere zur Feststellung beruflicher Kenntnisse, Fertigkeiten und Fähigkeiten. Soweit der Arbeitgeber den Arbeitnehmer unter Fortzahlung des Arbeitsentgelts für eine mit dem Arbeitsamt abgestimmte Maßnahme freistellt, kann ein Zuschuss von bis zu 100 Prozent des anteiligen Arbeitsentgelts geleistet werden. Die Regelung soll ebenfalls befristet werden.

Zu Nummer 115 (§ 421e)

Zur Verbesserung der Beschäftigungschancen älterer Arbeitnehmer und besonders betroffener älterer schwerbehinderter Menschen wird die bisherige Altersgrenze von 55 auf 50 Jahren herabgesetzt. Diese bislang nur durch Rechtsverordnung bis Ende 2001 mögliche besondere Förderung älterer Arbeitnehmer und besonders betroffener älterer schwerbehinderter Menschen hat sich bewährt und wird nun als bis zum Jahr 2006 befristete Regelung ins Gesetz aufgenommen.

Zu Nummer 116 (§ 434d)

Zu Absatz 1

Die Regelung stellt bis zur Schaffung von Finanzierungsstrukturen für die Beteiligung Dritter an den Kosten nicht verkürzbarer Weiterbildungsmaßnahmen (s. Begründung § 92) für eine dreijährige Übergangszeit die volle Förderung solcher Weiterbildungen durch die Bundesanstalt für Arbeit sicher. Es wird davon ausgegangen, dass bis zum Ablauf der genannten Frist die erforderlichen Voraussetzungen für die Finanzierungsbeteiligung durch Dritte geschaffen worden sind.

Zu Absatz 2

Die Vorschrift enthält notwendige Übergangsregelungen zur Neuregelung der Einbeziehung von Zeiten der Betreuung und Erziehung eines Kindes in die Versicherungspflicht (Änderung zu § 26). Soweit derartige Zeiten vor dem Inkrafttreten des Gesetzes zurückgelegt wurden, sind die Betroffenen – wie nach dem bisherigen Recht – durch eine leistungsrechtliche Regelung (Erweiterung der Rahmenfrist) in den Arbeitslosenversicherungsschutz einbezogen.

Zu Absatz 3

Die Regelung vermeidet, dass die Arbeitsämter über Leistungsansprüche, die vor dem Inkrafttreten des Gesetzes entstanden sind, erneut entscheiden müssen.

Zu Absatz 4

Der in § 415 Abs. 3 genannte Zuschussbetrag für Strukturanpassungsmaßnahmen wird von Deutsche Mark auf Euro umgestellt.

Zu Nummer 117 (§ 435)

Folgeänderung zur Einbeziehung der Bezieher einer Rente wegen voller Erwerbsminderung in den Schutz der Arbeitslosenversicherung (§§ 26, 28).

Zu Artikel 2 (Änderung des Vierten Buches Sozialgesetzbuch)

Die Strukturanpassungsmaßnahmen wurden bis zum Ende des Jahres 2000 anteilig aus den Haushalten der Bundesanstalt für Arbeit und des Bundes finanziert. Die Finanzierungsanteile richteten sich nach dem Verhältnis der Arbeitslosengeldzu den Arbeitslosenhilfeempfängern. Es war deshalb erforderlich, den Anteil der Bundesanstalt für Arbeit in Kapitel 3 des Haushalts auszuweisen. Mit der Änderung der Finanzierung ab dem Jahr 2001 (Finanzierung nur noch aus dem Haushalt der Bundesanstalt für Arbeit) ist diese Notwendigkeit entfallen; die Strukturanpassungsmaßnahmen können als Ermessensleistungen mit in den Eingliederungstitel einbezogen werden. Dafür spricht auch, dass die bisherigen Strukturanpassungsmaßnahmen in Wirtschaftsunternehmen des gewerblichen Bereichs jetzt mit den Eingliederungszuschüssen verschmolzen werden sollen. Diese werden aus dem Eingliederungstitel finanziert. Die Einbeziehung der Strukturanpassungsmaßnahmen wird erst zum 1. Januar 2003 wirksam.

Zu Artikel 3 (Änderung des Fünften Buches Sozialgesetzbuch)
Zu Nummer 1 (§ 5)
Zu Buchstabe a

Das geltende Recht führt in den Fällen, in denen während des Ruhenszeitraums nach § 143 eine Arbeitsunfähigkeit nach Ablauf der allgemeinen krankenversicherungsrechtlichen Nachwirkung von einem Monat eintritt, dazu, dass kein Krankenversicherungsschutz kraft Gesetzes und damit kein Anspruch auf Krankengeld besteht. Die Betroffenen müssen sich selber gegen das Risiko der Krankheit versichern und hierfür Beiträge entrichten. Zur Vermeidung sozialpolitisch unbefriedigender Ergebnisse wird künftig sicherstellt, dass das Ruhen einer Leistung nach dem Dritten Buch wegen einer Urlaubsabgeltung – ebenso wie bei einem Ruhen wegen einer Sperrzeit – ab Beginn des zweiten Monats bis zum Ende des Ruhenszeitraums zur Versicherungspflicht in der Krankenversicherung führt.

Zu Buchstabe b

Es handelt sich um eine Folgeänderung zur Versicherungspflicht im Recht der Arbeitsförderung von Personen, die in einer außerbetrieblichen Einrichtung im Rahmen eines Berufsausbildungsvertrages nach dem Berufsbildungsgesetz ausgebildet werden. Mit der ausdrücklichen Einbeziehung dieser Personen in die Versicherungspflicht der gesetzlichen Krankenversicherung werden Unklarheiten über die Versicherungspflicht dieser Personen beseitigt, die aufgrund der Entscheidung des Bundessozialgerichts vom 12. Oktober 2000 (B12 KR 7/00 R) entstanden sind.

Zu Nummer 2 (§ 226)

Folgeregelung zur Änderung des § 5 Abs. 4 a.

Zu Nummer 3 (§ 232a)
Zu Buchstabe a

Klarstellung, dass auch für Bezieher von Arbeitslosenhilfe die Jahresarbeitsentgeltgrenze Maßstab für das der Beitragsbemessung zugrunde liegende Arbeitsentgelt ist.

Zu Buchstabe b

Im Hinblick auf die Bestimmung der Höhe der beitragspflichtigen Einnahme gilt das Arbeitslosengeld ab dem zweiten Monat eines Ruhenszeitraumes als bezogen.

Zu Nummer 4 (§ 251)

Folgeregelung zur Änderung des § 5 Abs. 4 a.

Zu Artikel 4 (Änderung des Sechsten Buches Sozialgesetzbuch)
Zu Nummer 1 (Inhaltsverzeichnis)
Zu Buchstaben a und b

Redaktionelle Folgeänderungen.

Zu Buchstabe c

Beseitigung eines redaktionellen Versehens.

Zu Nummer 2 (§ 1)

Wie auch für die anderen Zweige der Sozialversicherung wird in der gesetzlichen Rentenversicherung ausdrücklich die Versicherungspflicht von Auszubildenden geregelt, die in einer außerbetrieblichen Einrichtung im Rahmen eines Berufsausbildungsvertrages nach dem Berufsbildungsgesetz ausgebildet werden. Hiermit werden Unklarheiten beseitigt, die aufgrund der Entscheidung des Bundessozialgerichts vom 12. Oktober 1998 (BSG B 12 KR 7/00 R) entstanden sind.

Zu Nummer 3 (Überschrift vor § 13)

Redaktionelle Änderung.

Zu Nummer 4 (§ 116)

Redaktionelle Änderung. Anpassung an den Sprachgebrauch des SGB IX.

Zu Nummer 5 (§ 162)

Mit dieser Vorschrift wird korrespondierend zur ausdrücklichen Regelung der Versicherungspflicht von Auszubildenden, die in einer außerbetrieblichen Einrichtung im Rahmen eines Berufsausbildungsvertrages nach dem Berufsbildungsgesetz ausgebildet werden (siehe Nummer 2), die beitragsrechtliche Beurteilung dieses Personenkreises geregelt.

Zu Nummer 6 (§ 168)

Mit dieser Vorschrift soll die Beitragstragung für Versicherte, die in einer außerbetrieblichen Einrichtung im Rahmen eines Berufsausbildungsvertrages nach dem Berufsbildungsgesetz ausgebildet werden, geregelt werden. Die Beiträge sollen von den Trägern dieser Einrichtungen getragen werden.

Zu Nummer 7 (§ 224a)

Die Vorschrift regelt die interne Tragung pauschaler Beiträge für Bezieher einer Rente wegen voller Erwerbsminderung nach § 345a Abs. 1 SGB III zwischen den Trägern der Rentenversicherung der Arbeiter und der Angestellten sowie der knappschaftlichen Rentenversicherung. Die Verteilung wird durch das Bundesversicherungsamt durchgeführt. Satz 2 ermächtigt das Bundesversicherungsamt zur Verrechnung der pauschalen Beiträge nach § 345a Abs. 1 SGB III mit den Erstattungsleistungen durch die Bundesanstalt für Arbeit nach § 224 im Rahmen der Jahresabrechnung für diesen Erstattungsbetrag.

Absatz 2 verweist für den Verteilungsschlüssel auf die allgemeinen Grundsätze der Abrechnungen von Aufwendungen nach § 227. Satz 2 sieht eine Sonderregelung für die Aufteilung im Verhältnis zwischen knappschaftlicher Rentenversicherung und den übrigen Trägern der Rentenversicherung vor. Einzelheiten zur Verteilung sollen durch Rechtsverordnung geregelt werden.

Zu Nummer 8 (§ 226)

Mit der Vorschrift wird eine Ermächtigung zum Erlass einer Rechtsverordnung zur näheren Regelung der Verteilung der pauschalierten Beiträge für Renten wegen voller Erwerbsminderung (§ 224a) geschaffen.

Zu Nummer 9 (§ 236a)

Anpassung an den Sprachgebrauch des SGB IX.

Zu Artikel 5 (Änderung des Neunten Buches Sozialgesetzbuch)

Die Erhöhung der Kinderbetreuungskosten folgt der entsprechenden Regelung im Rahmen der Förderung der beruflichen Weiterbildung (vgl. Artikel 1, Änderung des § 85).

Zu Artikel 6 (Änderung des Elften Buches Sozialgesetzbuch)

Das geltende Recht führt in den Fällen, in denen während des Ruhenszeitraums nach § 143 eine Arbeitsunfähigkeit nach Ablauf der allgemeinen krankenversicherungsrechtlichen Nachwirkung von einem Monat eintritt, dazu dass kein Pflegeversicherungsschutz kraft Gesetzes besteht. Die Betroffenen müssen sich selber gegen das Risiko der Pflege versichern und hierfür Beiträge entrichten. Zur Vermeidung sozialpolitisch unbefriedigender Ergebnisse wird künftig sicherstellt, dass das Ruhen einer Leistung nach dem Dritten Buch wegen einer Urlaubsabgeltung – ebenso wie bei einem Ruhen wegen einer Sperrzeit – ab Beginn des 2. Monats bis zum Ende des Ruhenszeitraums zur Versicherungspflicht in der Pflegeversicherung führt.

Zu Artikel 7 (Änderung des Arbeitnehmerüberlassungsgesetzes)

Zu Nummer 1 (§ 3)

Die Höchstdauer der Überlassung eines Leiharbeitnehmers an denselben Entleiher beträgt bisher zwölf Monate. Die Überlassungsdauer wird nunmehr auf 24 Monate verlängert. Diese Verlängerung entspricht Wünschen aus der Praxis. Sie ermöglicht den entleihenden Unternehmen auch Leiharbeitnehmer in länger dauernden Projekten zu beschäftigen.

Zu Nummer 2 (§ 10)

Die Vorschrift stellt sicher, dass Leiharbeitnehmer, die nach § 3 Abs. 1 Nr. 6 zwischen 12 und 24 Monaten an denselben Entleiher verliehen werden, nach Ablauf des 12. Monats das Arbeitsentgelt und die sonstigen Arbeitsbedingungen des Entleiher-Betriebes erhalten. Diese Einschränkung der Zuordnung des Leiharbeitnehmers zum Verleiher-Betrieb ist gerechtfertigt, weil bei einer ein Jahr überschreitenden Tätigkeit eines Leiharbeitnehmers in demselben Entleiher-Betrieb die tatsächliche Verbindung zum Entleiher-Betrieb so stark zunimmt, dass es nicht gerechtfertigt erscheint, ihn von den Arbeitsbedingungen im Entleiher-Betrieb auszunehmen. Den berechtigten Interessen des Leiharbeitnehmers wird dadurch Rechnung getragen, dass ihm mindestens das mit dem Verleiher vereinbarte Arbeitsentgelt weiter zusteht.

Zu Nummer 3 (§ 14)

Zu Buchstabe a

Die Ergänzung über den Ausschluss des passiven Wahlrechts der Leiharbeitnehmer in den Aufsichtsrat des Entleiherunternehmens in Absatz 2 macht eine Änderung der Überschrift erforderlich.

Zu Buchstabe b

Leiharbeitnehmer sind bei der Wahl der betriebsverfassungsrechtlichen Arbeitnehmervertretungen im Entleiherbetrieb und bei der Wahl der Arbeitnehmervertreter in den Aufsichtsrat im Entleiherunternehmen nicht wählbar. Diese Einschränkung enthält das AÜG nach bisherigem Recht in § 14 Abs. 2 nur für die Wahl der betrieblichen Arbeitnehmervertreter. Die Neuregelung erweitert den Ausschluss des passiven Wahlrechtes nunmehr ausdrücklich auch auf die Wahl der Arbeitnehmervertreter in den Aufsichtsrat des Entleiherunternehmens und schafft damit die für die Rechtsanwender erforderliche Rechtssicherheit.

Zu Nummer 4 (§ 16)

Zu Buchstabe a

Zu Doppelbuchstabe aa

Es handelt sich um die Bewehrung des arbeitsrechtlichen Anspruchs nach § 10 Abs. 5 mit einer Bußgelddrohung. Die Bußgelddrohung richtet sich gegen den Verleiher, weil dieser auch bei der zulässigen Überlassung eines Arbeitnehmers zwischen zwölf und 24 Monaten alleiniger Arbeitgeber des Leiharbeitnehmers bleibt.

Zu Doppelbuchstabe bb

Änderung des Bußgeldtatbestandes infolge der Änderung durch Nummer 1.

Zu Buchstabe b

Bestimmung des Bußgeldrahmens für den neuen Bußgeldtatbestand nach Buchstabe a Doppelbuchstabe aa.

Zu Artikel 8 (Inkrafttreten)

Zu Absatz 1

Die Vorschrift regelt das Inkrafttreten des Gesetzes zum 1. Januar 2002.

Zu Absatz 2

Die Ermächtigungsgrundlage zum Erlass der Rechtsverordnung tritt am Tag nach der Verkündung in Kraft, um ein Inkrafttreten der Verordnung zum 1. Januar 2002 zu ermöglichen.

Zu Absatz 3

Die Regelungen über die Erhöhung der Leistungen bei Kinderbetreuung sowie für Unterkunft und Verpflegung treten aus rechtstechnischen Gründen – wegen der bereits zum 1. Januar 2002 in Kraft tretenden Regelung zur Umstellung der Leistungen auf Euro-Basis durch das 4. Euro-Einführungsgesetz und das Ausbildungsförderungsreformgesetz – erst zum 2. Januar 2002 in Kraft.

Zu Absatz 4

Absatz 4 bestimmt, dass die Vorschriften über die Versicherungspflicht für Zeiten des Bezuges von Erwerbsminderungsrente, für Zeiten des Bezuges von Mutterschaftsgeld und für Zeiten der Betreuung und Erziehung eines Kindes sowie die daran anknüpfenden leistungs- und beitragsrechtlichen Folgeregelungen zum 1. Januar 2003 in Kraft treten.

Die Vorschriften über die Modifizierung der Eingliederungsbilanz sollen am 1. Januar 2003 in Kraft treten, damit die Bundesanstalt ausreichend Zeit hat ihre (Datenverarbeitungs-) Verfahren entsprechend umzustellen.

Die Vorschriften über die »Wartezeit-Regelung« bei einer Arbeitsbeschaffungsmaßnahme oder Strukturanpassungsmaßnahme (SAM) (vgl. Änderungen zu den §§ 269, 277) sollen erst zum 1. Januar 2003 in Kraft treten, um entsprechende Vorlaufzeiten für die Arbeitsämter sicher zu stellen.

SAM werden für relativ lange Zeiträume bewilligt. Die Regelförderdauer beläuft sich auf 36 Monate; nach § 415 Abs. 1 SGB III beträgt die Förderdauer sogar bis zu 60

Monate. Die Überführung der SAM in den Eingliederungstitel birgt die Gefahr, dass dieser eventuell durch Vorbindungen im Bereich SAM zu hoch belastet wird. Deshalb müssen die Arbeitsämter im Vorfeld Gelegenheit erhalten, ihre Bewilligungspraxis an den geplanten Veränderungen auszurichten. Es ist allerdings ausreichend, wenn die Einbeziehung der SAM in den Eingliederungstitel nicht zum 1. Januar 2002, sondern erst zum 1. Januar 2003 wirksam wird.

Auch § 415 Abs. 3 tritt erst am 1. Januar 2003 außer Kraft, damit die Umstellung der Förderung mit Eingliederungszuschüssen vorausschauend erfolgen kann.

Zu Absatz 5

Die aus dem Jugendsofortprogramm übernommenen Regelungen sollen mit Ausnahme der Pauschale bei vorzeitiger Vermittlung aus außerbetrieblicher Ausbildung (§ 246 Abs. 3) und der Begrenzung der Praktikumsanteile (§ 241 Abs. 2) erst zum 1. Januar 2004 in Kraft treten, weil das Jugendsofortprogramm bis Ende des Jahres 2003 verlängert worden ist. Ein früheres Inkrafttreten würde wegen des Vorrangs des Arbeitsförderungsrechts dazu führen, dass eine Förderung nach dem Sofortprogramm insoweit nur noch in deutlich eingeschränktem Umfang möglich wäre.

C. Finanzielle Auswirkungen

a) Reform der arbeitsmarktpolitischen Instrumente Die Neuregelungen zur Intensivierung der Arbeitsvermittlung und zur Reform der arbeitsmarktpolitischen Instrumente werden zu – nicht quantifizierbaren – Verschiebungen in der Nutzung der arbeitsmarktpolitischen Instrumente und damit auch im Finanzvolumen der jeweiligen Ermessensleistungen führen. Sie führen jedoch nicht zu Mehrausgaben für die Bundesanstalt für Arbeit, weil sie sich im Rahmen des sog. Eingliederungstitels bewegen, der nahezu alle für die Ermessensleistungen der aktiven Arbeitsförderung bereitgestellten Mittel enthält. Die Reform der arbeitsmarktpolitischen Instrumente wird die Effektivität und Effizienz der Arbeitsmarktpolitik erhöhen und mittelfristig zu einer deutlichen Verringerung der Zahl der Arbeitslosen und damit zu Minderausgaben führen. Eine Verringerung der Zahl der Arbeitslosen um 100 000 Personen im Jahresdurchschnitt führt zu Einsparungen im Haushalt der Bundesanstalt für Arbeit in Höhe von 660 Mio. Euro jährlich und im Haushalt des Bundes in Höhe von 360 Mio. Euro jährlich.

Die Fortbildung des Fachpersonals bei berufsvorbereitenden Bildungsmaßnahmen führt zu geringfügigen Mehrausgaben im Haushalt der Bundesanstalt für Arbeit von rd. 5 Mio. Euro jährlich.

b) Neuregelungen im Versicherungsrecht der Arbeitsförderung Die Einbeziehung von Zeiten des Bezuges von Mutterschaftsgeld, der Erziehung von Kindern und des Bezuges einer Erwerbsminderungsrente in die Versicherungspflicht führt infolge der Beitragseinnahmen zu einer finanziellen Entlastung der Bundesanstalt für Arbeit. Dem stehen Ausgaben für die Zahlung von Arbeitslosengeld und Arbeitslosenhilfe sowie für Leistungen der aktiven Arbeitsförderung gegenüber.

Die Versicherungspflicht führt andererseits zu Mehrbelastungen durch Beitragszahlungen für den Bund, die Träger der gesetzlichen Rentenversicherung und die Träger der Krankenversicherung.

186   D. Gesetzestext und -materialien

Versicherungspflicht für die ersten sechs Wochen des Bezuges von Mutterschaftsgeld

Ausgaben der Träger	Ausgaben in den Jahren ... in Mio. Euro				
	2003	2004	2005	2006	2007
Beitragszahlung durch die Gesetzliche Krankenversicherung	20	20	20	20	20
Ausgaben der Bundesanstalt für Arbeitslosengeld	0	0	5	10	10
Ausgaben des Bundes für Arbeitslosenhilfe	0	0	0	5	10

Versicherungspflicht für Zeiten der Erziehung bis zum vollendeten 3. Lebensjahr des Kindes

Ausgaben der Träger	Ausgaben in den Jahren ... in Mio. Euro				
	2003	2004	2005	2006	2007
Beitragszahlung durch den Bund	60	110	170	230	290
Mehrausgaben der Bundesanstalt für Arbeitslosengeld	0	10	40	110	200
Ausgaben des Bundes für Arbeitslosenhilfe	0	0	0	-30	-40

Versicherungspflicht für Zeiten des Bezuges einer Rente wegen voller Erwerbsminderung

Ausgaben der Träger	Ausgaben in den Jahren ... in Mio. Euro			
	2003	2004	2005	2006
Beitragszahlung durch die Gesetzliche Rentenversicherung	5	18	36	36
Ausgaben der Bundesanstalt für Arbeitslosengeld	0	80	100	100
Ausgaben des Bundes für Arbeitslosenhilfe	0	0	10	10

c) Neuregelung zur Arbeitslosenhilfe Die Neuregelung zur jährlichen Anpassung der Arbeitslosenhilfe führt zu Mehrausgaben des Bundes in Höhe von rd. 40 Mio. Euro jährlich.

D. Preiswirkungsklausel

Nach gegenwärtigem Kenntnisstand ist nicht mit zusätzlichen Kosten für die Wirtschaft, insbesondere für mittelständische Unternehmen, zu rechnen. Negative Auswirkungen auf Einzelpreise und das Preisniveau, insbesondere auf das Verbraucherpreisniveau, sind insofern nicht zu erwarten.

E. Sonstige Kosten

Keine

Stichwortverzeichnis
(die Ziffern beziehen sich auf die Randnummern im Text)

A

ABM 4, 14, 37, 77, 195 – 206
– Lohnkostenzuschuss 196
– Pauschaler Lohnkostenzuschuss 202 – 204
– Qualifizierungs- und Praktikumsanteile 200
– Wiederholte Förderung in ~ 199
– Zusätzlichkeit der Arbeiten 201
ADAPT 52
Alleinerziehende 51
Arbeitlosenhilfe Anpassung der ~ 168 – 171
Arbeitnehmer ältere 5, 16, 52, 139 – 144, 189, 190, 194, 208, 210
– ohne Berufsabschluss 134 – 136
– Von Arbeitslosigkeit bedrohte ~ 83, 85, 88, 89, 92, 99, 145 – 149, 230
Arbeitnehmerüberlassung s. auch Leiharbeit 236 – 240
– und Job-Rotation 127
Arbeitsamt Haftung bei unzureichenden Vermittlungsbemühungen 36
Arbeitsausfall vorübergehender 173, 178
Arbeitsgerichtsbarkeit 241
Arbeitslosengeld 102 – 104
– Abschaffung des 15
– Erstattung des 185 – 186
– Verkürzung des Bezuges von 16
Arbeitslosenhilfe 103
– Abschaffung der ~ 17
– und andere Sozialleistungen 162 – 167
– Verfassungsrechtlicher Schutz 160
Arbeitslosenquote Alte Bundesländer 3
– bundesweit 2
– Neue Bundesländer 3
Arbeitsrecht 8
Arbeitsvermittlung Einschaltung Dritter 37 – 40, 71 – 80
– Öffentliche 68, 69 – 80
Assessment s. auch Eignungsfeststellung 22, 81
Ausbildung Außerbetriebliche 56 – 57
Auszubildende benachteiligte 55 – 57, 137 – 138

B

Beauftragte für Frauenbelange 50
Befristung sachlicher Grund für eine ~ 124
Berufsrückkehrer 44, 189,
Betriebspraktikum 107, 132
Betriebsverfassung 241 – 242
Bildungsmaßnahme berufsvorbereitende 82, 85, 106 – 110, 132 – 133
Bundesanstalt für Arbeit Organisation der ~ 11 – 13

C

Case-Management 22

D

Datenschutz 75

E

Eignungsfeststellung 81 – 93, 226
Eingliederungsvereinbarung 31 – 36
Eingliederungsvertrag Aufgabe des ~es 233
Eingliederungszuschuss 187 – 194
– bei Einarbeitung 189,
– bei erschwerter Vermittlung 189,
– für ältere Arbeitnehmer 189, 194
– für besonders betroffene schwerbehinderte Menschen 189, 194
– für jüngere Arbeitnehmer 189, 191, 193
Einheit betriebsorganisatorisch eigenständige ~ 178 – 179
Erwerbsminderung Volle 58, 61, 65, 66
ESF 184
Existenzgründung s. auch Überbrückungsgeld 8, 103, 226

F

Familie und Beruf Vereinbarkeit von ~ 47 – 49

G

Gender-Mainstreaming 42
Gesamtsozialversicherungsbeitrag 109, 131, 192
Gleichstellungsförderung 41 – 51

H

»Hartz-Kommisssion« 155
Hauptschulabschluss 106

I

Infrastrukturförderung 53 – 54,
– Beschäftigung schaffende ~ (BSI) 214 – 223
Interessenausgleich s. auch Sozialplanmaßnahmen 230

J

Job-Rotation 52, 120 – 130
– Zuschuss 129
Jugendsofortprogramm 107, 137

K

Kinderbetreuung 45, 46, 48, 51, 114
Kindererziehung 58, 63, 64, 66
Kleinbetrieb 180 – 181, 183
Kurzarbeit 77, 78
Kurzarbeitergeld strukturelles ~ 173 – 184

L

Langzeitarbeitslosigkeit 70, 198
Leiharbeit Überlassungsdauer 236 – 238
– und Kündigungsschutz 238
Leistungen Aktive 14
Lernen Lebenslanges ~ 105

M

Mainzer Modell 19 – 20
Massenentlassung 174
Mobilität Regionale 9

Mobilitätshilfen s. auch Reisekostenbeihilfe 94 – 101
Mutterschaftsgeld 58, 62, 66

P

Praktikumsvergütung Erstattung von ~ 109, 131 – 133
Profiling 22; 29 – 33, 70, 198

Q

Qualifikation Verlust beruflicher ~ 169
Qualifizierung Berufliche 52, 105 ff.,
– berufliche ~ und Kurzarbeitergeld 182
Qualität einer Maßnahme 118 – 119

R

Reisekostenbeihilfe s. auch Mobilitätshilfen 95 – 101

S

SAM 4, 14, 37, 52, 77, 207 – 213
– Ältere ArbeitnehmerInnen 208, 210
– Infrastrukturförderung 209
– Lohnabstand 212
– Wiederholte Förderung 213
Schwerbehinderte 6, 189
Sozialhilfe 17
Sozialplanmaßnahmen 224 – 230
– und betriebliche Weiterbildung 231
– Zuschuss zur Förderung von ~ 228 – 230
Sperrzeit 156 – 159
– Anbahnung des Beschäftigungsverhältnisses 158 – 159
Steuerrecht 8

T

Trainingsmaßnahmen 82, 92, 93

U

Überbrückungsgeld s. auch Existenzgründung 102 – 104

Stichwortverzeichnis

Unterhaltsgeld 150 – 154

V

Vergaberecht 80
Vermittlungsgutschein 76
Vermittlungsscheck 193
Vermittlungsvergütung für
  Weiterbildungsträger 116
Versicherungspflicht 55 – 67

W

Weiterbildung berufliche 111 – 150, 226
– Förderung der beruflichen ~ durch
  Vertretung 120 – 130
– im Ausland 117
Widerspruchsrecht der/des Arbeitslosen
  39, 73
Wirtschaftspolitik Verzahnung mit ~ 8,
  9

Z

Ziele gesetzliche 25 – 26

Martin Bolay/Albrecht Eisenreich/ Markus Isele

Arbeitsförderung – SGB III

Mit der **Verkündung des Job-AQTIV-Gesetzes** am 14.12.2001 will der Gesetzgeber ein neues Kapitel der Arbeitsvermittlung aufschlagen. Insbesondere durch die Verstärkung der arbeitsmarktpolitischen Instrumente sollen die Verfahren effektiver gestaltet werden. Wesentliche Teile des SGB III wurden entsprechend geändert, angepasst oder weitgehend neu strukturiert.

Das **neue Lehr- und Praxisbuch zum SGB III** greift diese **Neuregelungen** einschließlich des Euro-Umstellungsgesetzes, der Regelungen des Lebenspartnerschaftsgesetzes und des neuen SGB IX schon auf. In verständlicher Sprache werden übersichtlich die einzelnen administrativen und leistungsrechtlichen Regelungen erläutert und das komplizierte Verfahren – auch im Hinblick auf die nach Art. 10 der Neuregelung unterschiedlichen Zeitpunkte des In-Kraft-Tretens – erklärt.
Die **Autoren** repräsentieren in idealer Weise die durch die Themenschwerpunkte des SGB III berührten Sachbereiche:

Martin Bolay, Richter am Landessozialgericht Baden-Württemberg, war Vorsitzender einer Schwerpunktkammer zum SGB III am Sozialgericht Stuttgart.

Dr. Albrecht Eisenreich ist Jurist, Diplomverwaltungswirt und Justitiar beim Arbeitgeberverband der Metallindustrie Baden-Württemberg. U.a. behandelt er die Leistungen für Arbeitgeber nach dem SGB III.

Markus Isele, Diplomverwaltungswirt, ist als Mitarbeiter des Landesarbeitsamts Baden-Württemberg ein Kenner der Materie aus der Praxis und durch einschlägige Fachveröffentlichungen bekannt.
Fazit: Das ideale Lehr-, aber auch Praxisbuch für
- Auszubildende an Fachhochschulen, Berufsakademien, Berufsschulen
- Interne Aus- und Fortbildungsmaßnahmen der Arbeitsverwaltung
- Praktiker des Arbeitsförderungsrechts in Verwaltung und Ministerien
- Verbände, Interessenorganisationen und deren Berater
- Arbeitslose
- Anwälte und Sozialrichter, insbesondere zur schnellen Einarbeitung in das neue Recht

2002, 276 S., brosch., 25,– €, 43,80 sFr, ISBN 3-7890-7820-4

NOMOS Verlagsgesellschaft
76520 Baden-Baden